AF294403

HOMO PROXIMUS

Le bonheur, c'est maintenant !

Tome 1

L'Être et le Personnage

©2023. EDICO
Édition : JDH Éditions
77600 Bussy-Saint-Georges. France
Imprimé par BoD – Books on Demand, Norderstedt, Allemagne

Couverture : © Véronique Lévy
Photographie et illustrations intérieures : © Véronique Lévy

ISBN : 978-2-38127-307-5
Dépôt légal : mars 2023

Véronique Lévy

HOMO PROXIMUS

Le bonheur, c'est maintenant !

Tome 1
L'Être et le Personnage

JDH Éditions

Nouvelles Pages

« *Soyez le changement que vous voulez voir dans le monde !* »
Mahatma Gandhi

« *Mieux vaut allumer une bougie que maudire les ténèbres.* »
Lao Tseu

Je me souviens du ciel…
Je suis.

Le personnage de l'auteure :

Véronique Lévy est spécialiste en stratégie d'entreprise, en développement durable et en communication responsable. Elle est
passionnée par la transformation des êtres et des organisations et
leur régénération, et par le vivre ensemble.

Tour à tour agricultrice bio, enseignante en collège, professeure en
école de commerce, cheffe d'entreprise ou photographe professionnelle, elle est la mère de 4 jeunes adultes. Originaire de France,
elle vit actuellement à Montréal au Québec (Canada).

PROLOGUE

Ce livre est mon parcours initiatique.

Je ne savais pas, le matin même où j'ai commencé sa rédaction, que j'allais l'écrire.

J'ai découvert, en l'écrivant, des informations enfouies au fond de moi que je ne savais pas connaître.

Mes premiers lecteurs exigeants m'ont continuellement incitée à me dépasser et poussée au-delà de mes limites lorsqu'ils s'estimaient insatisfaits de ce qu'ils lisaient. Cela m'a contrainte à approfondir et à aller chercher des réponses qui, une fois émergées et traduites en mots, m'ont apporté un sens profond, une cohérence et une harmonie d'ensemble.

Je n'ai jamais écrit auparavant, hormis des rapports, des projets, des réponses à des appels d'offres, des méthodes d'engagement professionnel, des solutions numériques.

Ma plus grande réalisation est sans conteste celle d'avoir élevé mes quatre enfants selon les principes que j'évoque ici, diminués de mon plus faible niveau de conscience de l'époque.

À un moment donné, pour un motif que j'ignore, dans une période où j'ai changé de vie, durant laquelle j'ai beaucoup travaillé sur moi, où j'ai déposé les armes et n'ai plus ressenti d'enjeux, je me suis placée comme hors du temps. J'ai alors rencontré des personnes lumineuses qui voulaient contribuer et cherchaient des réponses. Et ce livre en a émergé très naturellement, très spontanément.

Je n'ai aucune prétention à son égard. Je vous l'offre en partage. J'espère simplement qu'il pourra vous être utile.

Pour ma part, il m'a apporté énormément d'épanouissement, de bonheur et de sérénité. Au-delà des mots et des concepts, il m'a permis de m'approcher un peu plus de ce qui est, de qui je suis, de ce qui motive ma vie, la rend passionnante et joyeuse et me fait vibrer.

Homo Proximus, c'est celui qui est le plus proche, de lui, des autres, de la conscience ; c'est également le voisin, celui avec lequel nous choisissons de partager notre vie dans une communauté de valeurs au sens retrouvé et partagé ; et c'est enfin l'homme prochain, l'homme nouveau, celui qui émerge, qui vient après, le postmoderne, celui de la prochaine civilisation.
Homo Proximus, c'est vous qui vous éveillez à votre conscience.
Homo Proximus est la promesse de bonheur conclue avec votre âme, de toute éternité, cet être merveilleux qui vibre son amour et sa connexion au tout.

Bienvenue à Homo Proximus ! Bienvenue au nouveau vous !
Et bonne lecture à vous.

Cannes, le 12 juin 2020
(revu en 2022)

Note à la lectrice et au lecteur :

Par convention, j'ai identifié l'homme et le genre masculin de façon génénique dans mes écrits.
J'ai essayé un temps de féminiser et de masculiniser chaque expression, en langage inclusif, mais cela rendait ma prose fort lourde et difficile à lire.
Aussi, je demande humblement à mes lectrices de bien vouloir m'en pardonner, ne croyez en rien que je nous ai négligées ou dédaignées, j'ai simplement cherché à alléger mon texte pour le rendre plus accessible.
Je vous remercie de votre ouverture d'esprit et de votre acceptation.

HOMO PROXIMUS

Le bonheur, c'est maintenant !

TOME I

L'être et le personnage

TOME II

*Nos créations à notre image : nos projets, nos œuvres,
nos entreprises, nos associations*

TOME III

Vers notre société rêvée : le nouveau monde, maintenant !

INTRODUCTION

LE SCHÉMA D'EXISTENCE DE L'ÊTRE

C'est par connaissance, par exploration, par intuition, que s'est élaboré le schéma d'existence de l'être que je vous propose dans cet ouvrage.

Vous y trouverez des clés utiles pour accéder au bonheur profond d'exister, à la sérénité tranquille qui se dégage lorsque vous ressentez pleinement que vous êtes là où vous devez être, au bon moment, au bon endroit, sans avoir aucun effort à fournir pour cela, par essence. Des clés pour accéder au simple et plein bonheur d'être et à la joie de vivre, au sens.

Ce schéma d'existence de l'être n'est pas une méthode de mieux-être, même si des exercices pratiques vous seront proposés au fil des pages. Il est avant tout le plan d'organisation et de fonctionnement de notre être, la vue d'ensemble qui vous permettra de comprendre qui nous sommes, d'où nous venons et où nous allons, ainsi que les quelques lois fondamentales qui nous animent. Il dévoile le sens des épreuves et nos possibilités pour les traverser, dans la conscience ou dans la souffrance. Il apprend à développer d'autres perceptions que notre seul intellect ou nos 5 sens pour capter le monde qui nous entoure et communiquer avec lui.

À sa lecture, vous comprendrez que le bonheur, c'est ici et maintenant, pour nous tous, dès lors que nous le décidons et que nous acceptons de lever les freins subjectifs qui nous empêchent d'y accéder.

Il n'y a pas d'existence parfaite, il n'y a que des réalités personnelles et non comparables qui ont toutes la possibilité d'accéder à la paix et à la joie, à la jouissance d'être, au bonheur de vivre.

Si vous lisez ce livre, c'est sans doute que vous vous intéressez déjà au mieux-être, ou que vous cherchez des solutions à vos difficultés.

Peut-être pratiquez-vous avec régularité certaines approches qui vous permettent d'ores et déjà d'atteindre une certaine sérénité : pratiques de concentration, autosuggestion positive, visualisations, sport, contact avec la nature, yoga, psychothérapie, analyse, méditation, projections, rêves éveillés, pleine conscience, spiritualité…

Toutes ces approches n'agissent pas sur le même plan ni avec la même potentialité. Aujourd'hui, peut-être vous est-il difficile de choisir une méthode plutôt qu'une autre, ou d'expliquer pourquoi vous en préférez certaines à d'autres ; ou peut-être même que vous hésitez encore sur la juste approche pour vous, celle qui fonctionnera le mieux pour vous, vous soulagera de vos maux et vous apportera la plus grande satisfaction. Le schéma que je vous propose ici va vous permettre de positionner tous ces apprentissages les uns par rapport aux autres, de comprendre à quel niveau et comment ils agissent en vous, afin de déterminer ceux qui vous conviennent le mieux, selon vos choix et vos circonstances de vie.

COMMENT ABORDER LE SCHÉMA

Le schéma d'existence de l'être développe une triple ambition :

– Dépasser les limites culturelles : éducation, contextes géo-socio-culturels, religions, croyances, psychologie, sciences, politique, époque… sont autant de restrictions et de filtres que nous mettons entre la réalité et notre perception de celle-ci. Notre carte du monde n'est pas le monde. Ce schéma a pour ambition de ne fournir que le *squelette* de nos fonctionnements, sans s'attacher à l'habiller d'oripeaux ou d'habits de lumière. Chacun pourra y adjoindre ce qu'il souhaite selon sa perception et ses aspirations personnelles, notamment culturelles, spirituelles ou religieuses.

– ... **pour comprendre ce qui nous arrive** : la pire difficulté que nous vivons tous, quels que soient notre âge, notre sexe, notre origine, notre statut social, notre religion, notre activité, notre état de santé physique ou mentale, est de ne pas comprendre le sens de ce que nous faisons, vivons ou parfois subissons, pourquoi cela advient et où cela nous mène. Pourquoi nous rencontrons tel événement, souffrons de telle maladie, avons de la chance ou de la malchance, réussissons ou échouons dans nos projets... Et si tout cela avait un sens ?

– ... **et faire nos choix en toute connaissance de cause** : comment être certain de prendre la bonne décision lorsque celle-ci nous engage ou engage d'autres personnes, alors que tout nous paraît si confus et indistinct ? Comprendre le sens de ce que nous vivons va nous permettre de discerner et de choisir de façon éclairée ce qui est juste et évolutif pour nous.

L'objet de ce livre est de vous proposer des clés d'accès à votre bonheur et à votre accomplissement. Libre à vous par la suite de les utiliser si vous le souhaitez. Vous découvrirez dans ces pages qu'il n'existe pas de fatalité ou de sort adverse, pas d'injustice ou de hasard, rien que des étapes à franchir pour enrichir notre vie, nous accomplir et jouir pleinement de notre existence. Ne me croyez pas sur parole, essayez par vous-même...
Je vous partage mon expérience, en espérant qu'elle vous apportera un éclairage simple pour progresser vers la meilleure partie de vous-même. Ce que je vous propose, c'est une traduction de nos choix et de nos comportements, du « pourquoi » au « comment » nous faisons ce que nous faisons, des conséquences que cela a sur notre vie, et de comprendre par la suite ce que nous avons la possibilité de réaliser pour progresser vers davantage de bonheur et d'harmonie.
J'espère que cela pourra vous aider à démêler les différents niveaux de réalisation et à découvrir l'être merveilleux qui sommeille en vous. J'espère aussi que cela vous aidera à appor-

ter un sens à ce que vous faites, à ce que nous faisons tous collectivement… vers un avenir souhaitable et désirable, vers une planète Terre régénérée, abondante et généreuse portant notre civilisation consciente et épanouie.

QUI EST HOMO PROXIMUS ?

Homo Proximus est celui que nous sommes en train de devenir, la femme et l'homme qui émergent de l'époque grandiose de transformation que nous traversons.
Homo en latin est l'être humain, *Proximus* signifie à la fois proche et prochain.

Homo Proximus est celui qui est proche, de lui avant tout, de son être, de son expression, de son existence, de sa réalisation. Cela lui permet de générer de la proximité avec les autres, avec la nature, avec son environnement dont il devient conscient et respectueux. Il est celui qui mène à la régénération.
Il est également celui qui est proche de nous, avec lequel nous choisissons de partager notre vie. Il est celui qui surgit de la destruction des structures conventionnelles – travail, famille, patrie – et avec lequel nous recréons des communautés libres, joyeuses et créatives, fondées sur les valeurs et le sens partagé. Il peut être aussi bien notre voisin dans une association ou une collectivité locale qu'un individu de l'autre côté de la planète qui soutient les mêmes engagements que nous. Homo Proximus nous fait dépasser l'espace historique des liens traditionnels et nous porte à développer universellement notre compassion, notre solidarité, notre fraternité, notre amour, notre joie, dans la paix et le partage.
Il est enfin l'homme prochain, celui qui émerge du chaos de l'ancien monde, le post-moderne, celui de la prochaine civilisation. Il est celui qui succède à Homo Deus, l'homme qui s'est

pris pour Dieu et s'est cru tout-puissant, et au Transhumaniste, l'homme qui s'est pris pour une machine et a voulu s'augmenter.

Homo Proximus, c'est vous qui éveillez votre conscience et vos perceptions au monde et aux autres. C'est nous qui décidons d'aimer, de partager, de ressentir, d'expérimenter, de nous expanser de façon pure et naturelle. C'est nous qui nous éveillons à notre nature profonde et dirigeons nos vies vers plus de conscience et d'amour. C'est vous qui êtes le *prochain* évoqué par les écritures, celui que j'aime comme moi-même car vous êtes une partie de moi.

Nous portons tous Homo Proximus en nous, plus ou moins à fleur de peau. Il ne demande qu'à émerger, à se révéler dès lors que nous lâchons un peu la bride avec laquelle nous croyons contrôler la réalité.

LES OBJECTIFS DU SCHÉMA

Je vais vous parler de la transformation vers Homo Proximus, vers l'être infiniment bon, lumineux et joyeux que vous êtes déjà au fond de vous, vers une civilisation profondément humaine et harmonieuse basée sur l'écoute et le respect des besoins et des attentes de chacun.

En revanche, je vais peu vous parler de méthodes, de moyens à mettre en œuvre, d'actions à mener, de principes d'alimentation, de pratiques quotidiennes, d'entraînements réguliers, d'exercices de méditation… La littérature et les enseignements sont abondants sur les techniques qui permettent le travail sur soi et la progression vers davantage de clairvoyance et de discernement. Vous y découvrirez assurément le moyen le mieux adapté correspondant à votre propre sensibilité, à votre niveau de conscience actuel et à l'amplitude que vous souhaitez donner à votre progression.

Peu importe le moyen que vous choisirez pour rejoindre cet être en vous et le faire émerger. Tous les moyens sont bons, dès lors qu'ils vous correspondent.

En revanche, je vous donnerai des clés pour comprendre les possibilités et les limites de ces moyens, et surtout, pour accéder à la compréhension globale de votre être. Peu importe le moyen du moment que vous avez le sens et la vision.

En tant qu'agricultrice bio puis conseil en stratégie et RSE[1], j'ai longtemps souffert en constatant le manque d'efficacité de nos actions à transformer le monde, à contrer le changement climatique, les destructions infligées à notre planète, notre manque de respect envers les autres, notre manque de solidarité et de partage. Je me suis beaucoup interrogée sur ce qui pourrait rendre mes actions utiles et contributives, à redonner du pouvoir à ceux qui réclament un monde meilleur, plus fraternel, plus uni, plus respectueux des êtres et de notre environnement. J'en suis arrivée à comprendre intimement que si nous voulons réparer les conséquences désastreuses de nos actions, nous devons pour cela changer en amont ce qui les a engendrées. Il n'y a pas d'autre solution, il est pratiquement inutile de ne traiter que les conséquences de nos modes de vie, car les mêmes causes engendrent toujours les mêmes effets, tel le tonneau troué rempli sans fin par les Danaïdes.

Je vais donc vous parler de la transformation des causes, car il n'y a qu'en intervenant à ce niveau qu'on peut modifier notre réalité et reprendre la main sur notre futur. Pour cela, je vais vous parler d'immatériel et d'intangible, de discernement et de choix, pour tenter d'intégrer la totalité de la réalité de notre être dans un schéma holistique d'existence.

---

[1] RSE : Responsabilité Sociétale de l'Entreprise, soit la mise en œuvre du Développement Durable dans l'entreprise.

UN SCHÉMA D'OUVERTURE

J'ai ici plusieurs intentions.

La première est de proposer **un schéma qui soit le plus simple possible**, l'essentiel, l'ossature de la structure qui préside à l'être. Décomplexifier pour faire émerger une compréhension commune. Je souhaite transmettre le sens. Chacun peut se l'approprier, le rejeter, ou le rectifier et le compléter à sa vue s'il le souhaite. Je serai extrêmement heureuse de partager avec vous vos retours et vos réflexions.

La seconde, de **ne pas juger**. Il ne sera jamais question ici de Bien ou de Mal, mais uniquement de choix individuels et collectifs. Chacun d'entre nous est son propre baromètre. Ce qui est bon ou bien pour moi à un instant donné ne l'est que pour moi et à ce moment précis. Et vice-versa, ce qui est bon ou bien pour d'autres à un moment précis ne l'est pas forcément pour moi. Exit la comparaison ou la jalousie, de même que le suivi aveugle des conseils venant de l'extérieur. Ce qui n'interdit pas le partage d'expérience, le sens de l'équité, l'équilibre et la justice dans le respect de chacun.

Un être humain dispose selon moi d'une structure de fonctionnement qui est commune à tous, quels que soient ses choix, sa culture, ses convictions. Voilà pourquoi ce schéma se veut universel, et s'adapte aussi bien à celui qui prend et s'approprie qu'à celui qui donne et partage. Le tout est de savoir le reconnaître.

La troisième, de **sortir de tout dogme**. Pour comprendre le fonctionnement d'un être humain ou d'une organisation qu'il a créée, il m'est apparu nécessaire de prendre du recul et de le considérer dans un contexte holistique – dans son ensemble. J'ai ressenti le besoin impérieux de parler de son âme, pour le restituer dans son environnement global et comprendre le sens complet de ses aventures sur Terre. Nous nous comprenons tous lorsque nous parlons de supplément d'âme, de force d'âme, de grandeur d'âme ou, à l'inverse, de quelqu'un qui a perdu son âme. Je souhaite ici réhabiliter ce concept d'âme, hors de tout dogmatisme culturel, ésotérique ou religieux. C'est un principe qui m'inspire, m'émerveille et guide ma vie à tout instant. La science commence à s'y intéresser, ainsi le physicien Philippe Guillemant explique-t-il pour sa part que l'existence de l'âme est devenue rationnelle et en donne une définition : un « système immatériel de coordination quantique et atemporelle du vivant, capable de rejeter son excédent d'entropie et de survivre à la mort physique ». Ce qui nous projette directement dans une réalité de multi-vies et d'existence immatérielle, comme nous le verrons par la suite.

La dernière, enfin, de ramener une notion profonde de **spiritualité dans notre quotidien**. Les parties où je parlerai de ce principe avancé de conscience seront signalées par le symbole ✱ qui vous permettra de vous y intéresser ou de passer directement au paragraphe suivant, à votre choix. Ce qui est écrit dans ce livre peut permettre de comprendre et d'intégrer différentes dimensions de réalité dont aucune n'est imposée, mais dont le niveau le plus subtil peut aider ceux qui le cherchent à intégrer une réalité plus vaste et à progresser sur le chemin.

Si, en voyant ce schéma, vous souhaitez y adjoindre vos propres connaissances, vos expériences, votre conscience ou vos croyances, tant mieux. C'est qu'il est cohérent. Ainsi, j'aurais pu y faire figurer des chakras ou de multiples niveaux de conscience, parler de Pleine Conscience, de Kundalini ou de corps subtils, de piliers d'énergie, d'êtres désincarnés. Mais je laisse cette possibilité à chacun d'entre vous et la liberté d'y apposer ou pas vos propres mots, en lien avec votre vécu, vos croyances et vos convictions, vos ressentis et votre foi.

Mon objectif n'est pas ici de définir exhaustivement ce qu'est la conscience ou l'amour ou d'enseigner la meilleure méthode pour les amplifier.

Mon intention est en revanche de vous proposer un cadre de compréhension universel – donc hors de toute religion, culture, croyances, contexte… – à la structuration de la femme et de l'homme. En quelque sorte, proposer l'idée de son *squelette spirituel*, au même titre que nous disposons d'un squelette corporel. Et de comprendre pourquoi et comment il s'articule et s'anime, comment il évolue et nous conduit à vivre des souffrances ou des joies profondes, et comment nous pouvons décider de notre bonheur et de notre épanouissement. Nous sommes le maître de nous-même et de notre vie.

SPIRITUEL OU PAS ?

Je me place ici dans un cadre laïque. La spiritualité telle que je l'entends est une simple composante de la femme et de l'homme. L'ignorer ne la fait pas disparaître. Rejeter l'immatériel ne doit pas nous interdire de capter l'image d'ensemble.

Contrairement à certains courants de pensée, je ne défends pas l'idée d'une spiritualité athée, mais bien d'une spiritualité laïque.
Cela signifie que pour moi, Dieu existe, ou quel que soit le nom qu'on lui donne, la Source, Dieu Père-Mère, Celui qui est à l'origine de toutes choses, Celui qui est, Jéhovah, Allah, le Tout, l'Un, l'Univers, la Divine Présence Je Suis I Am, la Conscience Universelle, l'Océan de Béatitude…
Ce que j'entends par « laïque », c'est le fait de se départir de toute religion et religiosité pour l'aborder et le vivre.
Les religions sont pour moi un prisme étroit de compréhension du monde, indispensable à l'enfance de l'humanité, au même titre que peut l'être l'éducation parentale pour un enfant.

Mais il appartient à chacun d'entre nous de les remettre en question à l'adolescence pour s'émanciper et forger sa propre compréhension du monde à l'âge adulte.

Nul parent, nul prêtre, nul gourou ne peut alors interpréter la réalité à notre place. Tout au plus peuvent-ils guider sagement et respectueusement notre chemin d'évolution, avec bienveillance et détachement, susciter notre curiosité et nos découvertes par un questionnement judicieux comme sait le faire la maïeutique par exemple, mais notre perception s'en trouverait déformée si nous ne devions percevoir la réalité qu'à travers leur propre vision, déformée par essence, puisque cette vision leur est personnelle.

C'est l'expérience que j'ai faite, et découverte intégralement en écrivant ce livre *Homo Proximus*. Pour un motif que je ne m'expliquais pas, il m'a été littéralement impossible de m'aider des écrits et des pensées sages d'autres personnes pour étayer l'écriture de ce livre. Chaque fois que j'essayais de regarder une vidéo en ligne, je m'endormais. Chaque fois que je commençais la lecture d'une publication ou d'un livre, je ne réussissais pas à dépasser les premières pages. Et ceci se répétait à chacun de mes essais.

Cela a créé en moi un certain isolement de pensée, car depuis mon enfance, j'ai majoritairement lu des romans de fantaisie et de science-fiction – des univers merveilleux qui m'ont toutefois ouverte à d'autres réalités dans des mondes utopiques ou dystopiques – et très peu de livres sages pour m'aider sur mon chemin d'éveil.

J'ai alors compris que je devais aller chercher profondément en moi et autour de moi la source de mes connaissances et de mes inspirations. Trouver un espace de paix. Écouter le silence. Ouvrir mon esprit, sans attente, ni désir, ni volonté. Déployer l'intuition. Accueillir avec humilité et gratitude ce qui vient, ou ne vient pas.

Ce fut un effort à la fois exigeant, grisant, et parfois décourageant. Exigeant car n'étant pas « canal » et plutôt ignorante des mondes subtils, capter la juste information m'a demandé un niveau accru de concentration et de lâcher-prise, d'ouverture, de disponibilité, d'acceptation sans idées préconçues. Il m'a fallu apprendre à détecter les pensées légères et furtives qui traversaient imperceptiblement mon esprit sans le marquer, et à les formuler avant qu'elles ne s'effacent complètement.

Grisant car les réalités apparaissaient spontanément les unes après les autres en mon esprit, comme des pièces de puzzle s'emboîtant harmonieusement, prenant sens et corps devant moi pour former un ensemble cohérent et évident, sublime.

Décourageant car ce que je crois savoir ou percevoir de la réalité est si peu, si relatif, face à l'immensité des mystères de l'univers, je me sens si petite et le reste est si grand.

Mais c'est là qu'intervient la foi, comme une réponse limpide à cette insignifiance. C'est le sentiment que tout ce qui doit être perçu, compris, transcrit, transmis, le sera tel qu'il doit l'être. Qu'il n'est pas besoin que cela soit plus ou différent. Qu'il existe une justesse, un équilibre – momentané – en cela, et qu'il n'est pas nécessaire que l'ensemble soit appréhendé pour que la conscience progresse, pour que l'effort soit utile.

À chaque niveau vibratoire, son niveau de conscience.

Ce livre est le fruit de ma compréhension d'un temps et d'une époque.

Donc, c'est posé. Je ne parlerai pas ici de grands concepts divins. Je parlerai de spiritualité laïque pour expliquer les situations que nous vivons, leur origine et la façon dont elles se forment, les défis qui nous sont posés pour que nous les résolvions. Chacun mettra ses propres mots sur ses ressentis. Je parlerai simplement de lumière, et d'absence de lumière. D'amour, et de manque d'amour. De conscience, et de manque de conscience. L'objet de ce livre est de partager avec vous un schéma de fonctionnement de l'être qui ne soit ni partisan ni culturel. Il s'agit de clarifier l'indicible, l'attendu ou le rejeté, de proposer un référentiel commun de fonctionnement. C'est en cela qu'il peut être utile à la compréhension, à la communication et à la progression, individuelle et collective, et à l'atteinte du bonheur.

OÙ SE SITUE LA CONSCIENCE ?

La science peine à expliquer les immenses possibilités du cerveau humain, que nous commençons seulement à découvrir aujourd'hui grâce aux neurosciences. Nous réussissons tout juste de nos jours à démontrer qu'il n'est pas le siège de la conscience, mais plutôt son moyen d'expression, et que nos souvenirs ne s'y trouvent pas non plus[2]. La physique de l'information explique quant à elle les synchronicités et la rétroaction depuis notre futur[3], capable de reconfigurer notre présent et même notre passé.

Il est maintenant prouvé que le temps, l'espace et même la matière n'existent pas vraiment, en tous cas pas tels que nous les percevons (rappelons-nous que notre corps est constitué à 99,99999 % de vide) et que la conscience est de nature quanto-gravitationnelle[4], capable d'agir directement sur notre environnement. D'autres travaux nous apprennent que le vide est en fait empli d'énergie et qu'il relie toutes les particules de l'univers entre elles[5]. Ce que nous appelons le concret, la matière, ce que nous pouvons toucher de nos mains, n'est en fait qu'un aspect plutôt restreint de la réalité.

---

[2] Selon les travaux des neurologues John Lober et John Carew Eccles et du physicien Philippe Guillemant.

[3] Selon les travaux du physicien Philippe Guillemant sur la physique de l'information et les synchronicités : « N'oublions jamais qu'au sein du multivers, le futur que nous allons vivre est adressé par nos pensées transférées par la vibration de nos émotions. Plus nos vibrations sont élevées et subtiles, plus l'adressage est puissant, c'est mathématique. »

[4] Selon le prix Nobel de physique Roger Penrose.

[5] Selon les travaux du physicien Nassim Haramein sur l'énergie du vide et l'intelligence de l'univers.

Peut-être devrons-nous attendre encore quelques décennies avant que la recherche ne puisse produire des explications satisfaisantes sur des phénomènes tels que le pouvoir de la méditation, le chamanisme, les expériences de mort imminente, les guérisseurs, le magnétisme, la télépathie, les sorties hors du corps, l'ubiquité… et nous apporter la confirmation de ce que nous percevons intuitivement et que viennent nous confirmer des milliers de témoignages.

Dans l'univers des sciences post-matérialistes, il existe toutefois une myriade d'expériences scientifiques captivantes qui font apparaître l'aspect concret et réplicable de ces concepts éthérés et leur capacité à interagir avec notre réalité. Là aussi, je vous laisse le soin d'aller explorer par vous-même pour vérifier et vous rassurer au besoin.

Alors, que nous reste-t-il pour expliquer notre réalité ? Nous voyons bien aujourd'hui que les explications rationnelles, matérialistes et mécaniques ne suffisent plus à expliquer notre monde, notre univers.

Qu'en est-il alors de notre conscience, et quel usage pouvons-nous en faire ?

Pour moi, la conscience est la capacité que nous avons tous de discerner la réalité à travers le prisme de notre être. Il n'existe pas une réalité qui serait commune à tous : la réalité est multiple, aussi nombreuse qu'il y a d'êtres pensants, et au-delà, aussi variée pour chacun même de ces êtres qu'il y a de strates de discernement, évolutives tout au long de sa vie. C'est ce qu'on appelle des niveaux de conscience.

CRÉER NOTRE RÉALITÉ

Ce qu'il me paraît important de souligner comme notion première, c'est le principe de libre arbitre, cette possibilité que nous avons de comprendre, de faire des choix, de progresser, d'évoluer, pour acquérir davantage de liberté et de satisfaction profonde.

La plénitude peut s'envisager dans la vie de tous les jours, dans chaque action du quotidien. Il ne sera pas question ici de nous retirer de la vie pour aller méditer dans un monastère, même si certains peuvent avoir envie de le faire et c'est bien ainsi. Selon moi, chacun peut vivre sa vie intensément et pleinement en vivant totalement inséré et ancré dans son quotidien, seul, en couple, en famille ou en groupe, au travail, dans ses loisirs et dans toutes ses activités. L'alignement avec nos ambitions profondes et nos valeurs peut se vivre au quotidien, et cela quelles que soient les activités que nous réalisons. Il serait dommage de limiter notre expression vraie et joyeuse à quelques moments de concentration dans la journée ou à des périodes particulières de notre existence : un voyage, une rencontre, une retraite, moments durant lesquels nous nous autoriserions à vivre pleinement et être enfin vraiment nous-même. Ce ne sont, selon moi, que de mauvais motifs pour reporter à plus tard ce qui peut être vécu ici et maintenant, sans attendre.

Ce que je vous propose aujourd'hui, c'est de vivre pleinement et complètement chaque instant de votre vie au plus haut niveau, en conscience, et d'en profiter.

Nous avons le pouvoir de créer notre réalité, par nos pensées, par nos perceptions, par nos émotions, par nos paroles. Existe pour nous ce sur quoi nous nous focalisons, les éléments sur lesquels nous portons notre attention, qui vont générer des rencontres et des événements qui viendront soutenir et confirmer notre vision du monde – optimiste ou pessimiste. Si nos pensées sont façonnées par nos peurs, nous allons gravement limiter et handicaper nos choix de vie. Si nous nous focalisons sur ce que nous avons envie d'être et sur ce que nous avons envie de vivre, nous allons modifier et amplifier notre périmètre de réalité. Nos états d'âme,

nos croyances modèlent notre vision du monde et déterminent notre interaction avec lui. Lutter contre un système le renforce[6], alors autant utiliser cette puissance de création au profit de nos projets !
Toute menace peut se révéler une opportunité. Chaque événement peut être épreuve ou réjouissance, selon notre façon de l'aborder et de le traverser, nous le verrons.

Pour moi, c'est chaque jour, au travers de chacun de nos gestes et de nos pensées, de notre communication au monde et aux autres, de nos actions, de nos créations, de nos décisions, de nos expériences et de nos vécus, que nous pouvons apporter de la cohérence entre ce que nous sommes au plus profond de nous, ce qui nous fait vibrer, et ce que nous vivons et réalisons. C'est ce qui nous permet de récolter l'énergie nécessaire à nous alimenter et à nous nourrir en retour. Ce qui nous donne le « peps » et la motivation. Ce qui colore notre vie et nous anime *no limit*. Ce qui nous accroche à notre désir et à notre utopie. Sans doute est-ce cela qu'on appelle vivre pleinement sa vie.

Mais pour nous mettre en phase avec ce qui vibre profondément en nous, il est important de comprendre comment nos aspirations et nos choix peuvent déterminer nos actions, qui, en retour, vont venir colorer notre inspiration, nos aspirations et nos choix. Nos pensées affectent nos états. Nos états affectent nos attitudes. Nos attitudes affectent nos comportements et nos émotions. Et le tout génère des événements internes (des maladies et malaises à la pleine santé) ou externes (des épreuves aux dépassements, au franchissement d'obstacles) qui vont venir affecter notre vie.
C'est un cycle que nous nourrissons en notre sein. Nous l'avons tous vécu, sans toujours bien l'identifier. Nous savons le poids et l'engluement que représentent nos compromissions et nos

---

[6] « What you resist persists », Carl Jung.

petits accommodements, et le bonheur et la liberté qui résultent de nos réalisations profondes et intègres, des défis que nous avons relevés. Ce que nous ignorons encore souvent et qu'il nous faut maintenant apprendre à discerner, c'est l'impact de ces attitudes sur notre corps et notre vie.

LA LIBERTÉ DE CHOISIR

Chacun de nous, dans la mesure où il ne subit pas de contrainte physique, d'aliénation mentale ou d'incapacité majeure, est libre de ses choix *in fine*. C'est le principe du libre arbitre. Se soumettre, tout comme se libérer de ses entraves, sont tous les deux des expressions de notre libre arbitre. S'émanciper n'est pas un chemin facile. Il nous faut nous débarrasser de nos peurs et de nos mal-vécus, de nos faiblesses, de nos frustrations, de nos blessures, et prendre conscience des croyances limitantes que l'on nous a forgées et auxquelles nous avons cru.

Exercer notre libre arbitre, c'est accepter de remettre en question notre vision du monde, ces fausses certitudes rassurantes qui en réalité nous mettent en danger, car elles nous empêchent de nous réaliser tels que nous sommes vraiment.

Écouter notre baromètre intérieur. Cet instrument de mesure qui nous dit ce qui est bien pour nous, c'est cette petite voix que nous avons au fond de nous et qui, si nous réussissons à atténuer le bruit extérieur, fait que malgré l'incertitude, nous savons ce que nous devons faire et quelles justes décisions nous devons prendre – justes pour nous, et uniquement pour nous.

Cela n'est pas sans conséquence. Car si nous comprenons intimement que nous sommes notre propre instrument de mesure, nous réalisons que cela est vrai aussi pour l'autre. Nous n'avons alors d'autre possibilité que celle d'appliquer un principe de réciprocité, d'admettre les choix et décisions de l'autre avec le respect le plus absolu et ne pas chercher à l'influencer, car lui seul sait ce qui est bon pour lui.

Je suis et reste convaincue que la femme comme l'homme dispose en soi de tous les ingrédients qui lui sont utiles pour progresser. Il n'existe pas une épreuve dont nous ne détiendrions la clé de réalisation, comme nous le verrons plus loin. En revanche, nous n'avons pas été formés au côté unique et hétérogène des expériences individuelles. Nous sommes aliénés par l'uniformisation de ce qu'il convient de vivre en société alors que chacun de nos destins et chacune de nos expériences n'appartiennent qu'à nous, et que nous seuls détenons toutes les clés pour vivre et transcender nos épreuves.

Nous n'avons pas non plus été formés à la progression de notre être, cette atteinte de l'accomplissement de soi ne fait pas partie de notre éducation et de notre enseignement, surtout en Occident. Nous apprenons à nous conformer à une image du bon élève, du bon citoyen, du bon parent, du bon employé, à nous installer dans une « zone de confort » qui, finalement, ne l'est pas tant que ça et ne nous apporte pas le bonheur tant désiré.

Au fond de nous, nous nous languissons de ne pas être nous-même alors que nous jouons constamment un rôle péniblement appris sur les cendres de nos difficultés, et éprouvons au quotidien une véritable douleur de déracinement, de non-expression de notre être véritable, sans même savoir identifier cette souffrance et donc sans pouvoir en rien y remédier.

RELIGION, SCIENCE ET SOCIÉTÉ

L'histoire de tous les peuples est marquée par l'origine céleste de la création du monde. Cette remembrance de l'origine divine de la vie nous a donné des lois, une éthique, une organisation sociale. Mais la loi religieuse et les croyances ont limité notre élévation. Elles ont certes rempli leur rôle premier d'éducateur mais se sont adressées à nous comme à des enfants, elles ont pris et conservé un pouvoir autoritaire sur nos consciences et ne nous ont pas permis de grandir à la suite. Or le rôle de l'enseignant est de conduire l'enfant vers l'âge adulte et de lui permettre de s'émanciper par la suite.

La science est ensuite venue nous libérer progressivement de la contrainte morale exercée par les corps religieux. L'absence d'émancipation a provoqué le rejet des enseignements précédents. Son corollaire est que nos modes de pensée ont déprécié l'intuition et rigidifié notre façon de percevoir le monde ; le raisonnement scientifique et la rationalité se sont imposés à tous. La logique a dénigré l'intangible, ce qui ne se voit pas mais se ressent ou se devine, et l'a éloigné de l'activité économique rationnelle, avec plus ou moins de mépris ou de condescendance. Cela nous a privés d'une grande partie de nous-mêmes.

Nous avons dû également faire face à une autre agression majeure. Le système de valeurs basé sur l'argent a matérialisé notre être, l'a densifié, l'a bloqué au stade de l'avoir, nous définissant par ce que nous possédons, faisons et consommons plutôt que par qui nous sommes. Nos héros sont des milliardaires, prêts à écraser tous les autres sur leur passage, et nos enfants jouent à des jeux de guerre immersifs. Notre société occidentale nous a désunis et isolés, désolidarisés. Elle nous a banalisés comme de simples produits et nous utilise pour de simples compétences. Dernièrement, elle nous a identifiés avec des QR codes et cherche maintenant à nous pucer pour mieux nous traquer, comme des matières premières dans une chaîne de production. Et ce bon vieux système tente de nous faire croire que c'est la seule voie possible, et que le bonheur consumériste et sécuritaire est bon et fructueux pour nous.

Cet idéal matérialiste est bien sûr une illusion. Qui plus est, une illusion malsaine, corruptrice, gangrenante et contagieuse.
Il nous est possible de ne plus y croire, de ne plus y adhérer. Il n'est rien si nous n'y répondons plus. Nous avons la possibilité

d'agir en toute cohérence, de nous rendre légers et joyeux, d'aligner nos valeurs et nos actions pour leur donner du sens. Nous pouvons nous enrichir de ce sens, soulager nos tensions et accéder au mieux-être et à d'autres abondances. Nous pouvons nous rassembler et retrouver des relations de fraternité et de solidarité, partager, donner, créer. Nous pouvons redevenir autonomes et ne plus dépendre de décisions centrales et standardisantes, nous pouvons agir localement de façon cohérente. Nous sommes libres aujourd'hui de briser les chimères du credo de l'ancien monde. Ou pas.

Notre époque nous permet de comprendre et d'agir. Nous disposons, pour la majorité d'entre nous, de plus de connaissances, d'autonomie, d'accès à l'information, de temps libre, de santé, de longévité, que cela n'a jamais été possible depuis l'apparition de l'Homme sur Terre. Nous connaissons les enjeux, nous savons la course effrénée vers notre destruction en tant qu'espèce, à échéance relativement courte.

Ce qui nous empêche d'agir, c'est la peur. La peur de perdre le peu de biens et de bien-être que nous avons réussi à nous constituer, comme un écureuil, ses réserves pour l'hiver. C'est la peur du pire, la procrastination et la paresse de prendre les choses en main, c'est la croyance que nous sommes impuissants, qu'il existerait une fatalité à ce fonctionnement autodestructeur, que d'autres que nous sauraient mieux que nous gérer nos destins, qui nous figent. C'est la culpabilité qu'on nous a enseignée comme principe premier qui nous inflige la double peine en nous rendant de plus coupables de nos mal-vécus et de nos dysfonctionnements. C'est notre adhésion malgré nous à un système de valeurs pervers, qui nous fait croire que nous ne pouvons pas modifier des fondations si profondément ancrées dans nos modes de fonctionnement. C'est la peur de l'inconnu et le faux réconfort du connu, même s'il s'avère douloureux et débilitant, qui immobilisent notre pulsion d'une vie plus consciente.

Cette incapacitation provoquée par nos peurs est une illusion totale. Nous sommes comme sous hypnose, semi-conscients, hébétés.

Réveillons-nous.

LES LANCEURS DE CHANGEMENT

Notre société est une somme d'individus. Son évolution passe par leur évolution. En revanche, il n'est pas nécessaire que tous évoluent pour faire changer les choses. Charge à ceux que j'appelle les « lanceurs de changement » de faire la plus grosse part et de générer le mouvement d'entraînement pour l'ensemble.

Au contraire des activistes, plus extrémistes et marginaux, pour lesquels la fin justifie les moyens, qui mettent souvent la contrainte, l'intégrisme, la tyrannie des idées ou la violence au service de leur cause, et dont l'action intéresse peu, voire effraie la majorité silencieuse de la société, ces lanceurs de changement sont des personnes généralement non violentes, parfois des personnalités, souvent des anonymes, portées sur les valeurs et le sens, et qui militent de façon pacifique et ferme pour affirmer et soutenir ce qui leur tient à cœur.

Plus proches sociétalement de la majorité, insérés dans le monde professionnel et citoyen, ces lanceurs de changement y acquièrent une bonne visibilité et une grande crédibilité, et conduisent le plus grand nombre à la remise en question, à l'émancipation et à la métamorphose.

Ils utilisent ce que j'appelle la « contagion éthique », qui, à l'image d'un sachet de thé infusant dans de l'eau, va diffuser son goût et sa coloration à l'ensemble de la tasse et va permettre au plus grand nombre d'être immergé dans une nouvelle configuration sociale dominante qui conduira à sa propre transformation.

Je pourrais citer le Mahatma Gandhi ou Nelson Mandela comme lanceurs de changement, ou plus proches de nous Pierre

Rabhi ou le Dr Louis Fouché, mais ce serait oublier tous les engagés anonymes qui contribuent par leurs activités quotidiennes à rendre l'utopie tangible et atteignable, à forger un rêve concret pour la société de demain.

Ce sont les dirigeants clairvoyants engagés pour une économie durable et soutenable ; les responsables des richesses humaines, de la RSE et du développement durable des entreprises, lorsqu'ils écoutent leurs valeurs et refusent la complicité plutôt que d'accepter les contraintes matérielles et psychologiques imposées par leur employeur ; les associations citoyennes qui militent pour le respect des droits humains et naturels et le mieux-vivre ensemble ; les enseignants et les éducateurs qui reconnectent leurs élèves à leur être profond et aux cycles écosystémiques ; les parents qui s'impliquent auprès de leurs enfants pour leur transmettre des valeurs d'amour, d'ouverture, de tolérance et de respect, et développer leurs aptitudes ; et tous les penseurs et activistes qui s'inscrivent dans ces mouvements porteurs de solutions, quels que soient leur métier ou leur champ d'action. Ils incarnent le changement par leur mode de vie et leurs valeurs universelles et humanistes, et inspirent par leur exemple et leurs engagements.

Ce sont aussi les soignants qui utilisent les médecines douces et alternatives, les magnétiseurs, les médecins holistiques qui traitent autant l'âme que le corps, les agriculteurs qui cultivent la terre vivante en pratiquant le bio ou la permaculture, les constructeurs qui utilisent des matériaux naturels et recyclables, les inventeurs qui s'inspirent de la nature pour aider notre quotidien, les spirituels qui croient en l'autre et rayonnent l'amour et la conscience. Ce sont tous ceux qui contribuent à la régénération de notre être et de notre planète et les font resplendir.

Ils créent pour nous, ensemble, un nouveau monde, fait de coopération et de partage, de fraternité et de solidarité.

Ces lanceurs de changement, c'est aussi chacun d'entre nous si nous voulons « faire notre part[7] » et nous impliquer dans le changement de civilisation et la transformation par les valeurs. Nous pouvons nourrir ce nouveau monde de nos talents, de nos compétences, de notre envie, de notre partage, de notre conscience et de notre amour.

Avant d'être adoptée, toute vérité passe par trois étapes : d'abord, elle est ridiculisée ; ensuite, elle est violemment combattue ; et enfin, elle est acceptée comme une évidence[8].
Tel est le rôle des lanceurs de changement : intuiter des idées « hors de la boîte », s'affirmer pour les défendre, irradier ces vérités nouvelles auprès du plus grand nombre pour transformer la société.

Il faut du courage, des convictions, de la force de caractère et beaucoup d'énergie pour devenir et rester lanceur de changement. Il n'est pas facile de se mettre en rupture de la croyance du plus grand nombre et d'affronter l'opprobre et le reproche de ses proches et de la société. Nous leur devons la plus grande reconnaissance, et infiniment de gratitude. Mon message personnel est qu'ils ne doivent pas se décourager et ne jamais abandonner la partie ! L'enjeu de la transformation de notre monde est trop important.

POUR ALLER PLUS LOIN

Je vous transmets ce schéma d'existence de l'être tel que je le perçois. À vous de voir s'il peut vous être utile, pour quels usages, et si vous souhaitez le faire évoluer.

---

[7] Voir la légende amérindienne du colibri selon Pierre Rabhi.
[8] Selon Arthur Schopenhauer (citation déformée depuis sa traduction de l'allemand).

Ceci est une véritable proposition que je vous fais ici. Je ne détiens en rien toutes les connaissances ni toutes les compétences : vous, ensemble, si.

Mon expérience personnelle à elle seule est forcément limitée. Mais c'est en me reliant aux autres qui vivent les autres aspects de l'expérience que je complète l'expérience et qu'elle devient l'expérience du tout.

Ce livre vous propose de façon aussi simple que possible une vision générale et différente sur les êtres et leurs créations. Je n'ai pas souhaité l'alourdir outre mesure de références bibliographiques, de recherches documentées, de modes applicatifs. Cette partie vous appartient librement.

Si certains sujets vous intéressent, allez-y, saisissez-vous-en, déclinez-les !

Apportez-leur votre propre vision, votre métier, vos compétences, vos talents, votre intuition, votre imagination, votre créativité.

La vérité, la révélation ne vient jamais de l'extérieur, mais de l'intérieur. Elle ne peut être comprise intellectuellement, mais nécessite d'être vécue par chacun dans l'expérience. Tout au plus puis-je ici vous transmettre une base de « connaissance » de ce que j'ai découvert pour ma part, par fraternité, par amour et par solidarité avec vous tous. Mais ce que j'écris ici doit être vécu par chacun pour « allumer » en soi les connecteurs de lumière, les relais de conscience, pour animer l'amour en soi.

Ce livre est le 1er tome d'une série de trois. Il aborde la connaissance de l'être car on ne peut rien faire évoluer si l'on ne se connaît pas soi-même. Le 2nd tome parlera de nos créations, de nos œuvres, de nos projets, de nos entreprises, de nos associations, car nous créons à notre image. Le 3e évoquera notre environnement, nos structures de société et leur transformation désirée vers le Nouveau Monde.

Je souhaite ici proposer une œuvre collaborative, à l'image d'une constellation. Chacun peut venir y apporter sa compréhension, son développement, son applicatif, sa méthodologie. Tout est envisageable : une collection de livres, des articles, des vidéos, des méthodes, des actions…

Si vous souhaitez communiquer avec moi pour me faire connaître vos idées ou vos intentions, j'en serai très heureuse et honorée.

Vous pouvez m'envoyer vos remarques à cette adresse email :
vl@veronique-levy.com

Merci, et bonne lecture !

PREMIÈRE PARTIE
DEVENIR ACTEUR DE SA VIE

LE PROBLÈME, CE N'EST JAMAIS L'AUTRE

Quand quelque chose ne va pas bien dans notre vie, que devons-nous faire ? Continuer comme si de rien n'était, en espérant que cela va passer, en laissant le soin au destin de faire disparaître nos problèmes ? Accuser le sort ou les autres, avec plus ou moins de conviction, en espérant démontrer au monde que nous avons raison et que la vie a tort ? Nous faire plaindre et soutenir par notre entourage, pour en obtenir le soutien et apaiser notre inconfort ?

Ou bien nous transformer, en discernant plus ou moins en nous un dysfonctionnement qui a pu générer notre mal-être, notre situation inconfortable ?

Admettons-le, si vous lisez ce livre, c'est que vous avez sans doute déjà compris que pour aller mieux, il est nécessaire de nous transformer de l'intérieur.

Nous plaindre de la vie, du sort, des autres, de la météo, du temps qui passe, est complètement inutile. Car geindre nous cantonne dans un statut de victime, où le problème, c'est toujours l'autre, c'est toujours l'extérieur.

Nous ne pouvons alors rien maîtriser des situations que nous vivons, nous ne pouvons que les subir.

Être victime nous interdit toute évolution, tout changement, nous oblige à revivre mille fois des situations identiques, en boucle. C'est une impasse morbide, une voie sans issue qui ne nous permet pas l'accès au bonheur d'être, à la satisfaction d'exister.

Tant que nous rendons l'extérieur responsable de nos malheurs
et de nos difficultés, nous ne pouvons rien changer. Nous cherchons à tout prix à avoir raison dans notre interprétation des
événements et à rendre l'extérieur responsable de nos difficultés.
Ce qui nous arrive est injuste ou inapproprié, c'est l'expression
du sort qui s'acharne sur nous.

Nous cherchons à atténuer la peur et la souffrance que nous
ressentons. Nous tentons de réécrire l'histoire pour y occuper
une position plus confortable, pour avoir raison, pour justifier
nos comportements et rendre la situation plus supportable – à
nos yeux comme à ceux des autres.

Mais en faisant cela, nous nous éloignons davantage de la compréhension de cette situation, puisque nous en déformons la
réalité par notre interprétation. Or, nous le verrons, c'est en acceptant factuellement et en comprenant une situation que nous
pouvons la faire évoluer.

C'est pourquoi il nous appartient de réaliser que nous n'avons
aucun pouvoir réel sur l'extérieur : nous ne pouvons pas changer
l'autre, nous ne pouvons pas modifier les situations, tout au plus
pouvons-nous essayer de les contraindre et de les rendre supportables. Tant que nous ne l'avons pas compris, nous vivons une
sorte de lutte, une guerre contre l'adversité, nous nageons à
contre-courant, nous affrontons nos difficultés, fort loin de notre
expression sereine. C'est « nous contre le reste du monde ».

Alors que faire lorsque nous ressentons que le sort et les circonstances s'acharnent contre nous ? Comment réagir, ou plutôt agir,
lorsque nous nous sentons impuissants et blessés ?

Certes, nous ne pouvons pas changer l'extérieur, l'autre ou la
réalité, en tous cas pas tant que nous ne nous sommes pas trans-
formés, comme nous le verrons plus loin.

En revanche, nous détenons tous en nous un incroyable super-pouvoir : celui de pouvoir nous changer nous-même. Nous disposons de la capacité extraordinaire d'agir sur nous-même, de nous transformer.

Il est temps pour nous de comprendre que notre seul et véritable pouvoir, c'est sur nous que nous l'avons : nous avons le pouvoir absolu de changer notre vision du monde et la conscience que nous avons du monde.

Imaginons deux personnes vivant une même épreuve, une maladie grave par exemple.

L'une sera obsédée par sa maladie, s'en plaindra à longueur de journée, évoquant ses douleurs, les amplifiant par la même occasion, vivra plongée dans l'anxiété et l'angoisse. Elle s'identifiera tellement avec sa maladie qu'elle n'existera plus qu'à travers elle, elle n'aura plus d'autre sujet de conversation, plus d'autre pensée. Toute sa vie sera conditionnée par ce qu'elle peut ou ne peut pas faire en fonction de « sa » maladie, ajoutant de la souffrance à la douleur physique.

L'autre personne, en revanche, cherchera à ne pas y attacher trop d'importance, à s'en détacher, à ne pas y penser en permanence, jouera avec ses enfants, parlera avec ses amis, partagera des projets avec les siens, écoutera de la musique, bref, essaiera de cultiver des émotions positives, de compenser cet événement toxique par des plaisirs et des petites choses qui lui font du bien. Cela lui permettra de ne pas subir sa maladie, de ne pas « devenir » sa maladie, d'en sortir par moments, d'alléger sa douleur, d'éprouver une certaine sérénité, un certain apaisement, du bonheur malgré la souffrance.

Un même événement, deux visions du monde, deux approches de la vie.

La première personne est victime de ce qui lui arrive, de sa maladie.

La seconde essaie tant bien que mal de transformer ses circonstances de vie de façon positive.

Il existe toutefois une troisième option, plus puissante, plus entière, pour vivre cette situation : devenir acteur de sa vie. Dans ce cas, cela consisterait pour cette personne malade à déchiffrer ce qui lui arrive, au-delà des apparences, à ne pas s'arrêter à la vision de la maladie, à décrypter les signes que lui envoie son corps, à identifier les comportements, les événements ayant conduit à provoquer ou amplifier cette maladie. Et à force de compréhension, à modifier les causes ayant induit la maladie afin d'une part de se soigner, et surtout de guérir, soit physiquement dans le meilleur des cas, soit tout au moins énergétiquement, au niveau subtil, ce qui lui permettra de se soulager du poids de cette agression majeure à son intégrité.

ÊTRE VICTIME EST UNE SITUATION SANS ISSUE

Lorsque nous sommes victime, notre unique attitude consiste à nous plaindre de la vie, de l'autre, des circonstances, du sort, à chercher autour de nous du réconfort et la confirmation de notre statut de victime. Tout est la faute de facteurs qui sont extérieurs à nous. Nous n'avons aucun contrôle sur ce qui nous arrive, nous subissons notre vie, à l'image d'un bouchon de liège emporté par le courant et ballotté en tous sens par les flots. Certes, cela peut s'avérer ponctuellement réconfortant d'attirer l'attention de notre entourage sur notre sort et de nous faire plaindre, de nous faire prendre en charge. Certains ont fondé leur vie sur cette attitude. Mais cela ne nous apportera jamais la satisfaction profonde de l'expression de notre être plein et entier, et nous laissera à la merci de la peur et de la souffrance.

Il est particulièrement difficile de sortir d'une position de victime, cela suppose de reconfigurer intégralement notre rapport au monde. Il faut pour cela une volonté farouche et une grande ténacité. Mais l'effort vaut vraiment la peine d'être réalisé, car être acteur nous permet de faire évoluer notre vie et notre conscience, et de redéfinir notre destin. De nous remettre aux commandes de notre vie. De ne plus dépendre de l'extérieur pour être heureux.

Je ne crois pas au hasard. Je ressens que nous venons tous au monde avec des choses à réaliser, grandes ou petites. Il n'y a pas de notion de valeur en cela. Nous faisons tous partie du grand corps de l'humanité : le foie n'est pas meilleur que le cœur ou les poumons, chaque cellule compose une partie du tout et le tout a besoin de chaque autre partie pour exister. Un aspect particulièrement unitaire de la vie.
Bien sûr, il existe toujours la possibilité que notre parcours de vie soit malmené par des volontés malveillantes qui l'écartent de son axe initialement prévu. Mais est-ce vraiment le fait du hasard, ou n'était-ce pas prévu justement ?

Cela m'évoque trois réflexions.

– D'une part, comme je l'ai évoqué plus haut, le fait que, selon moi, chacun d'entre nous dispose de tous les éléments qui lui sont nécessaires pour vivre et surmonter ses étapes de vie. J'en reparlerai plus loin. C'est également le motif pour lequel nous devons relativiser ce que vivent les autres au regard de nos propres épreuves. Celui dont la vie semble si facile, comme celui dont la vie semble un calvaire. Charge à chacun de nous de vivre ses propres étapes de façon positive, je veux dire par là pas avec facilité, mais en surmontant les difficultés.

– D'autre part, le fait que travailler sur soi, ce n'est pas uniquement identifier ses problèmes, et ensuite vivre avec ces problématiques le mieux possible : mais c'est bien de les dépasser.

La psychologie nous permet de voir, de comprendre et de gérer au mieux nos difficultés, mais se contente la majorité du temps de les enrober de baume pour les rendre supportables et vivables. Certaines pratiques vont même jusqu'à nous redéfinir une identité construite autour de nos mal-vécus – nous éloignant davantage encore de qui nous sommes vraiment.

Ce que je vous propose ici, ce n'est pas simplement d'accepter des mal-vécus et de vivre avec, mais de les résoudre, de les surmonter, pour les faire disparaître de notre vie et passer à l'étape suivante.

Imaginez que vous jouez à un jeu vidéo, vous en êtes au niveau 135. Il vous faudra résoudre ce niveau pour passer au niveau 136 et continuer votre aventure vers les autres niveaux. Eh bien, c'est assez identique dans la vraie vie, vous ne pourrez pas réellement progresser et passer à l'étape suivante tant que vous vous traînerez une vieille problématique non résolue derrière vous.

Toutefois, la beauté de la chose est que ce faisant, en résolvant une problématique, nous allons récupérer une énergie incroyable, ce qui va venir nous propulser vers le bonheur et renforcer notre détermination et notre confiance en nous pour la suite de notre vie.

Nos difficultés n'arrivent jamais par hasard, et elles ont leur cible en nous : elles adviendront et se reproduiront tant que nous n'aurons pas éliminé la cible, c'est-à-dire les comportements, les peurs, les pensées ou les attitudes qui les suscitent. Tant que cette cible existera, l'épreuve subsistera. Tant que nous n'aurons pas accepté de voir les « erreurs » que nous commettons et qui nous éloignent de notre être profond, de les comprendre et de les résoudre, « l'adversité » subsistera. Et la vie se chargera de nous représenter toujours les mêmes épreuves, à quelques variantes près, de plus en plus fort, jusqu'à ce que nous réalisions qu'il nous faut les confronter avec compréhension, détermination et courage.

J'aime comparer ces cibles au jeu d'enfant qui consiste à introduire des formes dans des trous : un triangle dans un triangle, un carré dans un carré, un cœur dans un cœur… Prendre conscience et dépasser une épreuve revient à « boucher un trou », éliminer la cible. La forme correspondante ne pourra alors plus jamais s'y introduire,

Cube de tri de formes

non plus qu'aucune autre. L'effet en sera soit que nous ne sentirons plus l'événement peser sur nous car il n'aura plus de prise et nous sera devenu indifférent, soit que nous constaterons la disparition pure et simple de l'événement générateur de trouble. Dans tous les cas, cela ne comptera plus dans notre vie et nous aurons franchi cette étape.

— Enfin, le fait que plus nous devenons réellement acteur de notre vie, plus nous mettons de conscience et de positif, d'attention et d'acuité, de présence, de reconnaissance et de gratitude à ce que nous faisons, à ce que nous vivons, en laissant tomber les façades et les superflus, et plus nous générons autour de nous des événements positifs et agréables à vivre. C'est ce que certains appellent la loi d'attraction. Il existe un lien direct entre nos pensées et la réalité : ce sur quoi nous choisissons de nous concentrer finit par devenir réalité. Nous attirons spontanément à nous de nouvelles personnes, de nouvelles opportunités, de nouveaux événements, qui correspondent à ce que nous sommes et devons vivre. Le monde se reconfigure. C'est en cela que nous sommes créateurs de nos réalités et influenceurs pour ceux qui nous entourent. C'est ainsi que nous pouvons modifier l'extérieur.

CHANGER DE NIVEAU DE CONSCIENCE

Il est normal qu'au début, ce dont je parle dans ce livre puisse vous paraître compliqué. Cela fait appel à l'acceptation d'une autre vision du monde. C'est pratiquement un acte de foi.

Il s'agit d'accéder à un monde différent, dans lequel nous développons nos ressentis de façon holistique et où tout s'apprend de façon globale et interconnectée.

Notre perception se développe comme une bulle qui enfle de façon exponentielle autour de nous. Plus nous acceptons d'aborder cet autre pan de la réalité, plus nous progressons ; plus nous nous délestons du poids de nos problématiques, plus nous illuminons notre vie par nos prises de conscience, et plus le changement nous est facile, rapide et démultiplié.

Il est difficile de passer d'une compréhension semi-linéaire ou rationnelle, mentale, rigide, maîtrisée, à ce type d'approche perceptive et souple, à laquelle nous n'avons pas été préparés par notre éducation et nos enseignements. Mais même les personnes les plus fermées à ces réalités disposent en elles de facultés de perception identiques à celles qui se révèlent les plus ouvertes. Sans doute leur faudra-t-il un bel entraînement, de la constance et de la persévérance pour dépasser la limite de leur matérialisme, revenir à leur capacité initiale de perception et la développer.

SE TRANSFORMER FACE À LA DIFFICULTÉ

Lorsque tout va bien, on ne change rien. On souhaite simplement continuer à vivre ainsi, que rien ne bouge, conserver ce que nous « possédons » : un amour, un travail, une situation, une reconnaissance, une position, un bien, un bien-être… Même une situation inconfortable, mais que nous connaissons bien, peut nous paraître mille fois préférable à un changement, tant nous pouvons nous sentir effrayés par l'inconnu.

Toutefois, c'est bien dans la difficulté que nous évoluons. C'est dans le dépassement et la réalisation de nos défis que nous forgeons notre apprentissage.

C'est le déséquilibre qui crée le mouvement : dans la marche, pour la conquête de nouveaux territoires, de nouveaux horizons, pour notre évolution consciente. Tout ce qui est trop facile tue l'envie de bien faire : rien n'égale une victoire sur une difficulté. Car toute menace crée une opportunité. C'est en affrontant nos peurs, nos incertitudes, en nous mettant en danger, en remettant en question notre « zone de confort », que nous nous dépassons. Cela signifie que nous allons chercher en nous des ressources nouvelles, ou généralement peu sollicitées, pour réaliser une transformation. Celle-ci passe toujours par la remise en question de soi, partiellement ou totalement. Pas de « soi » en tant qu'être, mais de « soi » en tant que personnalité, en tant que le personnage que nous croyons être et que nous avons forgé depuis notre plus tendre enfance – nous reviendrons largement sur cette notion.

Accueillons l'inconfort avec conscience. Il est notre sublime occasion de changer, le signe que quelque chose ne tourne pas rond dans notre vision actuelle du monde, et qu'il est temps de redevenir nous-même.

Voilà pourquoi, pour commencer ce chemin, il nous faut faire appel à notre capacité d'ouverture et d'acceptation la plus profonde. Plus qu'un lâcher-prise, il s'agit de déposer les armes et de ne plus lutter pour prouver à la vie et aux autres que nous avons raison, arrêter de contraindre notre être à vivre des situations impossibles, arrêter de tordre la réalité pour la rendre supportable, arrêter de créer un récit narratif qui nous donne le beau rôle, arrêter de faire entrer des carrés dans des ronds. Accepter de voir la réalité en face, sans peur et sans faillir, et sans non plus s'abandonner à un sentiment de défaite ou à la dépression.

Accepter de voir les faits pour ce qu'ils sont, sans appréciation de bien ou de mal, sans nous juger, sans culpabilité, avec innocence, avec humilité.

Si elle est sincère, cette attitude d'ouverture va provoquer en nous une certaine lucidité. Notre progression est rythmée par nos prises de conscience, ces compréhensions fulgurantes qui se produisent quand une ou plusieurs vérités viennent ouvrir notre champ de conscience et provoquent ce sentiment d'éclosion à l'intérieur de nous.
Notre vision s'élargit soudainement depuis notre centre et change notre perception même de la vie.
Nos prises de conscience reconfigurent notre vision du monde et accompagnent notre transformation.
Cela correspond au passage d'un portail d'évolution vers un nouvel état d'être.

Les prises de conscience sont facilitées par le lâcher-prise face aux situations qui nous agressent. Non pas pour abandonner et y succomber, mais en comprenant que nous ne détenons pas toutes les réponses, que même si nous n'avons pas celle qui nous permettrait de résoudre la situation dans laquelle nous nous trouvons, la solution existe forcément quelque part.
Le lâcher-prise consiste à prendre de la distance par rapport à notre personnage, à notre égo, qui est certes utile et que nous devons aimer et respecter pour tous les services qu'il nous rend – nous lui devons notamment notre « survie » au quotidien. Mais se désidentifier de notre personnage nous permet de prendre de l'altitude et d'acquérir de la largeur de vue pour retourner là où nous appartenons, pour redevenir qui nous sommes vraiment au fond de nous.

C'est ce que vous trouverez expliqué en détail dans les prochains chapitres.

✴ ANIMER LA FOI

(À ne surtout pas lire si vous ne voulez pas vous enquérir de spiritualité !)

Pour commencer ou progresser sur ce chemin d'évolution, il est préférable de faire appel à notre foi la plus profonde. La foi nous animera de sa volonté vibrante, nous enveloppera de son soutien infaillible, créera pour nous le cocon qui abritera les souffrances que nous pourrions rencontrer sur la route, nous donnera le courage de les supporter et de les surmonter.

Pour animer votre foi et la renforcer, je vous suggère d'édicter des « décrets de foi », des mantras, qui reflètent vos choix sincères : « je crois en la Lumière », « je m'engage aujourd'hui avec force et détermination pour la Lumière », « je mets ma vie et mon âme au service de la Lumière, que cela soit, ici et maintenant » – ou tout autre nom que vous voudrez lui donner. Trouvez vos propres paroles, celles qui provoquent en vous une émotion puissante et vous font vibrer.

Ne croyez jamais que ces mots forts d'engagement soient des paroles en l'air, ils ne le sont pas. Ils seront entendus de tous et notés dans vos annales akashiques. Vous serez aidés et accompagnés, toujours, à tout moment, même si vous ne le percevez pas au début.

À la suite de quoi il vous appartient de ne pas douter, de ne pas remettre ces décrets en question. Votre choix doit être vrai, émis du fond de votre cœur.

Il est important de vous y tenir avec un minimum de constance – par exemple en répétant quotidiennement votre choix deux ou trois fois par jour pendant au moins 21 jours, de façon affirmée, sans douter, en vous sentant bien ancré au sol.

Même si vous ne voyez rien, si vous ne sentez rien, si vous n'entendez rien, cela sera.

C'est cela le saut de la foi, le saut dans le vide illustré dans toutes les approches spirituelles. Nous sommes invités à passer de nos certitudes visibles, concrètes, historiques, démontrées, acceptées par tous, à un acte de confiance en quelque chose que nous ne voyons pas. Mais ce n'est pas un saut vers l'inconnu, car au fond de nous, nous connaissons ce vers quoi nous allons.

Et alors, le miracle se produit.
On accède à cet autre monde, non pas qu'on y ait été conduit, qu'un miracle ait été accompli de l'extérieur, mais parce qu'on a accepté d'y entrer. Le miracle est toujours intérieur, il est la traduction de notre acceptation et de notre ouverture, de notre désir de progresser et d'évoluer.
Et petit à petit, votre monde se révèlera à vous et vous pourrez le percevoir, être et agir.

APPRENDS À TE CONNAÎTRE TOI-MÊME

Comprendre l'être pour comprendre ce qu'il crée… un projet, une famille, une entreprise, par exemple, ou le monde dans lequel il vit. Quelle annonce mystérieuse ! Et pourtant…

Nous ne nous connaissons pas nous-mêmes la plupart du temps, nous ignorons souvent ce qui nous fait réagir, pourquoi certaines personnes ou certaines situations provoquent en nous tant d'émotions, bonnes ou désagréables. Pourquoi nous nous sentons si bien, ou si fatigués, ou attirés par les uns, ou repoussés par d'autres, ou joyeux, ou tristes, sans que nous n'ayons à cela d'explication logique. Pourquoi nous réveillons-nous parfois en pleine forme, et d'autres fois éreintés par une nuit épuisante ? Pourquoi me suis-je fait mal aujourd'hui en soulevant ce poids alors que je fais cela tous les jours sans problème ? Pourquoi suis-je en train de développer cette maladie ? Quelles décisions dois-je prendre pour agir au mieux ? Dois-je partir, dois-je rester ?

Vais-je me battre pour atteindre mon objectif, ou dois-je laisser tomber ? Est-ce la bonne personne, ou vais-je encore me faire abuser ? Est-ce le bon partenaire ? Le bon endroit ? Le bon moment ? Le bon projet ?

Tant de questions que nous nous posons en permanence, pour lesquelles nous n'avons pas de réponse, pas de joker. Nous pouvons nous inspirer de l'expérience des autres. Certaines explications surgissent, mais elles sont souvent incomplètes. Comment trouver la bonne réponse, la juste réponse, celle qui nous correspond, qui va se révéler bonne pour nous, et uniquement pour nous ?

Certes, il existe la psychologie et les neurosciences pour expliquer et démêler les enchevêtrements de notre esprit, pour comprendre nos limites et nos peurs, pour nous permettre de déceler nos freins et nos motivations, dépasser nos blessures et nos frustrations, rationaliser nos décisions et avancer.

Mais cela n'explique pas tout. Un coup de cœur, une intuition, une envie, une aspiration, un émerveillement. De quoi s'agit-il ? Tout n'est pas rationnel. Notre vie n'est pas rationnelle. Nous le savons bien.

Et nous n'envions pas vraiment la vie de ceux qui cherchent justement à la rendre totalement rationnelle, à la maîtriser complètement, à se rassurer dans un processus de logique inexorable.

Mais comment définir ce « non-rationnel » ? Quelle est cette part de nous que nous ne savons pas cerner, sur laquelle nous n'avons pas prise, qui surgit parfois sans crier gare et nous fait faire des choix inattendus, nous plonge dans le ravissement, nous fait échapper à des pièges que nous ne soupçonnions pas ? Qu'est-ce qui nous guide et nous attire ?

Et pourquoi éprouvons-nous parfois ce manque, ce vide en nous, pourquoi nous arrive-t-il d'avoir le sentiment d'avoir raté notre vie, d'être passé à côté de l'essentiel, alors même qu'aux yeux de tous nous avons réussi notre vie personnelle ou notre carrière professionnelle ? Pourquoi certains choix, pourtant raisonnables, nous laissent-ils si tristes et vides ? D'où vient ce creux, cette dépression ? Se pourrait-il que notre vie ne soit pas simplement ce que nous vivons, ce qu'elle semble être ? Comment pouvons-nous acquérir plus de discernement ? Y aurait-il autre chose que nous devrions savoir ? Et comment trouver cette autre chose ? Qui saura nous enseigner ? Qui croire, qui suivre pour trouver ce qui nous rendra heureux, qui nous rendra plus grand que notre simple moi ?

Pour combler ce manque en nous, cette absence de sens et de compréhension, la religion est souvent notre première étape culturelle. Elle nous apporte une ouverture vers quelque chose de plus grand que nous, elle nous parle d'Amour et d'élévation, de foi, de dépassement, de transcendance, elle nous propose un sens et nous promet le paradis. Mais elle nous trace une voie faite de sacrifices et de renoncements, de lois rigides, elle nous rend nativement coupables et perd la femme en chemin. Elle nous menace du pire si nous ne suivons pas ses enseignements. Et nous demande parfois de nous identifier à des personnages évoluant à dos d'âne dans des cités antiques, enseignant des contes pour enfants à des foules immatures. Beaucoup d'entre nous ne s'y retrouvent plus – même si les plus érudits découvrent dans ces paraboles des sens cachés et profonds plus universels, éternels, transcendant le temps et l'espace.

Puis se présentent à nous d'autres alternatives. Des maîtres et leurs disciples, des gourous, des sectes et leurs croyances déviantes, qui excellent à lâcher du vrai pour prôner le faux, prendre le pouvoir sur nous et nous manipuler. Ce n'est pas la liberté que nous recherchons.

Il y a aussi les enseignements d'Orient. Des voies lumineuses, une sagesse ancestrale mais encore et toujours des maîtres, des panthéons imagés, mâtinés d'hommes et de bêtes, loin de nos cultures occidentales, des formes de pensée forgées à l'image de leurs gourous, des années d'efforts et de pratique pour oser imaginer atteindre les premiers seuils. Pas encore la liberté désirée, ni le rythme souhaité de notre évolution.

Comment s'y retrouver, comment vivre de façon réaliste, insérés dans son temps, bien ancrés au sol, tout en répondant à ses aspirations profondes ? Comment évoluer, comprendre, apprendre, se sentir vivant, vibrant, complet, et être heureux et libre à la fin ? Pourquoi ces enseignements ne nous apportent-ils pas la réponse à cette question informulée que nous nous posons tous, parfois sans même le savoir ?

LE FOND ET LA FORME

Peut-être parce qu'il existe une réalité au-delà de tous ces enseignements.
Le fond qui précède la forme.
Ce fond qui a suscité l'apparition des croyances animistes, des religions, des mysticismes, des enseignements spirituels.
Le fond qui existe et se manifeste à l'origine de toute culture, de toute civilisation, partout dans le monde.
Or on constate aujourd'hui un rejet massif de la forme, de ces coutumes et ces rites conçus il y a des centaines ou des milliers d'années et qui ne correspondent plus aujourd'hui à nos niveaux de conception et de compréhension de la vie. Et en rejetant la forme, nous avons commis l'erreur inqualifiable d'éliminer en même temps le fond, sans même nous en rendre compte. Comme le dit l'expression, nous avons jeté le bébé avec l'eau du bain.

Ce fond, c'est ce que j'appelle la spiritualité. Quelque chose d'existentiel, que l'on retrouve dans toutes les civilisations, chez tous les peuples à travers l'Histoire, interprété différemment selon les époques et les lieux, les cultures et les aspirations.

Cette spiritualité est existentielle, elle est intrinsèque à l'homme. Et peu importe le nom qu'on lui donne, ce nom n'est que la forme, *l'interprétation* du fond.

Aujourd'hui donc, le rejet de la forme nous a fait nier le fond. En faisant cela, en nous émancipant des interprétations culturelles et historiques, nous avons également renié l'existentiel. Et nous ne le savons même pas, notre éducation ne nous permet pas de le comprendre. Nous sommes affamés, mais nous ne savons pas l'exprimer, encore moins dire de quoi nous avons si faim. Nous souffrons sans savoir même mettre des mots sur ces maux.

La science est venue depuis deux siècles confirmer cette posture et armer nos esprits contre l'irrationnel, en niant tout ce qui ne pouvait pas être prouvé et démontré. Puis la science est à son tour devenue dogmatique, elle s'est cloisonnée, s'armant de principes excluant les « anomalies » qu'elle ne savait pas intégrer dans ses modèles[9]. Rien ne doit déroger au théorème. Mais nous nous sommes également aperçus, il n'y a pas si longtemps, que la science avait ses limites. Ce qui ne peut pas être démontré aujourd'hui le sera peut-être demain, tels à l'époque la théorie de la relativité restreinte d'Einstein ou les phénomènes quantiques découverts dès la première moitié du XXe siècle et toujours à l'étude. Des expériences nouvelles, effectuées par exemple lors de méditations profondes sur le moine tibétain Matthieu Ricard, ou encore le travail sur la gratitude réalisé par le Pr Robert Emmons de UC Davis (Californie), font émerger des pans de

---

[9] Voir à ce sujet les interventions de Philippe Guillemant, ingénieur physicien français, spécialiste de l'intelligence artificielle, et habilité à diriger des recherches au CNRS – http://guillemant.net

connaissance inconnus, insoupçonnés jusqu'alors. Récemment, des travaux en laboratoire ont réussi à faire émerger de la matière du vide, démontrant l'effet Schwinger[10].

Il nous faut dépasser nos aprioris pragmatiques et dogmatiques pour retrouver notre sens. Et nous retrouver complets pour vivre notre vie de façon épanouie.
Ou les réfuter et continuer ainsi, chacun est libre de ses ressentis, de ses choix et de ses convictions. Je ne cherche ni à convaincre ni à avoir raison.

Donc c'est dit : je vais vous parler ici de spiritualité laïque. Deux termes à première vue antinomiques, un oxymore qui signifie simplement que je vais vous parler de cet intangible qui anime notre vie : le fond, mais sans y ajouter d'habillage, de méthode ou de croyance : la forme. Je laisse la forme à votre appréciation, et charge à vous, si vous le souhaitez, d'habiller le fond à votre façon et à votre goût. Il n'y a toutefois aucune nécessité de le faire, bien au contraire. Le fond suffit en soi à notre complétude.

Mon ambition est de vous proposer la substantifique moelle de notre structure immatérielle, le minimum vital qui va vous permettre de comprendre comment nous fonctionnons, comment nous nous nourrissons et apaisons notre faim et notre soif spirituelles, comment nous relions notre vie quotidienne et chacun de nos actes à ce qu'il y a de plus profond en nous. Ce qui fait que nous ne pouvons pas réellement vivre heureux sans valeurs ni inspiration profonde. Je vous propose de nous retrouver. De nous remplir. De nous connecter à nous-même et aux autres.

---

[10] Travaux réalisés en 2022 par des chercheurs de l'Université de Manchester, qui, en appliquant de forts courants électromagnétiques sur du graphène, ont fait surgir du vide des paires de particules-antiparticules, connectant la science de l'infiniment petit et celle de l'infiniment grand.

D'accéder au plus absolu de nous pour pouvoir exister, recevoir, donner, prospérer et aimer.

DESSINE-MOI UN ÊTRE…

Rien ne vaut un dessin pour illustrer et comprendre un concept. Voici donc la représentation graphique du schéma de fonctionnement de l'être que nous sommes, avec sa partie concrète et sa partie immatérielle. Vous verrez cette illustration se compléter au fur et à mesure des chapitres, afin de vous permettre de découvrir progressivement nos différents niveaux de fonctionnement. Comme son nom l'indique, il s'agit d'un schéma, qui n'apporte qu'une représentation simplifiée des principales dimensions de notre être. Il existe bien des états intermédiaires et d'infinies nuances entre ces dimensions.

Schématiquement, nous existons sur 3 niveaux :

– Au premier niveau se situe notre corps physique : c'est le niveau le plus matériel, le plus concret, fait d'éléments que nous pouvons toucher, celui qui est animé par nos instincts primaires et notre système neuro-végétatif. Notre corps physique se situe au niveau de la manifestation, celui où nous vivons en général notre vie et nos expériences. C'est le **niveau du Corps**.

– Imaginons un niveau plus subtil, immatériel, qui le surplombe, au sens métaphorique bien sûr, car il n'y a pas de haut ou de bas : ce nouveau niveau est celui de nos valeurs, de l'esprit qui nous anime. C'est le **niveau du Cœur**. C'est à ce niveau qu'opère la conscience.

– Et encore plus « haut », un troisième niveau, bien plus subtil, plus éthéré : celui de notre intention d'être et d'exister, celui qui nous permet de ressentir et d'exprimer le pur amour. C'est le **niveau de l'Âme**.

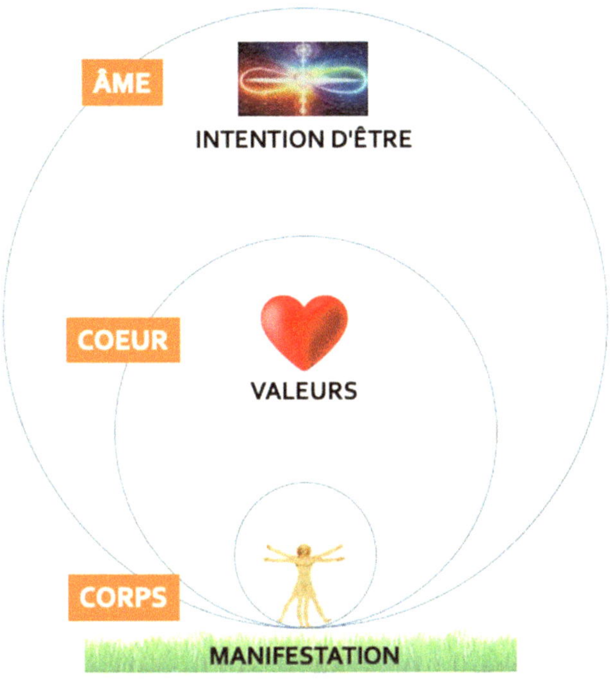

Figure 1 : le schéma de nos 3 niveaux d'existence

(Nota : même si c'est l'homme de Vitruve dessiné par Léonard de Vinci qui est représenté ici, ma représentation se veut générique de la femme et de l'homme.)

J'ai nommé ces 3 niveaux, le CORPS, le CŒUR et l'ÂME. Ils peuvent bien sûr porter d'autres noms si vous le souhaitez. Chacun comporte un nombre infini de niveaux intermédiaires.
C'est ensemble qu'ils constituent notre être.
C'est ensemble qu'ils nous permettent de nous sentir complet.

C'est au niveau du Corps que s'exprime notre personnage. Et c'est au niveau de l'Âme que notre Être vrai déploie son existence entière.

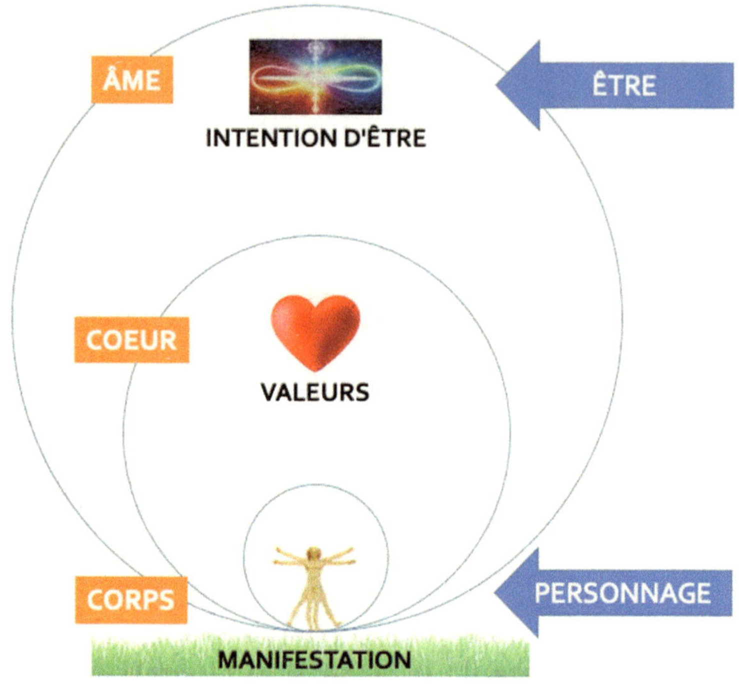

Figure 2 : les niveaux d'existence de l'être et du personnage

Ces trois niveaux principaux sont en interaction constante et s'alimentent mutuellement en permanence.

Depuis l'Âme vers le Cœur et le Corps, dans le sens qui anime et alimente notre vie (densification), et en retour, depuis le Corps vers le Cœur et l'Âme (dématérialisation), lorsque nous renvoyons l'information relative à nos expériences après les avoir passées au travers du prisme de notre vécu et que nous évoluons.

Nous pourrions comparer ce cycle à celui de l'eau, qui passe de l'état gazeux (vapeur) à l'état liquide (eau) puis solide (glace), et vice-versa, en fonction de la température.

Notre cycle à nous n'est pas fonction de la température, mais de la vie, de l'énergie qui nous alimente.

Ce cycle en nous est continu et infini.

Saviez-vous que, comme les étoiles, les humains émettent de la lumière ? Notre ADN lui-même émet une énergie lumineuse qui permet la communication ultra-rapide entre nos cellules[11]. Selon l'astrophysicien David Elbaz, « un gramme d'être humain produit 200 000 fois plus de lumière qu'un gramme de soleil (qui fait beaucoup de lumière car il est énorme) […]. La vie [humaine] est même plus efficace qu'une étoile à produire de la lumière[12] ».

En fonction de nos expériences, ou plus exactement de la façon dont nous allons vivre nos expériences, l'alimentation en retour vers le Cœur et l'Âme va contribuer à enrichir ou appauvrir ce que nous vivons, à ouvrir ou fermer en retour les vannes de cette alimentation perpétuelle vers notre corps et notre vie, à nous nourrir en plein ou à nous laisser plus ou moins inassouvi.

---

[11] Selon les travaux du biochimiste allemand Fritz Albert Popp dans les années 1970.

[12] David Elbaz, *La plus belle ruse de la lumière. Et si l'univers avait un sens ?* (Ed. Odile Jacob).

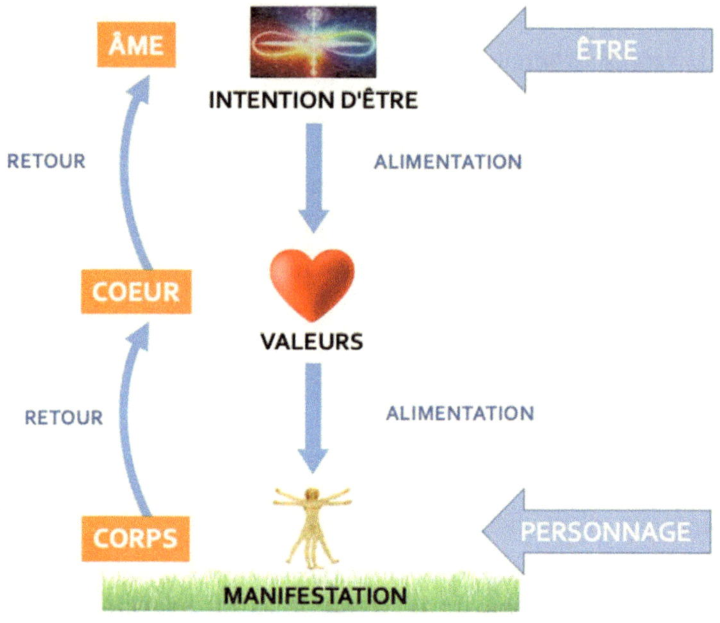

Figure 3 : le circuit d'alimentation des niveaux d'existence

Pour le dire autrement :

Plus nous nous identifions au plus bas niveau de nous-même, au niveau de notre Corps, aux événements extérieurs de notre vie, à nos peurs, à nos blessures et à nos pensées limitantes (issues de nos conditionnements), plus nous laissons nos frustrations guider nos actes, et plus nous fermons notre canal d'accès à cette énergie vitale. Par conséquent, moins nous sommes alimentés par ce carburant subtil.

Ce qui va provoquer que nous allons générer continuellement des états de fatigue, de tristesse, de stress, de découragement, de lassitude dans notre vie…

En revanche, plus nous travaillons sur nous-même pour dépasser nos limitations et effacer nos peurs, plus nous œuvrons à élever notre niveau de conscience, plus nous aimons celui ou celle que nous sommes vraiment au fond de nous, et plus nous dilatons notre canal. Nous sommes alors davantage alimentés et nourris par ce flux d'énergie, par cette pulsion de vie.

Cela va nous permettre au quotidien de déborder de vitalité, d'enthousiasme, de joie, d'amour.

Tout cela ne dépend que de nous, car c'est nous qui choisissons la façon dont nous envisageons la vie.

Voici sans doute l'information la plus importante que je puisse vous transmettre dans ce livre.

Nous verrons plus loin comment intégrer et maîtriser cela.

CYCLE VITAL

Chacun des 3 niveaux nous ouvre l'accès à des capacités différentes :

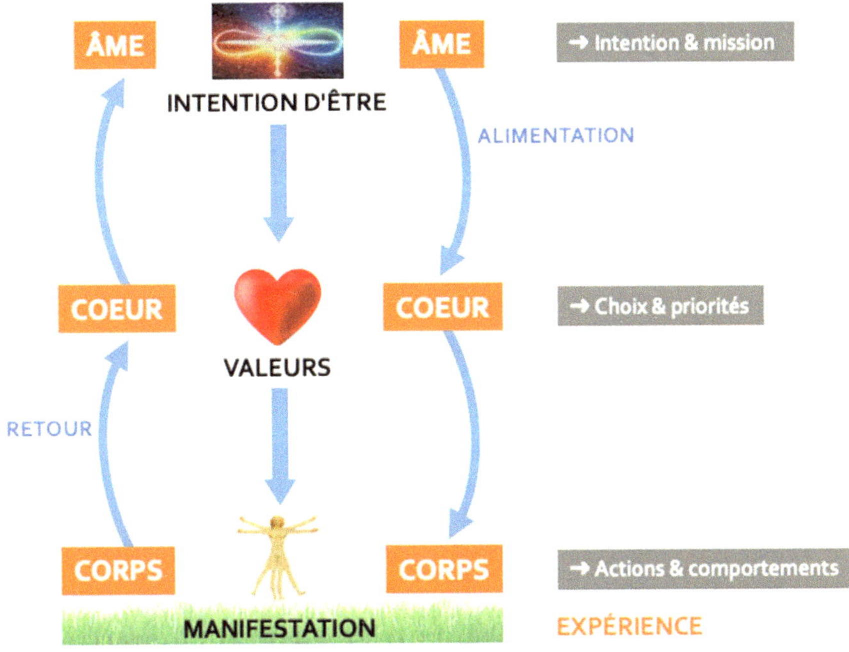

Figure 4 : chaque niveau d'existence
permet d'exprimer des capacités différentes

C'est au niveau de l'Âme que résident l'intention d'être, où s'expriment l'impulsion et la mission de vie, ce vers quoi nous tendons au plus profond de nous-même, notre objectif de vie et ce qu'il nous est donné d'accomplir et de réaliser. C'est à ce niveau que nous sommes continuellement alimentés par une énergie d'amour inconditionnel.

Le niveau de l'Âme et notre intention d'être vont guider et alimenter le niveau du Cœur, qui est celui où se forgent les valeurs. Ces valeurs élaborées en fonction de notre but propre, de notre intention d'être, vont nous permettre de faire des choix et de définir nos priorités de vie. C'est donc à ce niveau que la conscience oriente nos choix.

À son tour, le niveau du Cœur, avec ses valeurs et sa conscience, va nourrir et influer sur le niveau du Corps, qui est le plus dense, le plus matériel. C'est celui du concret, du tangible, de nos créations, de nos réalisations, le niveau dans lequel nous agissons et nous exprimons au travers de nos comportements, où nous ressentons du plaisir ou de la douleur, que nous captons le monde au travers de nos 5 sens. Ce niveau du Corps est fondamental, car c'est là que nous manifestons ce que nous sommes par nos actions, et confirmons ou infirmons les principes que nous avons choisis en amont pour les réaliser. C'est le niveau où se réalisent nos expériences et notre vécu, et c'est par le biais de nos expériences et de notre vécu que nous allons pouvoir alimenter en retour le niveau de notre Cœur et renforcer ou affaiblir le choix de valeurs que nous avons fait.

Lorsque je parle d'alimenter le Cœur en retour, il n'y a là aucune notion de bien ou de mal, mais de façon factuelle, cela indique que la résultante de nos actions viendra en retour informer notre Cœur subtil du fruit de notre vécu. Chacun est libre de ses choix, et notre être peut choisir de s'alimenter d'expériences sombres ou lumineuses. Il n'y a pas de jugement en cela. En revanche, cela aura un effet direct sur l'énergie que nous recevrons à la suite, notre vie quotidienne s'en trouvera directement influencée.

À son tour, l'alimentation fournie à notre Cœur remontera jusqu'à notre Âme, ce qui aura pour effet d'ouvrir grand les vannes pour recevoir en plein cette alimentation qui provient d'elle ou, au contraire, de nous en couper davantage en retour et de nous affamer, de nous laisser exsangue, comme manquant de vie, de sens, de forces.

C'est cette alimentation pulsatoire, cette énergie, cette puissance, vigueur, motivation, conviction ou force morale qui nous permet d'agir et de réagir, de nous intéresser et de nous impliquer dans ce que nous vivons. C'est ce flux qui nous fait vibrer, nous nourrit et nous comble de contentement.

DISCERNER L'INTANGIBLE

Le problème est que tout cela ne se voit pas. L'Âme n'est pas visible, hormis peut-être à certains. L'intangible ne se discerne qu'au travers des actes, de l'action, du corps. Et encore, l'illusion est possible : comment être certain que l'intention qui préside à l'action est bien celle qui est affichée ? Nous connaissons tous des personnes apparemment engagées et volontaires, ou très sympathiques et bien attentionnées, qui ne le sont en fait que de façade. Quelle sincérité les anime ? Quelles sont leurs intentions profondes ? Et ne sont-elles pas elles-mêmes dupes de leurs propres mensonges, sujettes à l'illusion, prisonnières d'une image d'elles-mêmes, piégées à leur propre jeu ?

Personne ne nous a appris à discerner ces réalités-là. Seules notre expérience, notre intuition, notre écoute nous permettent parfois de distinguer le fond de la forme, et d'agir en conséquence.

Nous avons tous expérimenté le poids de nos compromis, ce décalage qui existe entre ce que nous souhaitons vraiment au fond de nous, ce que nous voulons exprimer, nos rêves et nos aspira-

tions, et ce que nous réalisons en réalité au quotidien dans un environnement contraint et codé, ou vécu sans se questionner. Cela peut nous mener au doute profond, voire jusqu'à une crise existentielle nous interrogeant sur le sens et l'utilité de notre vie. À l'inverse, nous avons tous vécu des moments sublimes, durant lesquels nous avons exprimé la profondeur de ce que nous ressentons au plus intime de nous, cette passion qui a exalté sporadiquement notre être et nous a permis de vivre en cet instant un bonheur d'une rare intensité.
Il ne s'agit pas ici de croyance, mais de vécu.

Cette énergie vitale qui circule entre notre Âme, notre Cœur et notre Corps, est alimentée et colorée tout au long de notre vie par nos choix, nos prises de conscience, notre présence, notre attention, notre alignement, ou, au contraire, appauvrie et affamée par les décalages qui peuvent exister entre nos intentions et la vie que nous menons.
Et c'est ainsi que nous pouvons entretenir un cycle vertueux ou vicieux, qui vient renforcer ou corroder notre discernement.

Ce cycle est fondamental pour notre vie. Il n'y a qu'à travers nos actions et notre expérience que nous pouvons récolter l'énergie de notre vécu, en nourrir notre structure spirituelle et nous en nourrir en retour. Nous ne nous exprimons pas hors sol, hors soi, c'est dans la vraie vie, dans le concret, que nous puisons notre force et renforçons nos convictions, que nous évoluons, par la puissance créatrice de nos réalisations, que nous construisons et qui nous construisent. Lorsque nous sommes morts, nous ne pouvons plus le faire. C'est donc avant, tant que nous sommes vivants, que nous est donnée la liberté de choisir la façon dont nous voulons conduire notre vie.
La part admise par tous est qu'après la vie, nous n'emportons avec nous aucun bien matériel de ce monde. Celle sujette à nos intuitions avance que nous repartons avec pour seul bagage

l'énergie du vécu engrangée durant notre vie. Nous aborderons ce sujet plus loin lorsque je parlerai de la mort.

Quoi qu'il en soit, qu'il s'agisse de bien vivre ou de bien mourir, ce flux d'énergie lumière/amour/conscience demeure un déterminant essentiel pour l'animation de notre être.

APPRÉHENDER LE MONDE PAR TOUS NOS ÉTATS

C'est au niveau de l'Âme que se situent notre inspiration et notre amour.
C'est au niveau du Cœur que nous développons notre intuition et nos émotions profondes, notre conscience, que nous plaçons nos choix vrais en fonction des valeurs qui comptent pour nous. Et c'est au niveau du Corps que nous vivons notre vie et nos expériences sur terre.

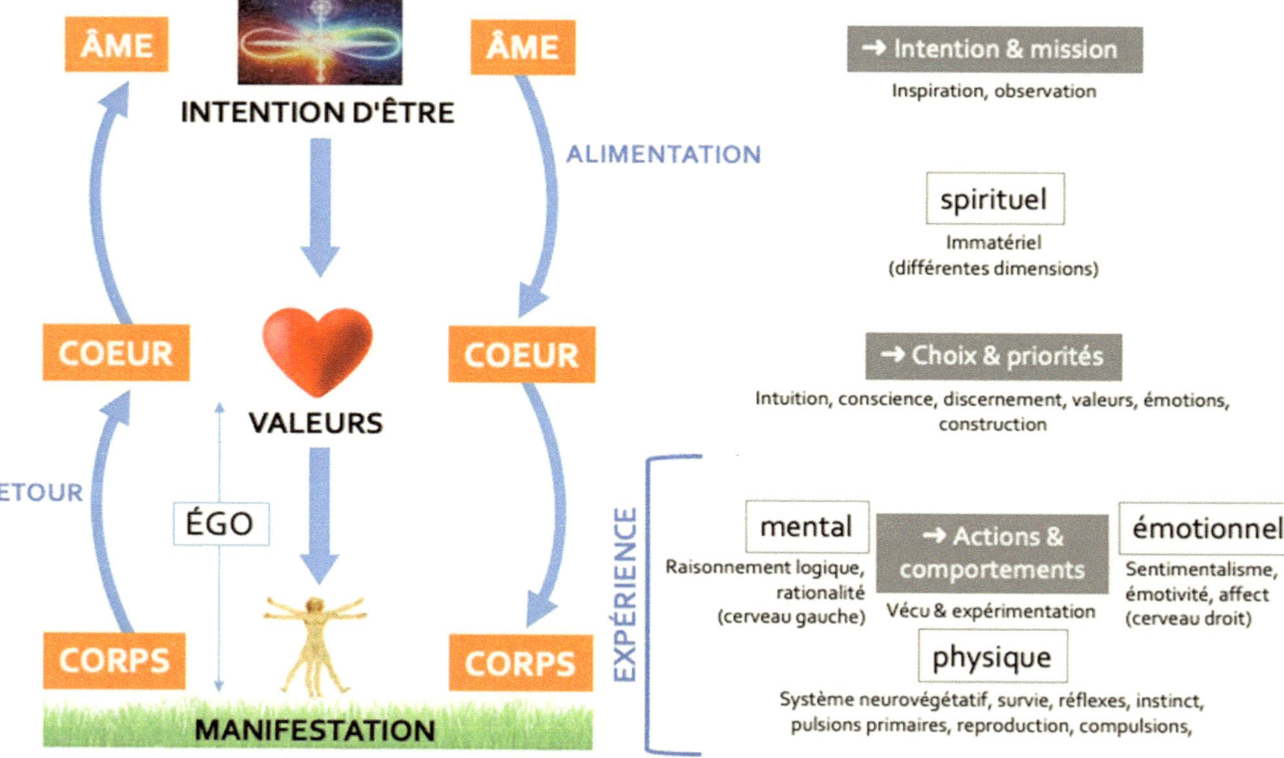

Figure 5 : l'expression de nos différents niveaux de réalité

Nous pouvons vivre différents niveaux de réalité.

Il existe autant de réalités qu'il existe d'êtres, dans chaque règne. La réalité d'une pierre n'est pas celle d'un arbre qui n'est pas celle d'un lièvre ou d'un être humain.

Cela vous semble un concept compliqué ? En fait, ça ne l'est pas, prenez par exemple votre voisin de palier ou un habitant des bidonvilles au Pakistan, un blessé dans un hôpital de brousse ou une mère de famille en Colombie, vous conviendrez qu'ils vivent chacun une réalité fort différente l'une de l'autre. Différentes expériences, différentes vérités également, chacune façonnée par le prisme de leur vécu.

Nous pouvons aussi vivre de multiples dimensions.

Au-delà de l'information spatio-temporelle, génétique et culturelle de notre vie – ce qui est déterminé par l'endroit et l'époque où nous sommes nés, notre milieu social, notre religion, notre éducation… – l'endroit où nous plaçons notre conscience va déterminer des perceptions différentes de la vie elle-même.

Prenons l'exemple d'un arbre dont nous serions une feuille.

Nous pouvons exister en tant que feuille toute notre vie, pousser, nous épanouir, faner, tomber au rythme de la saison vécue, et c'est correct.

Nous pouvons aussi placer notre conscience au niveau de la branche qui porte cette feuille que nous sommes. Cela nous permettra d'avoir une conscience élargie, des autres feuilles, des rameaux, des fleurs, des fruits que porte l'arbre, dans un espace-temps plus vaste puisque la branche a une masse plus grande et un temps de vie plus long que la simple feuille.

Et puis, nous pouvons tenter de placer notre conscience au niveau de l'arbre lui-même, de l'écosystème vivant qui porte la feuille. Cela nous amènera à une perception et une compréhension supérieures des interactions vivantes et harmonieuses se déployant entre les différents éléments constituants de l'arbre et de ses interconnexions avec son milieu naturel.

Arrêtons ici cet exemple de la feuille et de l'arbre, que nous pourrions étendre à l'infini, et qui illustre bien l'être multidimensionnel que nous sommes. Nous disposons ainsi de la capacité de placer notre conscience à tous les niveaux possibles entre le Corps, le Cœur et l'Âme.

Revenons à notre réalité personnelle.
Celle-ci est forgée par de multiples niveaux d'expression et de compréhension de la vie, qui dépendent de l'endroit où nous plaçons notre conscience.
C'est en cela notamment que nous sommes des êtres multidimensionnels.

CORPS ET ÉGO

Au niveau de notre Corps, de notre vie bien matérielle, nous percevons le monde au travers de nos cinq sens : le goût, l'ouïe, l'odorat, la vue, le toucher. Nos sens ont pour première mission de nous protéger, de nous permettre de survivre aux dangers que nous pourrions affronter : poison (goût, odorat), arrivée d'un danger (ouïe, vue), températures inadéquates (toucher), etc. Ils nous « récompensent » en provoquant en nous du plaisir, ou au contraire une douleur ou un rejet, des réactions.

Nos sens sont influencés par notre façon de vivre, ils reflètent nos réussites, nos peurs, nos conditionnements, nos forces et nos faiblesses, ils peuvent être purs ou déviants – déviés de leur valeur initiale – et ils influencent en retour notre perception de la vie.
Par exemple, une mère italienne peut transmettre son affect au travers de la nourriture qu'elle sert en grande abondance à ses enfants, les rendant dépendants de ce système qui lui permet de les attacher à elle, et influençant leurs goûts – goût de la vie, de la nourriture, goût de l'autre, goût du cocon familial, peur de l'extérieur, affectivité…

Une odeur peut nous évoquer un événement passé et nous transporter instantanément dans une autre réalité, un autre lieu, un autre temps, en nous faisant plaisir ou en nous déstabilisant.

Notre vision peut être conditionnée par celle de notre père, relayée par la suite par celle d'un professeur ou d'un patron et nous soumettre à leur façon de voir et d'appréhender le monde.

Et ainsi de suite.

Selon notre évolution personnelle et notre volonté d'évoluer, nous pouvons placer notre conscience à différents niveaux perçus de réalité :

— au niveau de notre **Corps physique**, primitif, utile et même indispensable initialement à notre survie, doté de réactions instinctives et primaires, qui a pour unique ambition d'exister au quotidien et de défendre son territoire ;

— au niveau de notre **Corps mental**, qui est celui que régit notre cerveau gauche, animé par la logique et le rationnel, avec un raisonnement séquentiel étape par étape, qui élabore des schémas de compréhension et qui cherche à maîtriser son environnement ;

— au niveau de notre **Corps émotionnel**, animé par notre cerveau droit, siège de la créativité, de l'imagination, intuitif, multitâche et évoluant en arborescence, favorisant une approche globale des choses, et qui va nous permettre d'exprimer aussi bien de l'émotion (sentiment pur et transcendant, qui dilate) que de l'émotivité (sentiment qui affecte et détériore le bien-être) ;

— au niveau de notre **Corps spirituel**, complètement détaché des réalités et besoins de ce monde, qui considère que rien de ce qui est temporel ou impermanent n'est grave ou important, et qui s'attache aux valeurs essentielles et universelles telles que l'amour, la paix, la joie, le don, le partage, la gratitude, la compassion.

Toutes ces dimensions existent simultanément.

Nous pouvons littéralement osciller en une fraction de seconde entre un niveau ou l'autre, passer en un éclair du rationnel à l'instinct ou à l'émotion – en fonction des circonstances que nous vivons, qui nous évoquent des peurs, des réminiscences (conditionnements), des agressions ou des limites que nous nous posons (pensées limitantes).

Certaines personnes existent plus particulièrement dans une dimension que dans une autre. C'est ainsi qu'on trouvera des personnes se laissant mener par leurs pulsions et leurs instincts primaires (colère, agressivité, haine, cruauté, fuite, désir primaire…), d'autres à tendance plutôt rationnelle et méthodique (raisonnement, logique, rigueur, rigidité, savoir, supériorité…), ou d'autres encore menant leur vie de façon plus émotive et sensible (affect, émotivité, hypersensibilité, affolement, inquiétude, sentimentalisme, rejet des structures…).

NOTRE TRÈS CHER ÉGO

J'ai appelé « égo » la part de nous qui s'identifie « sans filtre » à ce que nous vivons, c'est-à-dire celui qui ne sait pas prendre de recul sur les événements vécus et sur ses propres réactions face à ces situations.

L'égo est notre personnage, façonné par les contraintes et les influences, les peurs et les blessures, qui ne vit que l'apparence des choses, et ne comprend pas le sens de ce qui lui arrive.

L'égo n'a qu'une règle : « Je, je, je, moi, moi, moi ! »

L'égo est notre grand ami, dans le sens qu'il est celui qui veille sur nous et nous permet la survie initiale de notre être dans cette expérience qu'est notre vie, au même titre que notre corps dispose d'un système végétatif qui lui permet de fonctionner même sans être animé par notre conscience – lorsque quelqu'un est dans le coma ou lorsque nous « fabriquons » des enfants par exemple, mais aussi lorsque nous respirons, digérons, libérons des hormones, etc.

L'égo est celui que j'appelle « le survivant », celui qui est programmé pour nous faire traverser les dangers. Il est là pour nous aider à fuir devant un animal sauvage, nous faire affronter un ennemi qui nous menace, nous faire nous cacher lorsque nous ne pouvons pas affronter le péril. Il est aidé en cela par des hormones (adrénaline, noradrénaline et cortisol notamment) qui déclenchent en nous en un instant ces mécanismes de « combattre/fuir/figer » destinés à nous sauver du danger.

C'est d'ailleurs le motif pour lequel il peut aussi être notre oppresseur. En effet, ce que notre égo souhaite avant tout autre chose, c'est exister. Sa plus grande peur est de disparaître. Il a été programmé pour cela. Du coup, il est prêt à lutter de toutes ses forces pour empêcher que son existence soit menacée, en interdisant à quiconque, y compris à nous-même, de l'ignorer ou de le négliger. Et il est prêt à utiliser toutes nos peurs, avec lesquelles il sait jouer à la perfection, pour nous obliger à lui laisser toute la place[13]. Le problème est qu'il réagira de la même façon qu'il le faisait face à une bête sauvage, lorsqu'il se retrouve confronté à quelque chose qu'il perçoit comme une agression ou un danger : critique – un froncement de sourcils, un regard, une moue suffisent à le faire réagir – contestation, ironie, voire indifférence. Il les ressent comme une négation de ce à quoi il s'est identifié : une situation, un style de vie, un choix, un goût, une opinion…

---

[13] Je vous recommande l'excellent livre du Dr Serge Marquis sur l'égo : *JE – Connais-toi toi-même : comment fait-on cela ?* pour explorer, sous la forme d'un roman imagé, tous ces aspects de l'égo : comprendre comment il fabrique continuellement des personnages d'apparence – le personnage associé au vêtement qu'il porte, à la voiture qu'il conduit, à l'opinion qu'il défend… – comment il réagit instinctivement pour défendre son existence face à l'agression qu'il ressent – critique, indifférence, rejet – et pour connaître le moyen de se libérer du pouvoir de l'égo en le travaillant au niveau du Corps, de la manifestation – nous aborderons d'autres moyens dans *Homo Proximus*.

L'égo est également la partie de nous-même en quête d'attention, qui souhaite se faire reconnaître de l'extérieur. Quand nous sommes enfant, notre égo cherche à nous faire aimer et protéger par nos parents car nous avons besoin d'eux pour notre survie quotidienne – manger, prendre soin de nous, nous soigner, nous enseigner, nous faire traverser la rue… C'est pour répondre à leurs attentes qu'il commencera à créer un personnage distinct de qui nous sommes vraiment, modélisé selon les opportunités qu'il perçoit de se mettre en valeur et de se faire aimer, et ce sont les particularités de ce personnage qu'il continuera par la suite de développer pour montrer qu'il existe.

Notre égo se manifeste également lorsque notre confort est menacé. Malheur à celui ou celle qui osera déranger son repos ou sa tranquillité, une tempête hormonale se déclenchera instantanément pour conspuer celui-là qui a osé intenter à son bien-être, des jugements condamnant l'autre exploseront en lui, comme si une menace était détectée.

Notre égo est souvent capricieux, impatient, inconséquent, à l'image d'un petit enfant qui veut tout, tout de suite, tout pour lui. Il est souvent aussi avide. Il cherche à accumuler pour se rassurer et être sûr qu'il ne manquera de rien. Il consomme et nous éloigne de nos besoins véritables. Il cherche à régner sur son territoire et sur son trésor auxquels il s'identifie.

L'égo recherche enfin le plaisir et le contentement obtenus de la façon la plus facile et la plus rapide possible, tel le tout petit souhaitant obtenir le sein maternel à téter dès ses premiers cris, pour se rassasier et se rassurer. Il ne souhaite rien de plus et ne va pas chercher à approfondir les causes de ses manques ou de ses besoins, satisfait dès l'instant où il les comble.

L'égo est notre personnage immature. Nous reparlerons de lui lorsque nous aborderons l'être et le personnage.

Il ne peut s'exprimer qu'au niveau de notre Corps, dans la manifestation. Il peut donc exister au niveau de nos corps physique, mental et émotionnel. Il disparaît au niveau de notre corps spirituel – bien qu'il puisse exister également un autre type d'égo, l'égo spirituel, celui en nous qui cherche à savoir quelle est sa mission sur terre et en quoi il peut être l'élu, qui pense détenir la Vérité forgée sur son système de croyances. Il en est ainsi des personnes qui, même lorsqu'elles s'affirment spirituelles et ont acquis une certaine sagesse, en arrivent à juger ou rejeter un autre ou un aspect de la vie sans reconnaître l'unité en toutes choses.

En résumé, l'égo peut donc revêtir différents aspects, être instinctif, mental ou émotif, mais quelle que soit sa particularité première, on le reconnaît facilement à ce qu'il ne prend jamais de recul sur les événements auxquels il s'identifie complètement. Typiquement, l'égo est la partie de nous qui sait, qui pense avoir raison – raison d'avoir raison ou raison de se déprécier – et qui va tout faire pour le prouver. Car « avoir raison » est également l'une des grandes caractéristiques de ce personnage que notre égo façonne avec soin, et qu'il cherche ensuite à légitimer et à imposer l'image incontestable pour se rassurer.

Nous pouvons décider de réaliser notre expérience de vie à ce niveau-là, en nous identifiant à notre égo. Beaucoup d'humains le font. Mais nous parlerons davantage alors d'un non-choix plutôt que d'un choix, pour cette voie qui ne permet pas l'évolution de l'être.

CŒUR ET OUVERTURE

En choisissant d'élever notre conscience au niveau de notre Cœur subtil, en nous éloignant de l'instinct, des conditionnements et des contritions de notre vécu – en prenant du recul sur notre personnage, nous verrons comment plus loin – nous allons disposer pleinement d'un nouveau sens, l'intuition, qui nous permet d'appréhender la réalité à un autre niveau d'existence, plus large, plus éthéré. Nous nous ouvrons à notre conscience. C'est ce niveau qui nous permet d'accéder directement à des connaissances et à des certitudes profondes, à des états où des évidences nous apparaissent avec calme et sérénité. C'est là que fonctionne notre discernement, basé non sur nos envies, mais sur ce qui est bon et équilibré pour nous.

Le niveau du Cœur est celui de nos valeurs profondes : amour, partage, solidarité, don, fraternité, respect, générosité… Il est celui qui nous permet de vivre des émotions intenses qui dilatent notre cœur et nous inter-relient à tout ce qui nous entoure, aux autres comme à notre environnement. Il nous permet de vivre nos émerveillements, nos joies les plus sublimes, de vibrer intensément tout en émettant de puissantes ondes électromagnétiques et lumineuses autour de nous.
Il nous permet de créer en fonction de notre vision du monde, tant des œuvres artistiques que des projets, des cadres de vie ou des activités professionnelles contributives. Il nous donne le sens et oriente nos efforts et notre volonté.

C'est au niveau du Cœur que nous avons la capacité d'activer d'autres relais de discernement, qui nous permettent de prendre des décisions qui ne sont pas basées sur l'habitude, la conformité, l'envie ou le raisonnement, mais sur la certitude profonde de connaître ce qui est bon et juste pour nous. Nos choix ne sont plus fondés sur les apparences, le raisonnement ou la logique, pas plus qu'ils ne sont pulsion irréfléchie du moment. Ils sont constructeurs de notre être, de son ancrage, de sa stabilité, de son avenir, de son rayonnement.

Lorsque nous plaçons notre conscience au niveau de notre Cœur, nous trouvons et nous nous satisfaisons de ce qui est juste et nécessaire à notre vie, tout est disponible en abondance et nous ne manquons de rien.

De nouveaux sens apparaissent en nous avec l'intuition : le ressenti, la clairvoyance, la clairaudience, la clair-sentence… qui viennent compléter nos 5 sens corporels et élargir notre perception de la vie elle-même.

ÂME ET UNITÉ

À force de travail sur soi et de détachement, de désidentification avec le personnage qui anime notre Corps, nous pouvons accéder à la partie la plus lumineuse de nous-même, notre Âme, qui est un niveau immatériel de plein Amour et de pleine conscience.
Notre Âme est le niveau de notre spiritualité, de notre être infini et éternel, l'essence de qui nous sommes, proche de l'unité avec le Tout. Être universel relié à tous les autres êtres, notre Âme vibre d'un amour inconditionnel d'où elle observe la perfection de l'univers dans la paix et la béatitude éternelles.
Elle est ce à quoi nous aspirons tous à retourner, même pour ceux d'entre nous qui l'ignorent encore.
Elle est notre être vrai, celui qui n'est pas serti dans la forme, dont notre corps et notre vie ne sont qu'une brève et partielle émanation, un éclat d'expérience.

✳ Notre âme est un amas cohérent d'information codifiée issu pour un temps de l'océan primordial de béatitude, de la Source, un flux de Lumière animé par l'énergie d'Amour et mû par la Conscience. Elle est l'origine de notre être détaché de la conscience unitaire originelle, et qui déploie ses niveaux d'existence en expansion pour prendre connaissance de la vie sous tous ses aspects et sous toutes ses formes.
Notre vie actuelle est l'un de ces aspects et formes dans une dimension particulière.

Ne vous sentez pas négligeable ou insignifiant pour autant : vous êtes essentiel à l'existence de votre être vrai tout comme le sont les autres aspects de vous-même.

Notre être vrai n'est pas quelqu'un d'autre qui serait extérieur à nous. Nous avons tous la capacité de nous souvenir de l'être primordial que nous sommes et de tendre vers la réalisation, c'est-à-dire à ascensionner pour nous en approcher et accueillir en nous son expression directe dans notre corps physique.

Même si cela peut sembler un but en soi, ne nous dépêchons pas de passer trop vite à la suite en négligeant notre vie sur Terre. Nous nous sommes incarnés pour un motif précis, qui est de vivre des expériences dans ce niveau de réalité et de contribuer ainsi à la connaissance du tout.

La vie est un parcours initiatique pour tous les êtres humains, même pour ceux qui semblent les plus éloignés actuellement de la conscience. Nous sommes tous appelés à terme à nous réaliser et à devenir des maîtres éveillés, à parcourir la voie mystique jusqu'à l'illumination et au-delà, chacun en notre temps, pour collecter et réunir l'expérience de chacune des facettes de l'existence. Car nous tous ensemble constituons l'expérience du tout.

Notre **Corps spirituel**, immatériel, se situe entre les niveaux du Cœur et de l'Âme.

AIMER TOUS NOS CORPS

Il n'existe pas de niveau « meilleur » qu'un autre. Nous les possédons tous et tous nous sont utiles, nous ne pouvons pas exister sans l'un de ces corps. Chacun dispose d'une fonctionnalité différente qui lui est propre, et l'ensemble de nos corps nous rend complet, dès lors qu'ils sont équilibrés et alignés, à leur place, sans dépréciation ni prépondérance, cohérents avec les autres. Autrement dit, il est important pour notre équilibre, notre bien-être et notre bonheur que chacun de nos corps vive en harmonie avec l'ensemble de ce que nous sommes, avec le chemin de vie que nous avons défini pour nous dans cette vie. Le mal-être et le malheur proviennent systématiquement de notre manque de capacité à harmoniser chacun de nos corps. Nous en reparlerons lorsque nous évoquerons l'alignement.

L'intérêt pour nous est de ne pas occulter l'un de nos corps pour n'en adopter qu'un autre. De ne pas vivre une vie construite uniquement de plaisirs superficiels et d'habitudes routinières, de réactions instinctives. De ne pas laisser la pure logique dicter nos actes et rigidifier notre approche de la vie. De ne pas sombrer dans le sentimentalisme et l'émotivité en croyant y vivre des émotions pures et transcendantes. De ne pas nous laisser emporter par nos seules croyances ou notre seule intuition pour fuir nos problèmes. De ne pas perdre le contact avec la réalité en vivant décrochés du monde, mais bien de nous ancrer dans le sol pour mieux appréhender le ciel.

Mais réjouissons-nous ! Grâce à tous ces corps et à leurs facultés distinctives, nous disposons d'un champ de conscience magnifié qui nous permet d'utiliser et d'optimiser chacune de ces capacités merveilleuses dont nous disposons, telle une vaste palette de couleurs pour embellir notre vie, et de vivre pleinement notre existence sur tous ses niveaux de réalité.

SATISFACTION ET PLÉNITUDE

Durant notre vie, nous cherchons à nous satisfaire, à éprouver du plaisir, du contentement, du bien-être. Ce n'est pas toujours chose facile dans nos parcours et les gratifications que nous éprouvons sont parfois très différentes les unes des autres.

En effet, chaque niveau de conscience va nous permettre d'exprimer un type de satisfaction différent.

La plénitude que nous pouvons ressentir varie alors en profondeur, en intensité et en temporalité, selon que nous nous exprimons principalement au niveau du concret, de notre émotion ou de notre objectif de vie. C'est ainsi que le contentement que nous éprouvons peut varier du plaisir immédiat au bonheur profond, et aller jusqu'à l'euphorie et à l'extase. Certains atteignent même la béatitude.

La satisfaction se ressent toujours dans l'instant, dans le moment présent.

Ce n'est pas tant l'action que nous réalisons que la manière dont nous vivons cette action, elle-même fonction de notre vision du monde et de notre présence, c'est-à-dire l'intensité de l'attention que nous portons à ce que nous sommes en train de vivre, qui va déterminer la satisfaction que nous allons éprouver à réaliser cette action ou à la conduire à son terme.

Voilà pourquoi la même action ne sera pas vécue de la même façon et n'apportera pas la même satisfaction à tous.

Notre faculté à nous connecter au plus profond de notre être va nous permettre de stimuler et d'augmenter nos ressentis et nos sensations, de nous emplir de bien-être et de satisfaction réelle, nous menant à la plénitude et à l'épanouissement. Ce ressenti nous est intimement personnel.

Et l'excellente nouvelle est que nous pouvons bien évidemment cumuler les niveaux de satisfaction sans les exclure, plaisir, bonheur et extase, en acceptant et en intégrant les capacités particulières de chacun de nos corps.

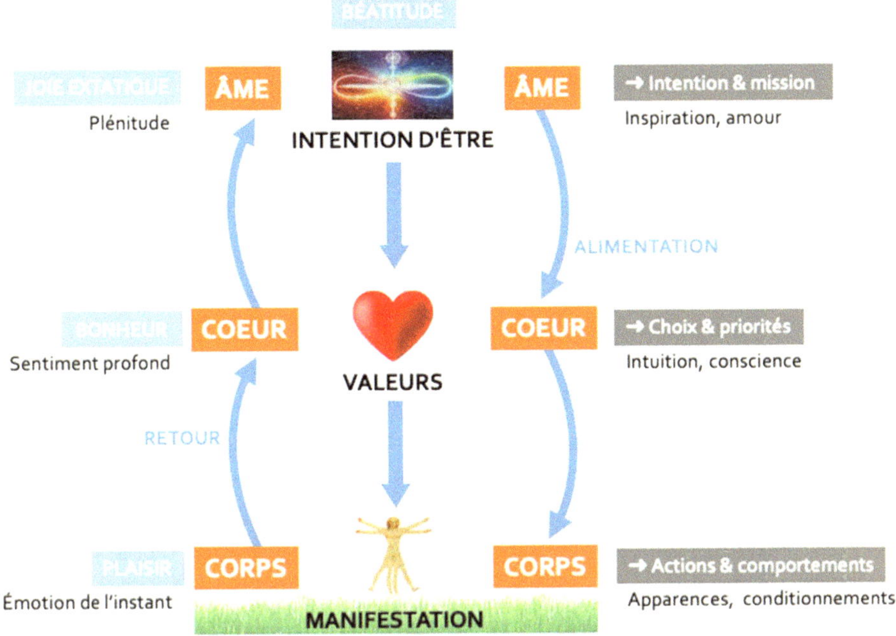

Figure 6 : chaque niveau d'existence permet d'exprimer un type de satisfaction complémentaire

LE PLAISIR DU CORPS

Le plaisir du Corps est contenté de l'extérieur, par des éléments qui viennent combler un besoin ou un désir en nous, souvent par l'intermédiaire de nos 5 sens. C'est le niveau du plaisir sans effort, du confort matériel, de la boulimie, de l'addiction, de la compensation et de l'avoir.

Les activités ludiques ou sexuelles, et toutes les activités quotidiennes qui nous font plaisir en général (manger, boire, se promener, rencontrer des amis, jouer, faire du shopping, du sport…), sont souvent vécues au niveau premier du Corps, ce qui leur donne un aspect particulièrement éphémère et fugace.

Elles génèrent une hormone du plaisir immédiat (dopamine), de la stimulation (endorphine), addictive et de courte durée. Cela peut à la suite susciter des déceptions, des insatisfactions, des frustrations, conduire à des boulimies, des addictions ou des avidités. En effet, ces activités seules ne comblent pas le vide en nous, elles ne nous nourrissent que superficiellement et momentanément. Comme ce plaisir ne suffit pas à nourrir notre être, il nous oblige à une recherche permanente et insatiable pour atteindre un niveau de satisfaction suffisant, ou, à l'opposé, il peut nous conduire au renoncement pour oublier et effacer ce manque.

Il en est de même de toutes les situations valorisant l'apparence : culte du corps, mode, statut social, activités d'image, chirurgie esthétique, popularité sur les réseaux sociaux… Le mythe de la santé éternelle et celle de l'homme augmenté sont également des variantes de ce niveau du Corps, qui n'enrichissent pas le Cœur et l'Âme, mais au contraire les appauvrissent en nous éloignant de la reconnaissance de nous-mêmes.
Le plaisir du Corps est profondément personnel. Il ne peut être éventuellement partagé que dans l'instant et en interaction directe avec les autres.
Il ne s'agit pas d'y renoncer ou de le négliger, mais il est important pour notre bien-être de le compléter par des activités touchant notre Cœur et d'autres niveaux de réalisation, moins éphémères, plus durables.

Les paradis artificiels nous permettent de sortir momentanément de notre corps, d'augmenter les ressentis et les sensations, de nous amplifier. Les sensations ressenties s'approchent de celles atteintes de façon naturelle par des phénomènes d'élévation spirituelle. Mais cette démarche de facilité est l'exact opposé de celle d'un travail conscient, elle détruit l'être, le détériore. Un sevrage est nécessaire pour repartir sur des bases saines si nous voulons progresser vers une plénitude consciente et autonome, qui ne dépende pas de l'extérieur.

LE BONHEUR DU CŒUR

Le bonheur du Cœur se réalise de l'intérieur, en satisfaisant naturellement nos besoins profonds.

Pour dépasser le plaisir fugace de l'instant et faire vibrer profondément et durablement notre être, il nous faut prendre du recul sur notre personnage et connecter nos activités et notre expression au niveau de notre Cœur. Cela signifie que nous plaçons une attention accrue sur les actions que nous entreprenons, qui n'ont plus pour objectif de satisfaire des impulsions ou des envies superficielles, mais de combler des besoins profonds et vrais d'amour, d'expression créative, de partage, de paix. Ces actions sont en accord profond avec les valeurs auxquelles nous attachons de l'importance.

Il nous faut pour cela discerner l'envie superficielle d'apparence de ce qui est bon et juste pour nous. Il n'est pas nécessaire qu'il s'agisse de grandes choses, même les petites choses toutes simples peuvent nous procurer en retour ce sentiment de satisfaction intense et de bonheur.
Cela correspond en fait à réaliser ce qui est en profonde harmonie avec notre être, pour lui permettre de s'animer à une fréquence vibratoire plus élevée et se dilater. La satisfaction est intimement liée à cette dilatation éthérique de notre être. Nous émergeons partiellement de notre coque de matière pour retrouver un état plus proche de notre état premier. Cela peut provoquer en nous un soulagement parfois très intense en ressentant cette libération partielle de pressions dont nous n'avions même pas conscience auparavant.

La satisfaction du Cœur permet de viser toutes les nuances du bonheur. Elle correspond à l'atteinte d'un équilibre intérieur puissant. Le temps s'étire, la satisfaction est plus durable et plus entière. Le vide en nous se remplit, le besoin s'apaise. L'énergie est passée par notre corps et en est ressortie pour remonter vers un niveau plus subtil, un don a été partagé.

On peut vibrer seul ces émotions de joie de vivre, ou les exprimer avec d'autres : son compagnon, ses enfants, ses amis, des collègues, ou même de simples étrangers avec lesquels on communique de façon vraie et intense, avec lesquels on réalise une action enrichissante, porteuse de sens, de valeurs, d'émotion profonde. Ce bonheur est ressenti par les autres autour de nous, car nous émettons alors de puissantes ondes de paix et d'amour. Nous rayonnons.

Si nous savons conserver cette vibration élevée sans l'entacher de désirs ou d'attentes particulières, ce bonheur nous donne la capacité de créer, de générer de l'amour et de la paix pour nous et pour les autres, pour nos proches, pour notre communauté, pour l'humanité. Nous enrichissons alors la trame de nos émissions créatives et fertilisantes.

L'EXTASE DE L'ÂME

L'extase de l'Âme est atteinte en nous harmonisant et en nous syntonisant avec notre environnement, c'est-à-dire en oscillant en phase harmonique avec la vibration de l'univers et de la vie.

L'extase ou la joie extatique est ce phénomène naturel extrêmement puissant de jouissance ressentie par l'ensemble de nos cellules, qui nous expanse et nous relie à notre être entier, et nous fait communier avec ce qui nous entoure, avec chaque être, vivant ou inerte, avec l'univers tout entier. La résonance est ressentie dans l'ensemble de nos corps alignés. Elle nous ouvre le portail vers « plus grand que nous ».

C'est un état de plénitude, une euphorie, une vibration intense qui évoque la fusion avec le tout, l'unité dont nous sommes tous issus, le retour vers la source de toute vie. Vécue au plus haut niveau, elle nous rend supraconscient et omniconscient.

Contrairement aux extases issues des drogues ou de la douleur, il s'agit d'un chemin de haute conscience et d'élévation, qui bouleverse radicalement la vie de celle ou celui qui en fait l'expérience.

L'extase n'est pas réservée aux seuls mystiques. Pour y accéder, il est nécessaire de nous placer dans un état de paix profonde, comme hors de l'espace et du temps, d'activer un puissant lâcher-prise en toute confiance, d'écarter de soi tout désir, tout besoin, toute attente, en nous ouvrant à la perception de la perfection de la création.

Pour cela, un intense travail sur soi qui a pour but de nous alléger des illusions et du superflu est généralement nécessaire, qui permettra un alignement harmonieux entre l'être et l'expression de l'être.

Ce dépassement de soi, cet accomplissement de l'être est hors de la volonté et du déterminisme.

L'extase peut être fulgurante et de courte durée, ou permanente pour certains Maîtres incarnés, dans tous les cas, l'extase laisse une empreinte indélébile sur notre existence. Elle modifie en profondeur et durablement notre perception même de la vie et de l'existence. Elle est une puissante force de transformation.

S'il en est parmi vous, lecteurs, qui n'avez pas encore eu l'occasion de vivre cette extase, je sais que malgré cela, mes mots ne vous sont pas inconnus, car nous portons tous en nous le souvenir de cette communion au tout, de cette résonance parfaite, et nous aspirons tous à la ressentir à nouveau.

L'extase de l'Âme naît d'un niveau vibratoire élevé atteint à la suite de grandes méditations, de jeûnes prolongés, de prises de conscience majeures, de l'atteinte même partielle de la réalisation de soi. Elle est pur Amour pour tout ce qui existe et nous propulse hors de l'espace-temps, nous permettant d'accéder à un sentiment d'éternité et d'espace infini.

Qu'il s'agisse d'extase ou de bonheur vrai, ces états d'amplification de notre être vont générer des retours extrêmement puissants qui vont nourrir profondément et de façon durable notre Corps et nos actions, et modifier favorablement nos circonstances de vie.

NON PAS RENONCER OU SE PRIVER, MAIS ÉVOLUER

Concilier la satisfaction de tous nos corps est possible. Il n'est pas une seule situation que nous ne puissions vivre pleinement et intensément, dès lors que nous devenons conscients des motifs pour lesquels nous la vivons, l'intention que nous y mettons et les valeurs que nous y attachons. Dit autrement, ce n'est pas tant le « contenu » de ce que nous vivons que le « pourquoi » et le « comment » nous le vivons qui comptent, en étant pleinement présent à ce que nous vivons.

Il n'est pas forcément nécessaire, pour atteindre la satisfaction de tous nos corps, de renoncer à quoi que ce soit, mais bien de *transformer* notre façon de vivre l'expérience. La même vie, mais en mieux.
Notre corps va alors sécréter des hormones qui vont nous apaiser et nous procurer un sentiment durable de bien-être, tout en nous connectant aux autres et à notre environnement (ocytocine, sérotonine).

Ainsi, ne pas rendre un culte à notre corps ne nous empêche pas de bien l'entretenir et de le rendre beau et sain ; avoir des relations sexuelles harmonieuses et alignées peut générer l'extase ; jouer sans addiction est une excellente activité d'apprentissage qui va développer nos aptitudes cognitives par exemple ; remplacer un membre amputé permet à une personne handicapée de retrouver une vie plus facile plutôt qu'en faire un homme augmenté ; etc.

Dans notre parcours de l'avoir vers l'être, nos prises de conscience vont nous mener vers des choix de vie différents et modifier nos activités plus superficielles, qui vont perdre d'elles-mêmes de l'intérêt. Nos envies se modifient et évoluent. Notre attention n'est alors plus portée sur l'effort à fournir *pour renoncer à quelque chose* que nous identifions comme globalement négatif pour nous, mais sur l'effort à fournir pour *franchir les étapes et progresser* vers d'autres horizons devenus plus attractifs et porteurs de sens. Nous ne nous épuisons plus à résister à ce qui est mauvais pour nous, mais nous nous ressourçons à construire ce qui est bon pour nous.

Il existe une infinité de façons d'atteindre la satisfaction profonde, dès lors que nous savons distinguer le plaisir d'apparence, facile et éphémère, de la réalisation d'aspirations qui répondent à des besoins profonds.

Savoir détecter si quelque chose va nous procurer une réelle satisfaction est en fait assez simple : il convient la plupart du temps de nous interroger sans faux-semblants sur le motif réel qui guide notre action – une simple envie ou un besoin réel – et de ressentir si cela est globalement bienfaisant et évolutif pour nous. Il importe également d'être vraiment « présent » à ce que nous faisons, car cela démultiplie la valeur de ce que nous réalisons. Ce processus peut sembler un peu fastidieux au début, mais il devient instinctif et instantané à force de pratique.

Les activités créatives, expressives, contemplatives et de type cérébral – hormis lorsqu'il s'agit de dérives involutives du raisonnement – peuvent nous conduire à une réelle satisfaction.

Lecture, écriture, création et expression artistiques, réflexions et recherches, contemplation d'un paysage ou d'une œuvre, observation de la nature, contact avec les animaux… sont autant de pratiques qui stimulent l'amont de notre structure spirituelle et nous comblent d'énergie en nous connectant au plus profond de nous.

Surpasser les difficultés et les transcender, ou sa variante, l'engagement, permet également de générer une profonde plénitude et de s'emplir d'énergie. Qu'il s'agisse d'un événement difficile, d'un handicap, d'un blocage, d'un intérêt à défendre, d'une maladie, chacune des épreuves de la vie nous donne l'occasion d'aller puiser force, courage et détermination au fond de nous, et de récolter en retour plénitude, paix, bien-être et sérénité.

Donner procure également une grande satisfaction, lorsque le don est sincère. L'homme étant un être social, nous sommes programmés pour y ressentir les joies les plus profondes : donner génère du plaisir, fait ressortir des émotions positives, fait aimer sa vie et alimente un bien-être durable[14]. S'engager auprès des autres ou pour une cause altruiste peut s'avérer de l'ordre du don et apporter régulièrement de tels retours.
La pratique de la gratitude, par l'amour et la reconnaissance qu'elle suscite, nous apporte également des satisfactions immenses et nous fait vibrer à l'unisson de notre monde.

Et bien entendu, l'Amour, maître suprême de toutes les valeurs, provoque des flux d'énergie intenses qui transportent l'individu vers son être vrai, vers son âme, vers sa nature profonde. Je parle ici de l'amour qui ne prend pas, mais qui donne sans attendre en retour, peu importe qu'il soit partagé ou non, en toute

---

[14] Études psychologiques et neurologiques diverses sur les ressorts cognitifs et affectifs du don.

liberté. L'amour est d'abord un phénomène intérieur de don et d'ouverture, et c'est ainsi qu'il nourrit l'être. Et par un phénomène étrange, le don vrai ne reste jamais sans contrepartie, il revient toujours à celui qui a donné, de façon directe ou indirecte, hors de tout déterminisme et de toute temporalité.

Toutes ces pratiques, lorsqu'elles sont vécues en conscience, nous élèvent, nous remplissent de félicité et de joie profonde. Elles comblent le vide en nous, et nous permettent d'aller au-delà de nous, de devenir plus grands et de rayonner. Elles nous permettent de reconfigurer les relations que nous avons aux autres, de nous interconnecter de façon plus intense et plus sereine. Notre plénitude est encore renforcée par le bonheur d'échanger, de nous inter-relier, de partager, par l'ouverture à l'autre.

LE TEMPS ET L'ESPACE

Les notions de temps et d'espace sont relatives. C'est une loi mathématique et physique, c'est également une expérience que nous avons tous vécue.

Le temps ne peut s'expérimenter qu'à travers le Corps.
Lorsque nous sommes sereins, le temps s'écoule doucement et tranquillement, nous donnant le sentiment qu'il se dilate.
Lorsque nous sommes stressés, c'est l'inverse qui se produit. Le temps semble avoir tout compressé autour de nous, rendant l'air épais, ralentissant nos mouvements, contraignant nos réalisations.
Il en est de même de l'espace. Lorsque nous sommes en pleine forme, nous nous déplaçons aisément sur une distance donnée ; lorsque nous sommes blessés ou handicapés, la même distance peut nous sembler immense à parcourir. Tout cela est relatif à notre perception du monde.

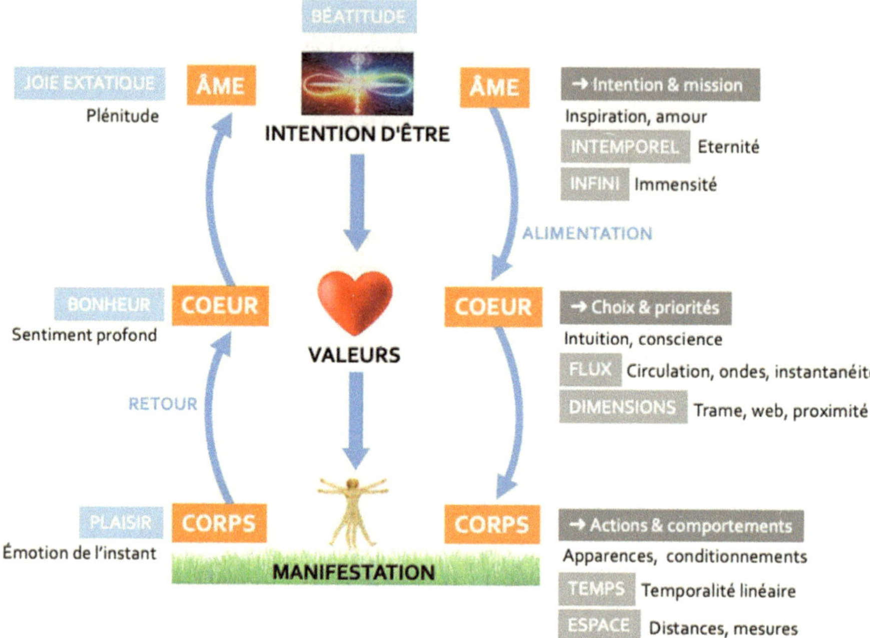

Figure 7 : l'espace-temps pour chaque niveau d'existence

Au niveau de l'Âme, nous sommes dans l'intemporel, hors du temps et de l'espace, dans l'infini, l'illimité, l'immatériel, dans l'expansion et la dilatation absolue. Nous observons la vie, dans l'immobilité.

C'est la posture du grand sage, qui observe sans juger les événements de sa vie, qui reconnaît la perfection en toutes choses et en éprouve un amour, une reconnaissance et une gratitude infinis. Le niveau de l'Âme est un espace de paix éternelle, d'harmonie, de grâce, où rien n'est grave et où ressortent de façon évidente les traits principaux, les lignes générales des choix réalisés pour traverser l'expérience de vie, en interconnexion totale avec le tout, en-dedans et en-dehors de nous.

Au niveau du Cœur, le temps et l'espace y sont des flux d'ondes qui circulent en cohérence dans toutes les dimensions en propageant des codes d'information. La trame inter-relie tous les éléments constituants qui préfigurent les formes. Le passé et le futur ne sont pas linéaires et coexistent, autrement dit il n'existe ni présent, ni passé, ni futur, et tout est accessible instantanément et à proximité. Nous sommes dans l'organisation, nous planifions et choisissons les modalités temporelles de nos expériences de vie, la façon de les vivre et leur temporalité.

En plaçant notre conscience à ce niveau du Cœur, en prenant du recul, en vivant intensément notre vie tout en ayant simultanément conscience que nous ne faisons qu'y jouer un rôle momentané comme dans une pièce de théâtre, nous disposons alors de la capacité d'en moduler l'environnement, d'en ralentir ou d'en accélérer l'action.

Ayant accès à tous les temps et tous les lieux simultanément, c'est le niveau qui nous permet de provoquer des synchronicités.

Pas besoin, pour placer notre conscience au niveau du Cœur et agir sur notre temps et notre espace, de nous mettre en méditation profonde, c'est une posture que nous pouvons développer au quotidien dans la poursuite de nos activités, avec un peu d'habitude. Nous verrons de quelle manière plus loin.

Au niveau du Corps, nous sommes dans la compression du temps, dans la densification, dans l'instant fugace, dans l'instant qui se dissout et disparaît aussitôt. Nous sommes dans le temps linéaire : il existe un passé, un présent, un futur qui se déroulent de façon continue. Les causes du passé nous semblent entraîner les conséquences du présent, qui à son tour génère les événements du futur. Nous vivons l'action, sans recul, nous la subissons souvent.

Lorsque nous vivons l'expérience à ce niveau du Corps, soit de façon habituelle soit sous l'influence ponctuelle d'un stress, nous abaissons notre fréquence vibratoire, ce qui a pour conséquence de nous densifier et de diminuer notre capacité d'abstraction, de couper le ressenti de notre connexion au reste du monde, de nous enfermer à l'intérieur des limites de notre corps. Nous n'avons plus la capacité de prendre les décisions justes pour nous car nous ne sommes plus connectés à notre être profond. Nous ne sommes plus alimentés en énergie subtile et nous nous étiolons, nous nous fatiguons et infligeons une forte dégénérescence à nos cellules et à nos organes. Nous provoquons des maladies et des malaises, nous générons des événements contraires – tous des signes qui, nous le verrons, n'ont pour objectif que de nous permettre de réagir et de changer, de nous réaligner avec nous-même, avec notre être réel, de retrouver le sens.

En vivant notre vie à ce niveau, nous nous identifions complètement aux événements que nous vivons, le temps s'accélère, il est comme « contre nous », nous devons lutter pour réaliser chaque jour l'ensemble des tâches que nous nous sommes fixées. Nous courons après le temps, sans jamais vraiment pouvoir le rattraper. Nous sommes figés dans notre espace qui peut être ressenti comme limitatif et étouffant. Nous nous plaçons face à un monde agressif, adverse. Nous n'avons plus la capacité de faire des choix éclairés, nous perdons notre discernement, tout devient arbitraire et sujet au hasard.

PRENDRE DU RECUL

La vie frénétique que nous menons parfois, les contraintes personnelles et professionnelles, les peurs, les échéances douloureuses, les angoisses quant à l'avenir, les maladies, les souffrances, les frustrations… sont autant d'éléments qui nous écrasent et nous compriment dans notre quotidien, qui nous enferment dans notre corps et nous densifient. Nous abaissons notre fréquence vibratoire.

Pour vivre notre vie de façon sereine et épanouie, il s'avère nécessaire de prendre du recul sur ces événements, de nous abstraire de la situation, de relativiser, de savoir dilater le temps et l'espace pour pouvoir retrouver du sens et pouvoir prendre des décisions justes et apaisantes, hors de tout stress et de toute pression, en nous sentant libre.

Une expression anglaise dit qu'il nous faut « aller au balcon[15] » pour nous éloigner de la salle de bal, monter dans la galerie qui la surplombe pour prendre de la hauteur et continuer à regarder la salle de bal d'un autre point de vue, pour y distinguer de nouvelles perspectives et ne plus nous identifier à la situation.

Cela correspond à ne plus agir ou prendre de décision lorsque nous sommes compressés par le stress, sans visibilité, mais tenter de nous en extraire. Il s'agit de trouver une position en recul d'où nous pouvons devenir le témoin de la situation, élever notre rythme vibratoire, ce qui nous permet de nous rendre moins dense et plus éthéré, plus léger, d'actionner notre conscience, de nous reconnecter avec notre être pour obtenir les justes réponses. Se promener dans la nature, faire une méditation, se mettre au contact d'animaux ou tout simplement se relaxer quel que soit l'environnement, sont des activités qui nous permettent de nous détacher de la contrainte, de dilater le temps et l'espace et de nous laisser inspirer pour trouver l'harmonie.

DILATER LE TEMPS

Reconfigurer le temps n'est pas simplement un mythe, c'est une réalité. Ceux qui ont réussi à s'abstraire des situations de compression le savent bien. Avoir conscience que c'est possible, que le temps est une variable relative dont on peut partiellement se

---

[15] La métaphore « Go to the balcony », tirée du best-seller de William Ury *Getting To Yes* (Comment réussir une négociation – Seuil), invite à l'origine tout négociateur à regarder et revoir la discussion en cours, de loin… S'extraire en montant au balcon va en effet permettre de visualiser la négociation sous un autre prisme, s'extraire de « l'arène » pour reprendre le contrôle de soi, prendre le temps de réfléchir sans réaction immédiate, de celle que l'on pourrait regretter.

détacher, est un immense motif de soulagement. Cela permet de nous éloigner du niveau de notre Corps pour nous rapprocher de celui de notre Cœur, voire même de notre Âme, où règne l'intemporel. Par un phénomène connexe, « dilater le temps » nous permet simultanément d'éprouver un sentiment de dilatation de l'espace, de rendre celui-ci moins matériel et contraignant, car les deux, espace et temps, sont intimement liés.

Prendre de la distance sur le temps n'est pas quelque chose que nous devons faire demain, c'est aujourd'hui que nous pouvons le vivre.

C'est lorsque la pression est la plus forte qu'il nous faut prendre le temps de nous arrêter, même quelques minutes, pour notre immense bénéfice.

EXERCICE : DILATER LE TEMPS

Il est un geste que j'aime faire lorsque je sens que je suis en retard ou pressée par le temps : j'arrête toutes mes activités, je m'insère intensément dans l'instant présent, puis je place mes mains devant moi en faisant le geste d'agripper de mes deux mains les deux pans d'une toile, la toile du temps. Puis j'écarte lentement cette toile de mes deux mains en m'imaginant que je dilate le temps. Et aussi étrange que cela puisse vous paraître, ça fonctionne toujours très bien ! Le temps va s'harmoniser différemment pour moi : l'embouteillage autour de moi va se résorber, la personne avec laquelle j'ai rendez-vous sera elle-même en retard, ou me dira que mon retard l'arrange pour ses activités, etc.

Ne me croyez pas, essayez… vous verrez, c'est étonnant !

En pratique :

– Arrêtez-vous 15 secondes, 1 minutes, 5 minutes, selon le moment dont vous disposez, peu importe. Cessez toute activité, tout échange, intériorisez-vous, plus rien d'autre ne compte.

– Acceptez le fait que prendre ce moment pour vous ne vous mettra pas plus en retard que vous ne l'êtes déjà, ces 5 minutes d'arrêt ne vont rien changer à la situation, bien au contraire, puisque vous devriez pouvoir y puiser des forces et de la lucidité. Donc vous pouvez tranquillement vous accorder ces 5 minutes – ou cette minute, ou cet instant.

– Prenez ce moment pour vous. Placez-vous dans une bulle de paix, de tranquillité, repoussez toutes les pensées, respirez, ne faites rien d'autre.

– Soufflez, inspirez tranquillement, naturellement, recommencez, encore, et encore, détendez-vous, tout en ayant le sentiment que cet air qui vous emplit vous nourrit de milliers d'éléments subtils.

– Lorsque votre respiration est calme et apaisée, dilatez le temps afin de vous créer un espace de sérénité. Vous pouvez le faire avec des gestes ou par la pensée : imaginez que l'air est dense devant vous, comme une trame de tissu. Attrapez cette trame avec vos deux mains, et écartez lentement les bras verticalement pour ouvrir les deux pans de la trame, en faisant un peu d'effort, comme si vous ouvriez un rideau un peu dur à ouvrir, tout en ayant conscience que vous dilatez le temps, que vous « l'écartez ».

– Puis ressentez que vous vous insérez dans cet espace lumineux que vous venez de créer, harmonieusement, sereinement. Vous devriez en ressentir un soulagement immédiat, une tranquillité, de façon plus ou moins intense selon votre capacité à susciter cette expérience.

– Conservez cette position un moment, sans presse, puis reconsidérez la situation qui vous oppressait avec plus de détachement.

Même si votre insertion harmonieuse dans la trame du temps ne changera peut-être pas le cours des événements – encore que...
– ce qui est certain, c'est que ça changera votre manière de les aborder, de les vivre, avec davantage de sérénité et moins de

stress. Cela vous nourrira d'un flux d'énergie, au lieu de vous en retirer, et vous aidera à prendre les décisions justes.

VIVRE DANS L'INSTANT PRÉSENT

En fait, l'une des clés du temps au niveau du Corps est de vivre intensément inséré dans l'instant, « focussé » sur le moment présent, de développer notre « présence » dans ce que nous faisons et vivons, d'être totalement là et concentré sur notre activité ou notre échange.

Dans l'instant, il n'y a ni passé ni futur ; il n'y a pas de modèle qui nous retient ni de projection qui nous décentre. Nous ne sommes plus en lutte avec l'extérieur, mais dans l'acceptation des expériences que nous vivons. C'est une attitude joyeuse et vivante.

Lorsque nous sommes parfaitement insérés dans le moment présent, nous pouvons ressentir que l'instant est la projection de l'éternité dans notre vie matérielle, comme un tunnel nous donnant accès aux plus hauts niveaux de notre être.

En nous plaçant dans l'instant pour nous soustraire à la compression du temps, nous ouvrons la place à l'intuition et aux sens, car nous nous ouvrons l'accès au niveau du Cœur et de l'Âme. Nous nous accordons une vie meilleure et a priori plus longue, en pleine santé, car nous respectons davantage notre corps et nos organes en les soustrayant au stress qui gêne leur bon fonctionnement. L'instant présent nous donne accès au bonheur de vivre et à l'extase.

CONSTRUIRE NOS PROJETS

Ce schéma de la structure de l'être s'applique également à tous nos projets et à toutes nos créations, puisque nous créons à notre image.

Le niveau de l'Âme est celui de l'observation, depuis lequel nous concevons et analysons ce que nous voulons réaliser.

Le niveau du Cœur est celui de l'organisation, où nous réunissons et agençons tous les éléments constituants de notre projet.

Le niveau du Corps est celui de l'action, où nous réalisons et expérimentons notre projet.

Nous alimentons ce projet de notre passion, de notre volonté, de notre envie, de notre intention, de notre enthousiasme dans sa phase de réalisation, de manifestation.

Nous en retirons en retour le fruit de l'expérience, aventure, réussite ou échec, argent, amélioration à entreprendre, relations avec les autres, etc., qui vont enrichir ou appauvrir notre projet par la suite.

Ce sujet mérite d'être largement développé et fera l'objet du tome 2 de ce livre, qui lui sera entièrement dédié.

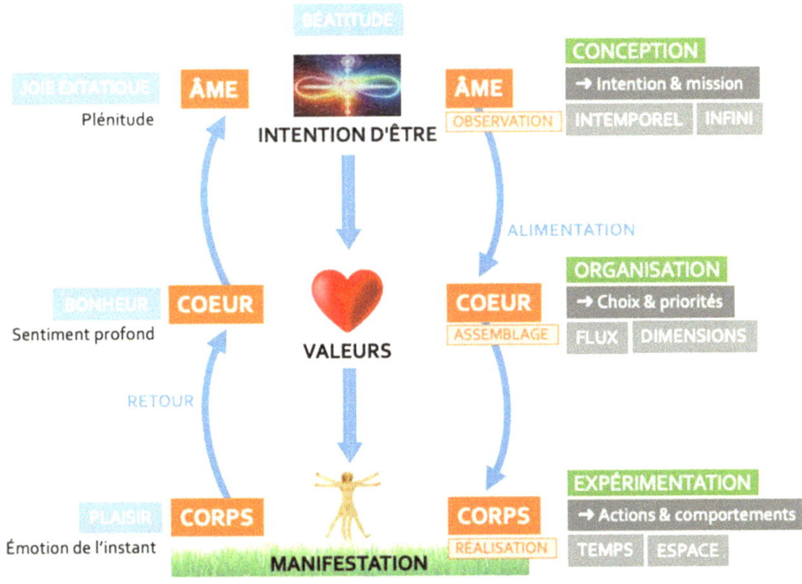

Figure 8 : un projet, une œuvre, une création se construit à chaque niveau d'existence

L'AMOUR,
UNE PULSION QUI N'A RIEN D'ABSTRAIT

Il est temps que je vous parle d'Amour.

J'ai effleuré ce sujet plusieurs fois depuis le début du livre, en passant rapidement sur ce qu'il est. Pourtant, il s'agit là de quelque chose de fondamental dont procède toute la création…

Par-delà les époques, par-delà les coutumes, l'homme et la femme ont toujours cherché à s'accomplir. La clé de cet accomplissement est l'Amour. L'amour pour soi, l'amour pour l'autre, amour donné, échangé et créateur. L'Amour immanent, rayonnant, vibrant, inconditionnel, immensément puissant, exaltant, plein et paisible.

Depuis toujours, les poètes en ont parlé, les chanteurs l'ont proclamé, les peintres l'ont magnifié.

Il est ce qui provoque l'emballement des cœurs, la générosité, le don, les arts, la protection des siens, la solidarité avec les autres, le partage, la fraternité, la compassion.

L'Amour rend vivant, vibrant, pleinement présent dans l'instant, ici et maintenant.

Il est ce qui unit, au-delà des différences et des divisions. Il est ce qui nous ramène à l'unité.

Il est ce à quoi nous aspirons tous, même quand nous l'ignorons. L'Amour est la clé.

La clé de notre paradis, la clé de notre élévation, la clé de notre libération.

Il est ce pour quoi et ce par quoi nous existons[16].

L'Amour est la valeur unique et première, celle qui génère toutes les autres.

---

[16] * Au-delà de toute métaphore, l'Amour est le constituant même de la matière solide et densifiée, orienté par la Conscience qui organise et manifeste les séquences de codes contenant l'information, issue de la lumière.

C'est ainsi qu'il n'existe pas une seule dérive sur terre qui ne provienne… du *manque* d'Amour.

Exposé en pleine lumière, l'Amour exprime tout son potentiel ; amené dans l'ombre, il semble disparaître de nos vies. Entre ces deux extrémités existent toutes les nuances et toutes les intensités possibles, à l'image d'un curseur qu'on déplacerait d'un bord à l'autre d'une glissière.

D'un côté, dans la lumière, le plein Amour ; de l'autre, sans lumière… la peur.

Car c'est bien la peur qui est à l'opposé de l'Amour, et qui est à l'origine de tous nos maux.

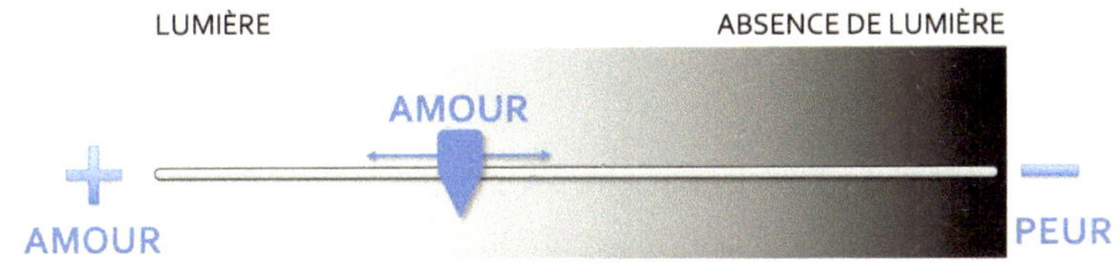

Figure 9 : la dualité

Cela ne signifie pas que l'Amour disparaît dans l'obscurité, simplement que nous ne sommes plus en mesure de le percevoir. Ce n'est pas l'Amour qui est obscurci ou qui s'efface, c'est nous qui sommes placés dans l'ombre. L'Amour ne varie pas, il est.

Or, nous sommes des êtres constitués d'information, d'Amour et de lumière ; c'est dans notre nature profonde que d'aspirer à l'Amour. On pourrait même dire que nous sommes faits pour cela, que nous avons l'Amour dans la peau – eh oui, même pour les plus méchants et les plus pervers d'entre nous ! L'Amour est la partie constituante de notre nature profonde. En nous se trouve la source inépuisable de l'éternel Amour.

LE MANQUE D'AMOUR CRÉE DES PERSONNAGES

Oui mais ça, c'était avant… Lorsqu'à force de conditionnements et de peurs, de blessures et de souffrances, de frustrations, nous ne sommes plus ouverts au flux de l'Amour, étant donné que nous en avons un besoin vital pour vivre, nous créons des artefacts pour pallier ce manque d'Amour, pour ne pas souffrir, pour tenter artificiellement de nous sentir bien, même si l'essentiel nous manque immensément.

Nous devons pour cela modifier notre vision du monde pour qu'elle corresponde à cette nouvelle approche.
« Si je suis moi-même, on ne m'aime pas… donc je vais devenir quelqu'un d'autre pour répondre à ce que les autres veulent voir et attendent de moi. » Nous nous construisons un narratif, une histoire, un personnage.
Nous l'avons déjà vu lorsque nous avons parlé de notre égo, qui se constitue principalement de façon à pouvoir se faire aimer et protéger en tant qu'enfant, puis pour se faire accepter et reconnaître en grandissant, en adoptant les codes sociaux-culturels de son environnement – ou en les rejetant, ce qui en définitive est identique, car il s'agit dans les deux cas de se positionner par rapport au même référentiel.

Nous nous construisons un rôle, un personnage. Jusqu'au point où nous perdons le souvenir de qui nous étions au départ, et où nous finissons en définitive par nous laisser prendre à notre propre scénario comme s'il était notre réalité, tel un acteur interprétant un rôle en se croyant dans la vraie vie.
Par exemple, quelqu'un peut se convaincre qu'il n'a besoin de personne dans sa vie et que c'est son choix, alors qu'en lui-même, il se désespère d'être seul et a complètement enfoui ce mal-être au fond de lui jusqu'à ne plus le sentir. Une autre personne pourra développer une attitude cynique, ironique, supérieure envers les

autres pour en réalité se protéger et cacher le fait qu'enfant, elle a énormément souffert de cette attitude de la part de ses parents qui n'ont pas su accueillir et apprécier sa fragilité. Une autre encore qui adorait les chiens étant enfant, contrairement à ses parents, pourra se convaincre par mimétisme qu'elle ne les aime pas non plus, et une fois adulte, affirmera sans ambiguïté qu'elle ne les supporte pas, ayant complètement oublié le lien particulier qu'elle avait avec eux étant jeune – lien qui existe toujours au fond d'elle. Ou encore, un enfant négligé dans son enfance – donc en manque d'Amour – peut en grandissant se construire un monde extrêmement rationnel et logique dans lequel les sentiments n'auront pas de place, ce qui le rassurera et lui permettra d'oublier qu'il souffre aujourd'hui encore de cette carence. Et ainsi de suite.

Dans ces exemples, les personnes qui ont souffert du manque d'Amour étant enfant ont dû reconfigurer leur approche de la vie, « déformer » leur être initial pour s'adapter, et ont fini par croire au narratif qu'elles avaient elles-mêmes forgé pour ne plus souffrir.

Nous sommes tous à l'image de ces personnes, nous avons tous vécu des événements qui ont déformé plus ou moins intensément la connaissance que nous avions de notre réalité profonde, de notre être vrai.

Mais cela ne correspond pas à notre réalité intrinsèque et nous ne pouvons donc pas y trouver notre bonheur profond, y puiser des forces, de la constance et de la sérénité. Ce n'est qu'une apparence, un personnage qu'il nous faut délaisser pour retrouver notre être et accéder au bonheur d'exister.

VIVRE L'AMOUR

On ne peut aimer que dans l'instant présent… ce qui rend notre amour éternel, car l'instant est une projection de l'éternité dans ce monde. Peu importe si cet Amour durera toujours, ce qui compte, c'est qu'il puisse s'expanser ici et maintenant à sa pleine puissance, sans restriction. Aimer quelqu'un dans le passé est un idéal, pas une réalité, et nous ne pouvons aimer quelqu'un dans le futur puisque nous ne le connaissons pas encore ou ne connaissons pas nos circonstances de vie à ce moment-là. L'Amour véritable est le pur fruit de l'instant.

L'amour suscite l'émotion la plus intense – au même titre que la peur qui est à la même fréquence mais opposée. L'amour construit, la peur détruit. L'amour libère, la peur aliène.
Si nous comprenons que la seule chose qui compte véritablement dans notre vie, c'est l'intensité de l'Amour que nous vivons, exprimons, expérimentons, ressentons, quel que soit l'événement ou la personne destinataire de cet amour, alors nous venons de faire un grand pas vers notre prochain état quantique !

L'intensité de l'Amour vécu et ressenti colore nos expériences, génère des émotions pures et dégage une énergie pleine et vibrante au niveau de notre Cœur. Car c'est là le but de notre existence : vivre nos expériences, nos épreuves, nos maladies, nos blessures en les surpassant de façon qu'elles génèrent de l'amour et davantage de lien aux autres. Ce sont des défis d'amour, de véritables portails initiatiques dont il nous appartient de ressortir plus riches que nous n'y sommes entrés, plus riches d'amour, de paix, de sérénité, de confiance, de conscience, d'expression.

QUEL AMOUR ?

Il est important que je vous définisse ce que j'entends par Amour. Commençons déjà par évoquer ce que l'Amour n'est pas : il n'est pas possessif, il n'est pas jaloux, il n'est pas aliénant, il n'est pas culpabilisant, il ne contraint pas l'autre ou les autres, il ne fait pas mal, il ne limite pas, il n'oblige personne à changer ou à nous ressembler, il ne demande pas à l'autre de nous rassurer ou de nous compléter.

Vous reconnaissez-vous dans l'une de ces situations ? Alors disons-le franchement : ce que vous vivez n'est pas de l'Amour, tout au plus est-ce un succédané d'amour. Ce qui crée ce désir de proximité avec l'autre peut être de l'affect, de la possessivité, une dépendance née d'un puissant besoin de se rassurer, une addiction, un goût du pouvoir, de la culpabilité, un désir de se sentir grand ou petit, de reproduire des relations toxiques subies en tant qu'enfant… Mais ce n'est en aucun cas de l'Amour.

L'affect crée des liens et nous entrave, moi et l'autre, dans un scénario, des relations de dépendance, des besoins enchevêtrés et inextricables. Les scénarios sont façonnés mutuellement par les différents protagonistes de ces relations d'affect, chacun trouvant chez l'autre l'écho de sa propre problématique, et l'ensemble s'entremêlant dans un méli-mélo faussement rassurant dont il est fort difficile de s'extraire. Pourquoi faussement ? Parce qu'il correspond à demander à l'autre de combler des vides en nous que n'avons pas eu la conscience ou le courage de combler par nous-même, et que nous dépendons ensuite de l'autre et de son humeur pour être heureux. Parce que l'évolution ou l'absence de l'autre va immanquablement provoquer de la souffrance en nous car la vie est ainsi faite que rien n'y est constant. Parce que nous avons créé un état de dépendance puissant en oubliant la suprématie de notre être.

L'Amour, quant à lui, est synonyme de liberté absolue. Il est ce qui élève, il est respect de l'autre, il est don de soi, il est inconditionnel dans sa plus haute expression, que l'autre nous aime ou pas, et quel que soit ce qu'il fait ou exprime. Il est beauté et harmonie. Il est une offrande à l'autre et à l'univers sans attente en retour. Il est ce qui libère et révèle celui qui l'exprime comme celui qui le reçoit. Il est constant et plein, à tout instant, pendant comme après une relation, et même au-delà du temps d'une vie. Il dilate le volume de nos corps subtils et élève notre fréquence vibratoire. Il rend intensément et immensément heureux, car le don dans le dépassement de soi est la plus haute expression de notre humanité et cela nous transcende. Il est ce qui nous relie et nous rassemble dans l'unité.

L'AMOUR EST LA VALEUR PREMIÈRE

L'Amour est la valeur maîtresse de toute vie. Elle est la valeur unique qui se décline en une infinité de variations sur lesquelles chacun peut mettre ses mots et ses tonalités : bienveillance, générosité, empathie, don, confiance, respect, inclusion, humanisme, tolérance, partage, collaboration, fraternité, solidarité, compassion…

L'absence d'Amour, en revanche, n'est pas une valeur. C'est un manque, qui va provoquer des souffrances profondes chez l'être, qui vont se manifester à travers des réactions non conscientes de destruction et de rejet : haine, peur, rejet, discrimination, égoïsme, recherche de pouvoir et de contrôle, sadisme, masochisme, la majorité des pathologies psychiques…

* L'Amour et l'absence d'Amour sont les deux faces d'une même réalité. Il ne s'agit pas d'une dualité. Au-delà de l'apparence des comportements générés par nos choix, nous sommes et restons les éclats d'une même réalité unique. Nous sommes tous issus de l'Unité.

En définitive, toutes les énergies que nous ressentons sont des énergies d'Amour, avec toute la gamme infinie et subtile de ses variations.

L'ÉMOTION DE PUR AMOUR

Nous pouvons développer des émotions de pur Amour, exprimées pour chacun d'entre nous selon la palette de sensibilité qui lui est propre. Ces émotions vont nous permettre de recréer des liens avec ce qui nous entoure, de nous reconnecter au tout — en fait, nous ne recréons pas ces liens, nous en redevenons simplement conscients, car ils n'ont jamais cessé d'exister.

✳ Les émotions pures activent le ressenti conscient de la trame dans laquelle nous évoluons et c'est ce qui nous permet de percevoir tout ce qui y est relié : les autres, la nature, la planète, nos frères galactiques, l'invisible, l'univers, la Source.

Il s'agit des émotions pures issues du cœur, des impulsions profondes et vibrantes, détachées du mental et de toute appartenance au contexte socio-culturel ou religieux.

L'émotion n'est ni le sentimentalisme ni l'affect. L'émotion nous enrichit, elle ne nous détruit pas. L'émotion est l'énergie pure qui nous traverse, énergie d'amour, de gratitude, de joie, de reconnaissance, de connivence dans le sens anglais de « acknowledgment », d'intimité avec la création.

Ce n'est jamais quelque chose qui nous assujettit, mais c'est quelque chose qui nous relie. C'est un sentiment associé à l'élévation, à la liberté, au respect de soi et de l'autre.

C'est pourquoi il est important de ne pas confondre le lien généré par l'émotion de pur Amour, avec l'émotivité exprimée par notre Corps émotionnel qui nous attache, nous possède, nous fait appartenir à un groupe ou à un système, nous contraint, falsifie notre ressenti, nous dévaste, nous brise.

Un autre point important sur l'Amour est qu'il doit être ressenti et comblé en premier lieu de l'intérieur, par nous-même. C'est l'amour de soi, sans égocentricité, l'appréciation de l'être merveilleux que nous sommes au fond de nous, qui ouvre la porte à l'évolution et à l'élévation. Qui pourra nous aimer si nous ne sommes pas capable de nous aimer nous-même ?

Chaque fois que nous ressentons le besoin de faire appel à quelqu'un d'extérieur pour confirmer l'amour et pour nous rassurer, nous pouvons être assurés qu'une grande partie de la relation avec cette personne n'est pas une relation d'amour mais plutôt une relation d'affect, qui vient combler des manques en nous – et en l'autre. Il n'y a pas de jugement en cela, chacun est libre de vivre la vie qu'il souhaite. Simplement, cette relation ne sera jamais l'expression de la libre aspiration d'amour de ces deux êtres, telle qu'elle peut être vécue au niveau de l'Âme, et sera sujette aux aléas du niveau du Corps.

Nous en reparlerons plus loin lorsque nous aborderons la notion d'alignement.

QUEL EST LE CHOIX QUI NOUS EST PROPOSÉ ?

Quand je parle de choix, je veux parler de la capacité que nous avons **tous** de trouver au fond de nous la ressource de sortir de l'inconscience, de ce fleuve qui nous emporte comme un bouchon de liège ballotté par des flots puissants et mouvants. Le courant nous entraîne au milieu des rapides et des rochers, nous donnant le sentiment que nous ne pouvons rien faire pour maîtriser le flux de notre vie et sans rien comprendre à la survenue des événements que nous vivons.

Nous avons **tous** la capacité de trouver en nous la force, le courage et l'intuition pour donner un autre cap à notre vie, sortir du courant pour nous hisser sur la rive et diriger nos pas dans le sens qui nous convient.

Nous avons **tous** la possibilité de libérer notre prisme intérieur de la suie qui le recouvre pour laisser passer davantage de lumière et illuminer notre vie et notre chemin.

Nous avons **tous** le choix d'être heureux, quelles que soient les circonstances extérieures dans lesquelles nous évoluons.

Nous avons **tous** la possibilité de sortir de l'illusion qui nous soumet à son apparence de diktat.

Ceci est un choix personnel qui appartient à chacun d'entre nous. C'est l'expression de notre libre arbitre dans sa facette la plus essentielle.

Nous souffrons tous, vous, moi, nous, d'un manque d'Amour. Nous étions tous, légitimement, en droit de recevoir l'Amour à sa pleine intensité, dès l'instant de notre conception comme au moment de notre venue au monde, ou tout au long de notre enfance et de notre vie. Cela se passe rarement comme ça, bien entendu. À la suite de quoi, chacun d'entre nous a «composé» avec ce manque, l'a traduit au mieux selon ses capacités et son environnement, s'est adapté à cette contrainte en développant des comportements, des désirs et des envies, des idéaux, des règles, en nous sentant coupable, en exprimant de la souffrance, des pathologies, des surpassements de soi, des faiblesses, en recherchant l'amour en l'autre plutôt qu'en soi-même, en reproduisant sur l'autre les brimades subies… Le manque d'Amour nous a déformés et nous a éloignés de QUI nous sommes vraiment, au fond de nous, nous a éloignés de notre être initial, car notre être est tout Amour. Nous avons dû composer pour survivre et trouver un point d'équilibre acceptable, voire heureux, parfois juste supportable, pour continuer notre vie.

À force d'habitude, la plupart d'entre nous se sont identifiés à ce manque d'Amour et, croyant y discerner leur personnalité, s'y sont accrochés tout en déployant des efforts infinis et continus pour compenser cette privation et justifier leur recomposition d'eux-mêmes.

Ceux-là sont devenus les victimes consentantes de leur propre mécanisme de survie, en oubliant leur réalité originelle. Certains sont prêts aujourd'hui à défendre bec et ongles la justesse de leur comportement ou leur interprétation de la réalité, afin d'éviter à tout prix de voir leur déviance. Car la voir leur serait une épreuve trop douloureuse à vivre qui les obligerait à accepter une remise en question profonde de leur approche de la vie. Et plus leur déviance est grande, plus leur refus de la réalité est marqué et agressif, car il sous-entend une très grande souffrance – rejet, abandon, humiliation, trahison, injustice…

Il nous est difficile, parfois « impossible », d'accepter que nous ayons pu « nous tromper ». Nous cherchons à conserver le contrôle sur les pans de notre vie. Mais, nous le verrons, la vie ne respecte pas ces autoprotections et nous confronte toujours à notre vision déformée à l'aide d'indices semés tout au long de notre existence : événements, incidents, maladies, qui vont nous permettre – si nous l'acceptons – de faire tomber nos murailles de Jéricho. Et si nous persistons dans notre refus d'évoluer, eh bien… il se peut fort que « ça passe ou ça casse ». Jusqu'où sommes-nous prêts à aller dans notre refus de voir les causes de nos souffrances et nous en libérer ? Résisterons-nous pour justifier notre position, prouver à la vie que nous avons raison et qu'elle a tort, dissimuler nos peurs au plus profond ? Ou nous ouvrirons-nous à un meilleur avenir, au bonheur d'être nous-même, en définitive ?

D'autres parmi nous, moins nombreux, s'emploient à ne pas nier la réalité et cherchent avec constance à dépasser les difficultés qui ont forgé leur vision initiale de la vie. Ceux-là s'obstinent contre les effets du manque d'Amour, strate après strate, et cherchent sans relâche à remonter à l'origine de leurs maux. Ils ne prennent pas leurs faiblesses pour acquises, ils ne s'identifient pas à leurs difficultés, ils ne cherchent ni à avoir raison, ni à avoir tort. Faisant cela, ils deviennent véritablement les acteurs de leur vie.

Pour ceux qui cherchent à progresser, il est temps aujourd'hui de trouver des clés efficaces, de comprendre la cause et l'origine de la souffrance, car une vie d'être humain est courte et ne suffit pas toujours à dénouer les effets si nombreux du manque d'Amour.

PRENDRE DU RECUL POUR COMPRENDRE ET ÉVOLUER

Tout est une question de perspective.

Quelqu'un qui voudrait comprendre la graine à l'origine d'un arbre aurait la plus grande difficulté à remonter à la source en essayant d'analyser chaque fleur, chaque feuille, chaque brindille, chaque branche, chaque caractéristique du tronc, de l'écorce, chaque racine, chaque interaction de cet arbre avec l'atmosphère, la terre, la forêt, la faune, la flore, l'air, le soleil, la pluie… Et même si cette personne se retrouvait en capacité d'analyser de façon exhaustive les interactions multiples et innombrables développées par chacun des éléments de cet arbre, sans doute la logique seule ne suffirait-elle pas à retrouver la simple graine à l'origine de l'arbre. Et ça lui serait tout aussi compliqué de comprendre le motif de développement vivant de l'arbre, sans tenir compte de la proximité et l'ombre portée par les arbres voisins, le grignotage d'un animal, les vents dominants, les nutriments composant le sol, les saisons et les événements extraordinaires…

Ce qui est complexe doit être simplifié. Il est important de se poser et de prendre du recul pour acquérir de la perspective, afin de percevoir et d'assimiler la « Big Picture », l'image d'ensemble. Sans doute qu'en se plaçant en observateur de cet arbre, cette personne pourrait le regarder évoluer dans son environnement, et produire des fruits chargés de graines qui, au fil des saisons, produiraient à leur tour des pousses qui se transformeraient à leur tour en arbres. Ainsi pourrait-elle comprendre le cycle de l'arbre et appréhender un premier niveau de son origine : une simple graine.

De la même manière, comprendre notre vie, nos blocages, nos souffrances, nos blessures, ne s'analyse pas sans la prise de distance nécessaire à une vision d'ensemble de ce qui a influencé notre vision et nos comportements. Il est totalement illusoire de croire qu'un problème vient d'apparaître subitement du néant, pouf ! juste comme ça, maintenant, sans motif particulier. Ou de croire à une quelconque malchance, en ressassant le fameux : « Mais ça n'arrive qu'à moi… ! »

Stop. Temps mort. Prise de recul.

Nous sommes amenés à comprendre que cet événement tire ses racines dans des circonstances bien plus anciennes, généralement liées à notre petite enfance. Nous sommes conduits à devenir l'observateur de nous-même, avec le recul et le détachement émotionnel nécessaires à l'exercice, sans non plus mentaliser la situation, pour comprendre les mécanismes qui ont façonné nos attitudes et nos traits de caractère actuels. Être observateur de la situation signifie également de ne pas avoir de parti pris initial, qu'il nous soit favorable ou défavorable – de ne pas nous valoriser, de ne pas nous déprécier – auquel cas nous n'arriverons à rien d'autre qu'à confirmer ce que nous pensions déjà de nous, sans résoudre ce que nous vivons.

En approfondissant l'exercice d'observation objective, impartiale, sans doute nous rendrons-nous compte que nous avons même *généré* l'événement que nous vivons maintenant, comme appelé par nous pour mieux nous souvenir de qui nous étions avant ce problème, avant que nous ne « déformions » notre être pour nous adapter à ce que nous vivions.

Car en vivant nos problématiques de vie, nous avons modelé un personnage qui, finalement, se retrouve la plupart du temps fort différent de qui nous sommes vraiment. Nous jouons un rôle dans notre propre vie. Cherchons à ne plus être dupe du rôle que nous nous sommes créé, pour notre plus grand bien.

Car *compenser* en nous un problème, un mal-être, n'est jamais la solution, cela renforce notre déstructuration, c'est-à-dire le désalignement d'avec nous-même. Par exemple, si je souffre d'un manque d'affection, ce n'est pas la nourriture qui pourra compenser cela ; ou si je ressens une injustice, ce n'est pas en me mettant en colère que je la ferai disparaître. Si quelqu'un m'a rejeté, il est inutile de le haïr, cela ne fera que me charger davantage d'énergie négative sans pour autant résoudre le problème.

Nous cherchons instinctivement la plupart du temps à nous rassurer, à nous prouver que « nous avons raison », que c'est l'autre « qui a tort », que c'est la vie « qui est injuste ». C'est notre façon inconsciente d'accepter la difficulté… sans la résoudre.
Rappelons une nouvelle fois qu'« avoir raison » nous dessert infiniment en nous figeant dans la situation et en nous empêchant d'évoluer.

Mais cela nous condamne à devoir revivre chaque fois la même situation, qui se représentera inexorablement à nous sous différents traits jusqu'à ce que nous ayons su la déchiffrer. Avez-vous déjà remarqué que la vie vous ressert toujours les mêmes situations « désagréables » ou mal vécues ? Les conditions évoluent, bien sûr, les personnages ne sont pas les mêmes, les emplacements sont modifiés, mais globalement, vous vivez encore la même expérience, dans une boucle sans fin tant que vous n'avez pas résolu et dépassé la situation. On se croirait presque dans le film *Le jour de la marmotte*[17] !
Rappelez-vous l'exemple évoqué plus haut du jeu vidéo : tant que nous n'avons pas résolu le niveau 135, nous ne pouvons pas passer au niveau 136.

---

[17] *Groundhog Day* (*Un jour sans fin, ou Le jour de la marmotte au Québec*).

Alors comment faire pour changer de niveau, cesser de revivre continuellement la même expérience en boucle et passer à la suite de notre vie ?

La première partie de la réponse est donc d'arrêter de s'identifier à la situation, de prendre du recul afin de pouvoir identifier le problème sans déformation émotionnelle ni mentale.

Par exemple, si au lieu d'en vouloir à celui qui m'a rejeté (encore un, me direz-vous !), j'identifie que je vis un rejet parce qu'il m'évoque celui que j'ai vécu enfant de la part de mes parents, et si je travaille ce rejet d'origine afin de lui enlever toute influence sur ma vie, non seulement je me ressentirai grandi d'avoir dépassé cette problématique, mais surtout je me sentirai empli de cet amour indispensable qui m'avait été refusé, enfant, du fait ce rejet. Et cerise sur le gâteau, je n'aurai plus jamais à revivre une telle situation de rejet : c'est le triple effet kiss cool[18] garanti ! Porteur simple de bonheur, de plénitude et de bien-être…

En revanche, si je continue d'accuser l'autre de mal se comporter avec moi, eh bien… oui, on pourrait dire que je suis alors « condamné » à revivre sans fin la même situation. Mais il n'y a que moi qui puisse me « condamner », et je peux choisir de sortir de cette situation pour en finir une fois pour toutes – et passer à l'étape suivante de ma vie.

Voilà pourquoi, plutôt que de répondre à un problème vécu par une solution bancale, nous sommes appelés à identifier ce problème comme étant l'indice absolu d'un déséquilibre – un manque d'amour pourrions-nous dire – et à résoudre ce déséquilibre en remontant à son origine avec force et détermination, plutôt que d'étayer un château branlant par des solutions ins-

---

[18] Parodie de la publicité pour un bonbon à la menthe Kiss Cool et son double effet menthol.

tables et relativement inutiles, qui ne soulagent qu'un court instant et ne font que repousser à plus tard ce que nous n'avons pas eu le courage ou la volonté de voir maintenant.

Ayons le courage de regarder nos blessures, aussi douloureuses soient-elles.

Nous ne sommes pas là pour reproduire le passé, nous sommes là pour l'identifier, et pour y apporter un regard nouveau, un regard amoureux, pour nettoyer notre prisme intérieur et ainsi illuminer notre vie et accéder au bonheur.

Pour ma part, quand un problème se présente à moi, j'essaie dans la mesure du possible de m'en réjouir (attitude un peu masochiste de ma part, j'en conviens aisément !) et de remercier pour ce qu'il m'est proposé de résoudre, et qui va forcément me permettre de progresser et d'avancer sur mon chemin de vie. Je ne vois plus jamais les épreuves comme des adversités, mais comme des propositions bienveillantes. Jamais « contre » moi, mais « pour » moi. Je sais d'expérience que plus l'épreuve est difficile, et plus l'opportunité de résolution sera grande et libératrice, et plus je m'enrichirai d'énergie et de vitalité, d'amour, de paix, de sérénité et de bien-être, plus j'accéderai au bonheur. Car sans effort, il n'est pas de progression ni d'évolution.

Certes, il va nous falloir faire ces efforts, tout comme gravir une montagne est difficile. Nous pouvons choisir de pester à chaque pas et nous plaindre, ou alors viser le sommet et nous réjouir de la progression vers notre but. Ce choix nous appartient.

Mais les efforts de conscience vont vite remplacer les souffrances vécues, comme nous le verrons. C'est ce qu'il se passe quand on devient acteur de sa vie et qu'on abandonne son rôle de victime : la souffrance n'a pour but que d'attirer notre attention sur un trait à transformer, et disparaît immanquablement dès lors qu'elle n'est plus utile.

À nous de faire en sorte, par notre évolution de conscience qui va s'affûter au fil du temps, que les difficultés sur notre parcours ne représentent plus pour nous que des *efforts à réaliser* et non des *souffrances à vivre*, pour notre plus grand bien et notre plus grande évolution. Et tout cela passe par l'Amour et notre capacité à aimer, bien entendu.

COMMENT FAIT-ON POUR EXPRIMER L'AMOUR ?

C'est notre « personnalité », l'état de transparence ou d'opacité de notre prisme intérieur, qui va déterminer la puissance de la lumière qui parvient jusqu'à notre vie quotidienne. Ce prisme est pur et totalement transparent à l'origine, il correspond à ce qu'est réellement notre être. Il est lumière et se laisse totalement traverser par l'amour. C'est l'état premier d'innocence.
Imaginez maintenant ce cristal plus ou moins recouvert d'une couche de suie bien noire, bien épaisse et bien opaque. Cette suie est constituée par nos peurs, nos conditionnements, nos pensées limitantes, nos croyances et les rigidités de nos comportements. Pas trop ragoûtant, n'est-ce pas ? Imaginez maintenant que cette couche est fine, claire, transparente, voire même inexistante par endroits, nettoyée par le travail personnel accompli et les prises de conscience, le détachement d'avec nos problématiques : la lumière pourra aisément traverser notre prisme intérieur, nous illuminer et inonder notre vie de bienfaits et de bonheur. Et cela fonctionne en fait dans les deux sens : notre lumière intérieure viendra illuminer ce qui nous entoure, et nous serons inondés en retour de la lumière qui est tout autour de nous.
Je t'aime un peu, beaucoup, à la folie… C'est l'intensité de la lumière qui nous traverse qui va en fait déterminer la puissance, l'intensité de l'Amour que nous sommes capables d'exprimer et de ressentir. L'amour inconditionnel est la phase ultime de l'amour, celui qui donne tout sans rien juger ni rien attendre, qui

se régénère à la source même de la vie, lorsque nous laissons le flux de la lumière nous traverser sans restriction.

À l'inverse, si nous resserrons notre périmètre de vie à notre environnement le plus proche, voire à notre seule personne, si nous cherchons à emprisonner l'autre et à l'attacher à nous, en rejetant les autres et en nous plaignant du monde, en rendant l'extérieur responsable de notre mal-être, si nous nous identifions aux circonstances que nous vivons sans les questionner, si nous nous laissons guider par la peur, ou, pire encore, si nous haïssons ou manipulons consciemment la vie et les autres, alors nous risquons fort d'obscurcir davantage notre prisme en le chargeant d'une couche de suie plus épaisse qui va nous isoler davantage de la lumière et de ses abondances.

En faisant cela, nous nous identifions de plus en plus à notre personnage, nous nous coupons et nous éloignons inexorablement de notre être intérieur, de qui nous sommes vraiment.

À vouloir tout garder et contrôler, on perd tout. C'est dans le lâcher-prise et la circulation du flux qu'on reçoit tout. Ce choix nous appartient totalement, hors de toutes circonstances extérieures.

L'ÊTRE ET LE PERSONNAGE

Nous l'avons vu, chacun d'entre nous va donc exprimer sa propre réalité façonnée par son éducation, son milieu socio-culturel, ses expériences, son karma[19], sa perception de la vie modulée par l'afflux d'Amour ou par le manque d'Amour. Les traits de caractère, les épanouissements et les problématiques qui apparaissent à la suite de notre vécu et de nos choix n'en sont que les conséquences.

---

[19] Le fruit de ces expériences passées dans d'autres vies, de ce qui a été résolu ou non résolu dans ces autres expériences.

C'est ainsi que notre personnage est la résultante de ce vécu, de nos expériences, de nos difficultés, de nos peurs, de nos blessures, de nos faiblesses, de nos frustrations, de tout ce qui a « déformé » au cours de notre vie notre être initialement lumineux. Ce personnage laisse alors émerger plus ou moins l'être vrai qui le constitue.

Il nous est offert une double possibilité :

– Nous pouvons **nous identifier à ce personnage,** vivre tant bien que mal cette vie en nous laissant ballotter par les flots du courant qui nous emporte, nous heurtant aux obstacles, tâchant d'exprimer autant que possible le peu d'Amour qui peut filtrer en nous, sans comprendre le sens de ce que nous vivons. C'est une option à la fois facile, il suffit de laisser faire, de suivre la pensée commune, d'envisager notre vie comme une survie quotidienne rythmée par les aléas et les coups du sort ; et à la fois profondément angoissante et douloureuse, car plus nous persistons dans cette voie, et plus la vie s'acharne à nous présenter des épreuves destinées à modifier notre vision du monde, à nous faire voir une autre réalité, celle qui correspond à l'être que nous sommes vraiment – réalité que nous ne comprenons pas la plupart du temps, ou que nous refusons de voir par peur de changer. Nous nous dissimulons derrière le « je sais » et le « j'ai raison ».

– Ou alors nous pouvons travailler à **nous dés-identifier de ce personnage,** à nous désidentifier de nos peurs, de nos blessures, de nos croyances et de nos pensées limitantes : elles ne sont pas nous, nous ne sommes pas elles. Elles constituent un voile épais et opaque qui nous empêche de percevoir, de connaître qui nous sommes vraiment. Elles forment une carapace qui nous isole de notre réalité profonde. Nous avons la possibilité de comprendre de façon de plus en plus intime, claire, évidente, que ce que nous vivons dispose d'un sens profond, celui de nous permettre de traverser des expériences prédéterminées en exprimant le plus d'Amour possible : ce sont des défis d'Amour.

Cette seconde approche est à la fois la plus difficile, car il nous faut exercer des efforts importants, une vigilance, une rigueur envers nous-même, nous extraire de la pensée commune, nous questionner et remettre en question nos acquis et nos certitudes, affronter nos peurs ; et en même temps la plus gratifiante, car elle s'autoalimente d'énergie positive et nous offre à chaque dépassement la confirmation tangible que cette voie est bonne pour nous, en constatant la légèreté d'esprit, le contentement intime, la plénitude, la joie qui nous envahissent à chaque surpassement. Nous rayonnons.

Le sens de notre vie apparaît, nous avons accès à plus d'informations, plus de vérités, plus de connexions. Tout prend un éclat nouveau et la vie se simplifie en un sens que nous n'aurions pas imaginé si nous avions dû l'envisager par notre seule approche mentale. Des solutions apparaissent que nous n'anticipions pas, des miracles se produisent au quotidien – qui existaient certainement auparavant, mais que nous n'étions alors pas en mesure de voir, de déceler, ou que nous empêchions de se manifester par notre manque d'ouverture.

La désidentification du personnage nous procure joie et gratitude, paix et reconnaissance. Car nous retrouvons peu à peu l'origine de qui nous sommes, et nous nous emplissons à nouveau du bonheur d'exprimer le plein potentiel de nous-même.

La bonne nouvelle est que nous disposons tous de la possibilité de changer notre vision sur notre réalité et notre vie, de nous désidentifier du personnage. Il est vrai qu'il est parfois très compliqué de sortir de ce rôle que nous avons façonné depuis tant d'années, tant le conditionnement subi et le contexte extérieur semblent oppressants et contraignants. Mais il n'est pas un seul d'entre nous qui ne dispose des ressources pour le faire.

L'éducation peut évidemment aider grandement l'être à s'exprimer. J'entends par là la véritable éducation, celle qui fait émerger l'être vrai, qui pousse l'individu à la réflexion, à la remise en question au regard de la normalité, qui ne le contraint pas dans des dogmes et des images réductrices et attendues de lui-même et de son rôle dans la société.

COMMENT RÉSOUDRE NOS DIFFICULTÉS ?

Le schéma des 3 niveaux du Corps, du Cœur et de l'Âme exposé plus haut peut être décliné dans toutes les circonstances de notre vie, depuis la création de nos projets jusqu'à la résolution de problèmes.

Si nous cherchons des solutions entre les niveaux du Corps et du Cœur, nous trouverons des résolutions de type instinctif, mental et émotionnel, qui nous permettront de « vivre avec » nos problèmes, d'en supporter le poids.

Au niveau du Cœur, nous accèderons à la causalité de ce qui a provoqué nos difficultés et nous aurons la possibilité de résoudre nos épreuves pour passer à la suite de notre vie.

Au-delà, entre le Cœur et l'Âme, nos résolutions se situeront sur un plan spirituel, avec un sens plus global, touchant la signification de notre existence et le chemin au-delà.

Il est possible, mais extrêmement rare et difficile – du fait de la puissance de l'engagement et du rythme vibratoire élevé que cela suppose – d'aller chercher des résolutions directement au niveau de notre Âme sans avoir « gravi » auparavant les niveaux du Corps et du Cœur. Certaines personnes vivent cela lors d'expériences d'illumination, par exemple. La Lumière est, mais pour que nous puissions la percevoir, encore faut-il que notre prisme intérieur soit suffisamment dégagé, au moins partiellement, pour la laisser passer et nous irradier d'une vérité incontournable. Le rythme vibratoire généralement assez bas de nos cellules ne nous permettrait pas non plus de supporter l'intensité de cette lumière si nous y étions confrontés, il nous faut d'abord élever notre fréquence par un vrai travail sur nous-même.

C'est ce qui va nous permettre de nous « décrasser » progressivement de nos peurs, de nos faiblesses, de nos pensées limitantes, de nos frustrations, de nos ressentiments.

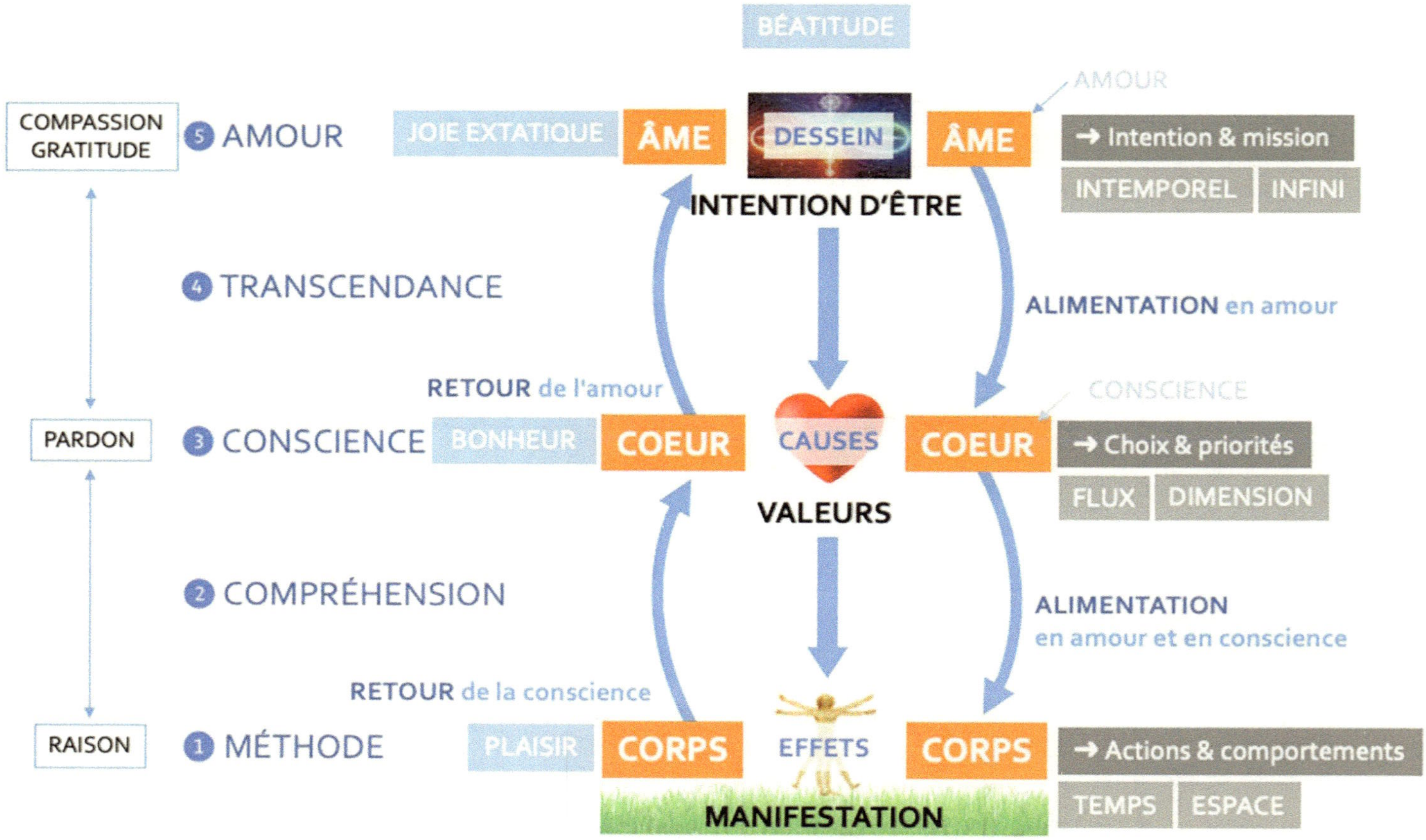

Figure 10 : *les niveaux de résolution de nos difficultés* ①

Prenons ici l'exemple où nous cherchons à résoudre le manque d'Amour que nous ressentons.

1 – CONFRONTER LE PROBLÈME ET SUPPORTER LES EFFETS

Ou le reconditionnement par la positivité :

— on se situe au niveau des effets ;

— on ne résout rien ;

— on utilise une technique, une méthode pour s'opposer au problème et tenter de le surmonter ;

— on apprend à vivre avec nos difficultés, à les supporter, et à créer des ponts nous permettant un accès direct et partiel à notre être vrai pour nous sentir bien momentanément et nous soulager ;

— un peu « pensée magique », fonctionne tant qu'on l'utilise, solution initiale ou momentanée.

Au premier niveau, celui du Corps, il existe de nombreuses façons d'alimenter notre être de cette énergie d'Amour et de nous réconforter ponctuellement, même si nous n'avons pas encore fait progresser notre conscience.

Nous pouvons choisir une technique simple de positivité qui, à force de répétition d'affirmations positives – du type « je vais bien », « je crois en moi », « je suis puissant », « je mérite d'être aimé »… – va créer de nouveaux automatismes et mettre en marche de nouveaux circuits de fonctionnement en forçant notre cerveau à les intégrer. L'habitude et la récurrence créent la fonction et tendent à compenser le manque de positivité induit par le manque d'Amour initial.

C'est le principe de fonctionnement de la méthode Coué, de la technique d'évocation quotidienne des « 3 choses positives vécues aujourd'hui », de certaines thérapies d'optimisme volontariste, du travail sur la gratitude, etc.

Nous pouvons aussi passer du temps dans la nature, avec des animaux ou auprès d'êtres chers. Prendre le temps de nous émerveiller de chacune des choses que la vie nous offre, grandes et petites, remarquer et nommer les bienfaits que nous avons rencontrés dans la journée et remercier pour cela, tourner en positif les difficultés qui nous permettent de dépasser nos limitations… sont autant d'attitudes créatrices de notre plénitude et de notre bonheur. Elles génèrent un flux de remontée positive puissant qui va alimenter directement notre âme, sans se laisser encombrer par notre mental. Elles nous font nous sentir moins seuls, plus alertes, plus vivants, plus reliés aux autres. Elles nous permettent de nous connecter à quelque chose de plus grand que nous. Elles provoquent une ouverture aux événements inattendus et heureux. Elles allègent nos peines et facilitent nos prises de conscience et notre progression. Elles nous donnent envie de donner à notre tour et de partager.

Souvenons-nous que le bonheur est un choix, forgé non par les événements, mais par notre vision des événements.
C'est ainsi que nous pouvons choisir de devenir ou de rester positif, face au stress, aux agressions, aux aléas. Cela suppose au départ de confronter frontalement le réel, puisqu'on n'a pas entrepris la démarche de prise de recul et de désidentification des situations vécues, mais cette technique nous permet ponctuellement de ne plus être soumis aux réactions instinctives de notre cerveau limbique : attaque, fuite ou immobilisation. La technique peut s'avérer un peu laborieuse au début, mais permet à terme d'éviter la répétition des schémas destructeurs.

Je vous laisse déterminer la méthode qui vous fait le plus de bien, vous êtes votre propre baromètre, souvenez-vous. L'important est qu'elle stimule l'estime de soi, qui va générer de la confiance en soi, menant à l'amour de soi.

Même si sa portée est limitée, le reconditionnement par la positivité est extrêmement utile, car il crée en nous des mécanismes et des circuits de réponses automatiques qui, correctement et régulièrement alimentés, vont s'implémenter et fonctionner comme s'ils étaient « d'origine ».

Il ne suffit pas toutefois à l'évolution réelle et à la désidentification du personnage généré par nos problématiques.

Nous parlerons ici plutôt de niveau initial permettant de supporter des situations, mais aussi de préparer le terrain pour un travail plus en profondeur. A ce stade de résolution des problématiques, nous n'avons pas travaillé sur la cause, qui par induction continue de générer l'effet, autrement dit la situation difficile que nous vivons ; mais nous travaillons à en supporter les effets de façon à moins en subir la gêne. Cette situation doit ensuite évoluer : la libération momentanée ressentie doit nous permettre d'envisager plus aisément de confronter la cause qui a généré le problème.

Faute de quoi, la même cause produira toujours le même effet.

2 – COMPRENDRE LE PROBLÈME ET DÉCELER LES CAUSES

- identifier et comprendre les causes des problématiques ;
- les analyser et les comprendre ;
- trouver des stratégies pour les vivre le mieux possible ;
- accéder au pardon ;
- pas de résolution non plus.

Entre les niveaux du Corps et du Cœur se situe la compréhension des mécanismes qui ont engendré le manque d'Amour : manque de reconnaissance des parents notamment – eux-mêmes généralement en carence et reportant leur mal sur leur environnement familial –, maltraitance enfantine, manque de respect, de stimulation, de liberté, abandon (vrai ou ressenti)… C'est le niveau que traitent habituellement la psychologie et la psychiatrie.

Placer sa conscience plus « haut » que le niveau du Corps se fait par une prise de recul et l'identification des causes des problématiques que nous vivons. Cela nous autorise à nous ouvrir, à nous dévoiler et à laisser sortir nos peurs afin de les comprendre et de les affronter.
Cette émergence fait souvent mal et il faut de la bravoure pour affronter nos peurs, nos manques d'Amour. Le processus de réassurance proposé par le thérapeute qui accompagne ce processus, s'il est bien mené, nous donne la force d'affronter la souffrance vécue et de l'extraire de nos ancrages, de nos croyances. Cette psychothérapie est hautement libératrice et permet généralement d'identifier bon nombre de restrictions insupportables dont nous avons constellé notre existence.

Toutefois, si nous limitons notre prise de recul à ce stade, qui consiste à identifier nos problématiques sans aller jusqu'à nous désidentifier du personnage, tout au plus apprenons-nous à reconnaître nos épreuves et à les accepter pour continuer à les supporter le mieux possible. Donc nous comprenons les origines du manque d'Amour, et nous les compensons. Toutefois, nous ne nous en débarrassons pas, et ne pouvons pas passer à l'étape suivante de notre vie. Les épreuves continueront de se présenter à nous, en quête de résolution.
C'est malheureusement la limite qu'imposent de nombreux thérapeutes, qui finalement n'aident leurs patients qu'à s'identifier à leurs problématiques et non à en sortir. C'est ainsi que leurs patients se retrouvent en thérapie depuis plusieurs décennies.

3 – *RÉSOUDRE LES CAUSES & PASSER L'ÉTAPE*

> – on se situe au niveau de la cause ;
> – résoudre les problématiques ;
> – s'apaiser complètement et se ressourcer ;
> – approche en conscience ;
> – accéder au pardon ;
> – rechercher l'épanouissement, ce qui fait du bien ;
> – changer d'étape ;
> – reconfigurer sa vision du monde.

Comme dans l'exemple de notre jeu vidéo où il nous faut résoudre un niveau pour passer au niveau suivant, comprendre et compenser ne nous suffisent pas à évoluer.

C'est pourquoi il est important d'aller plus loin, pour vivre pleinement notre être.

Au niveau du Cœur se situe la conscience. C'est à ce niveau que se résolvent les problématiques et les névroses, car en y accédant, nous retrouvons notre alignement, notre intention d'être et d'exister, notre motivation profonde.

Contrairement au deux premiers niveaux qui nous ont permis de supporter puis de comprendre ce qui a généré nos souffrances, celui-ci nous permet d'accéder à la causalité, au « pourquoi » nous vivons ces épreuves, ce manque d'Amour, et à ce qu'elles représentent pour nous en termes d'évolution et de chemin de vie. C'est le niveau qui permet vraiment de nous faire du bien. C'est celui où survient le pardon, qui agit particulièrement en faveur de celui qui pardonne, et qui permet de rompre les liens avec les oppresseurs en supprimant l'effet de pouvoir du bourreau.

Cette étape passe par la désidentification partielle du personnage. Nous ressentons intimement que nous ne sommes « pas que » celui ou celle qui porte notre nom dans cette vie, que notre vie est en fait bien plus vaste et multiple.

Lorsqu'une épreuve se présente à nous, nous comprenons et acceptons l'expérience que nous avons choisi de vivre au cours de cette vie[20]. Loin de nous identifier à cette épreuve, nous en apprécions le rayonnement sur l'ensemble de notre vie, depuis notre petite enfance et à travers chaque moment où cette expérience s'est présentée à nous et où nous avons buté contre cette difficulté.

Nous comprenons que nos souffrances proviennent de nos résistances au changement : peur, honte, culpabilité… nous assaillent et occultent notre vision bienveillante sur nous-même, nous les déposons à nos pieds avec confiance.

Nous décelons les ressources dont nous disposons pour surmonter cette difficulté majeure, nous ressentons à quel point cette vision nouvelle sur l'épreuve nous soulage et nous élève. Cela provoque en nous une prise de conscience réelle et entière, fulgurante, qui reconfigure en un instant notre perception de la vie. Nous n'éprouvons plus aucun ressentiment pour les personnes qui nous ont placés dans ces situations difficiles. Nous sommes envahis par un flot d'Amour et n'éprouvons plus aucune rancune ou ressentiment pour les êtres et les situations. Nous ressentons une pure émotion.

C'est l'étape du vrai pardon.

C'est là que nous pouvons retrouver l'Amour qui nous a manqué et le puiser directement à sa source pour nous en alimenter.

C'est là que nous ne manquons plus de rien.

Ce niveau du Cœur correspond à un véritable portail d'initiation, que nous pouvons traverser grâce à la résolution de l'épreuve dans l'amour, qui nous fournit l'énergie nécessaire à

---

[20] Nous sommes les seuls responsables du choix de de nos épreuves, voir plus loin

ce passage. Nous sortons de ce passage remis à neuf et ressourcé, lavé, apaisé, reconnaissant, doté d'un nouveau regard sur le monde.

Ce qui peut sembler incroyable, c'est qu'une fois la difficulté résolue, nous ne la revivrons plus jamais. Soit que nous n'attirerons plus ou ne génèrerons plus la situation – n'oublions pas que nous sommes créateurs de notre réalité, voir plus loin – soit que s'il advient que cette situation se présente à nouveau, elle n'aura plus aucune prise sur nous et il est fort à parier que nous ne la remarquerons même pas – même si à une époque, elle a pu complètement ruiner notre vie.

✶ Les 2 étapes suivantes sont d'ordre plus spirituel. Passez directement à la suite si vous ne souhaitez pas les aborder.

✶ 4 – DISCERNER LA VALEUR DE L'EXPÉRIENCE ET EN ÊTRE RECONNAISSANT

✶ 5 – TRANSCENDER L'EXPÉRIENCE ET ILLUMINER SON VÉCU

– on se situe au niveau du dessein ;
– épanouissement de l'être par le dépassement ;
– changer d'étape par la rédemption et se libérer ;
– saisir le sens et la valeur de l'expérience ;
– amplifier l'amour et la paix ;
– s'emplir de gratitude et de compassion.

La désidentification du personnage se poursuit, la reconnaissance de l'être vrai devient la réalité ressentie et vécue.
C'est le niveau de la dissolution de la programmation qui a généré l'expérience, celui de la libération qui permet à l'être vrai de s'exprimer.

Peu à peu disparaissent des lambeaux de l'illusion qui restreignaient notre existence à cette incarnation, cela nous permet de nous expanser et d'élever notre niveau de conscience. Notre rythme vibratoire s'élève, nous accédons à d'autres dimensions.
Nous identifions la pièce de théâtre dans laquelle nous jouons un rôle – que nous avons écrit et que nous interprétons – et comprenons le dessein et la valeur de l'expérience que nous avons voulu vivre en nous proposant ces épreuves. Nous examinons nos réactions face à elles, les voies de résolution ou d'évitement que nous avons choisies, les conséquences que cela a produit sur notre vie. Il n'existe aucun jugement en cela, ni en bien ni en mal, simplement de l'intérêt en observant cette expérience si enrichissante. Nous la voyons, nous la comprenons, nous la ressentons, mais elle ne nous affecte pas. Tout au plus pouvons-nous constater le temps écoulé à souffrir ou à jouir de la vie, en fonction des choix que nous avons faits au long du chemin. Et la considération de ce facteur temps disparaît même lorsqu'on élève encore notre rythme vibratoire, car nous comprenons alors que rien n'est ni grave ni important et que tout trouve parfaitement sa place dans la perfection de la création, dans les rythmes et les flux harmonieux de ses multiples dimensions. Toutefois, nous sommes aussi conscients que rien ne remplace l'expérience, car si l'intention a une force, le vécu en a une autre qui vient la compléter, et c'est ce qui motive notre envie d'incarnation et d'expérimentation.

C'est à ces niveaux, entre le Cœur et l'Âme, que nous identifions les autres acteurs qui ont participé à interpréter la pièce à nos côtés. Nous ne les identifions plus par le rôle qu'ils y ont joué mais par leur être, nous reconnaissons leur prestation et le fait qu'ils aient accepté d'être un protagoniste dans notre pièce, qui l'ami, qui l'ennemi, qui le proche, qui le collègue, qui le bourreau… pour nous permettre de vivre l'expérience choisie.
Nous leur sommes infiniment reconnaissants qu'ils aient accepté d'y participer.

Ce processus déclenche en nous une reconnaissance et un amour infinis pour notre être profond et les êtres autour de nous, reflets de nous-même, pour les guides qui nous ont aidé à franchir cette étape et à nous libérer. Nous sommes emplis d'une immense gratitude envers la Vie, d'admiration, d'émerveillement, de reconnaissance.

Faisant cela, nous dissolvons tout le karma généré lors des incarnations parallèles durant lesquelles nous n'avions pas résolu cette épreuve.

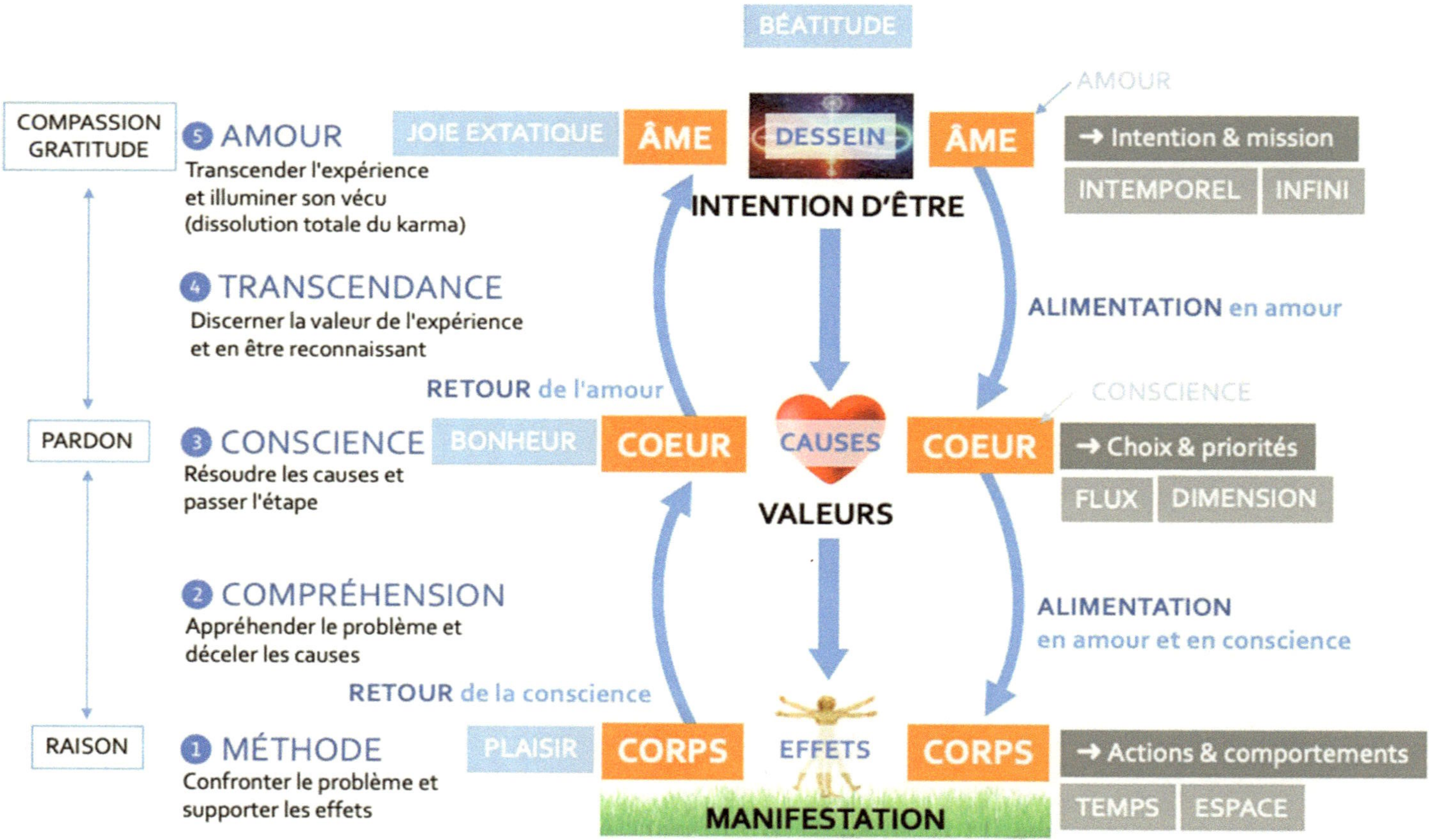

Figure 11 : les niveaux de résolution de nos difficultés ②

Voici donc représentés les différents niveaux de la résolution des grandes épreuves de la vie. Mais ce modèle s'applique aussi au quotidien pour faire des choix et résoudre des problèmes plus habituels.

En effet, lorsque nous rencontrons une difficulté, plusieurs solutions s'offrent à nous pour la surmonter : certaines ont bien fonctionné pour un proche, d'autres pour un voisin, d'autres encore pour un collègue de travail, mais nous ne savons généralement pas laquelle choisir, car nous n'avons aucune idée de la hiérarchisation de ces solutions ni de celle qui nous convient le mieux en fonction du but à atteindre.

Prenons l'exemple tout simple de quelqu'un qui voudrait faire de l'exercice mais qui a du mal à s'y mettre. Chaque fois qu'il essaie de se persuader de commencer, ou de continuer, il y a toujours une bonne excuse qui fait qu'il ne poursuit pas son entraînement. Du coup, il se demande comment faire.

Pour s'aider dans sa démarche :

– Au premier niveau, il peut trouver une technique rigoureuse qui le mettra dans une routine d'entraînement régulier et l'aidera à surmonter ses blocages – sans les identifier ni les résoudre.

Cela fonctionne bien, mais le moindre arrêt de la routine risque de s'avérer définitif, et il sera nécessaire de remettre en place une nouvelle routine à chaque période de sa vie où il voudra s'entraîner, car ce qui provoque la procrastination n'aura pas disparu. En gros, la technique permet de se forcer en contournant le blocage.

– Au second niveau, il cherchera à identifier les freins qui le bloquent et font qu'il rechigne à s'entraîner.

Cette approche de type psychologique va lui permettre d'identifier les influences et les événements qui ont agi sur sa disposition à bouger et la situation inconfortable dans laquelle il se ressent lorsqu'il fait du sport. Si son travail intérieur est réel et profond, il réussira à comprendre, à accepter, éventuellement même à pardonner à ceux qui l'ont contraint, à reconnaître qu'ils ont pu eux aussi avoir des problèmes qui expliquent pourquoi ils se sont comportés de cette façon avec lui, à déculpabiliser (ce n'est pas moi le problème).

– Au troisième niveau, il se motivera directement à la source en ayant conscience de l'épanouissement que lui procure son entraînement et à quel point il lui fait du bien.

Cela lui permettra une vision périphérique avec un nouveau regard sur le sport et le mettra dans l'amour de bouger son corps, de libérer son esprit, il ressentira le plaisir provoqué par les endorphines et le bien-être d'un corps en pleine forme physique. L'énergie qu'il devra fournir ne sera plus déployée pour « aller faire du sport », c'est-à-dire à se forcer, à lutter contre, mais bien pour persévérer et accroître sa forme et sa performance. Cette nouvelle approche du sport lui apportera du plaisir et un regard plus clair sur les attitudes de ceux qui l'avaient figé dans la situation précédente, il n'aura plus le sentiment d'appartenir à leur système, mais s'en sentira libéré, paisiblement, comme s'il s'agissait d'agents étrangers qui ne le touchent plus.

Et en prenant conscience de la causalité, de la cause de nos problèmes, de nos peurs, de nos difficultés, de nos faiblesses, de nos pensées limitantes, nous nous octroyons le pouvoir de les faire disparaître définitivement et de modifier radicalement notre vie. Nous acquérons le pouvoir de changer de niveau de jeu et de passer à la prochaine étape.

Ce principe d'application à 3 niveaux (ou 5 pour profiter de l'épreuve pour s'élever) pour résoudre nos difficultés et exprimer l'Amour est transposable à la plupart de nos circonstances de vie : travail sur soi, élaboration d'un projet, éducation des enfants, construction d'une habitation, agriculture biologique, production artisanale, commerce équitable, etc.

Nous parlons ici de préférence de ce qui est réalisé à échelle humaine, car il s'agit d'un processus d'évolution profondément humain.

En revanche, il est difficilement applicable à tout ce qui est fait de façon industrielle et mécanique, car le stade de la conscience n'est que rarement sollicité dans la recherche de productivité et de gain financier – les motivations d'action étant en général diamétralement opposées à la révélation du pur Amour.

En effet, résoudre nos difficultés revient à nettoyer notre prisme intérieur pour laisser mieux circuler l'Amour en nous, à nous laisser traverser par davantage de lumière, à devenir plus lumineux, plus léger, plus joyeux, plus heureux.

Chaque niveau de résolution d'une épreuve permet une palette d'expression représentée dans la figure suivante :

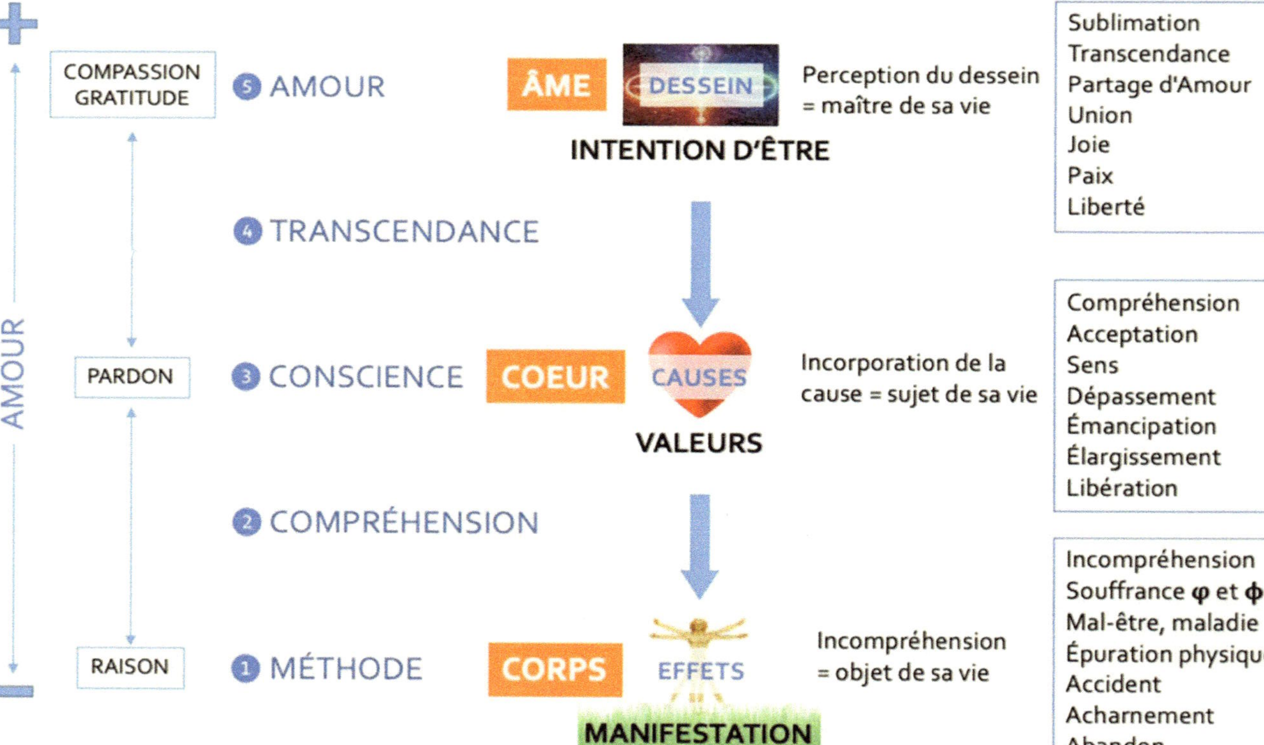

Figure 12 : ce qu'il nous est possible d'exprimer
selon le niveau auquel nous choisissons de résoudre nos difficultés

LE TEMPS DE LA SIMPLIFICATION EST ARRIVÉ

Nous venons de le voir, quelqu'un qui veut comprendre le manque d'amour survenu à l'origine de son existence ne peut y accéder pleinement s'il se contente d'analyser les *effets* que ce manque a provoqués en lui dans chacune des situations vécues. Allons plus loin : de nos jours, lorsqu'il parvient à augmenter son niveau de conscience et à accéder aux *causes*, il ne lui sera pas non plus nécessaire de travailler sur chacune d'entre elles, inlassablement. Car il est une grande et bonne nouvelle : aujourd'hui, du fait notamment d'un certain nombre de facteurs et d'influences telluriques et cosmogoniques en conjonction, le niveau de conscience collectif de l'Humanité a augmenté. Du coup, il nous est maintenant possible de « prendre des raccourcis », sans plus nous astreindre à suivre des années de thérapie pour ôter une à une chacune des couches d'oignon de nos problématiques.

Comme pour la parabole de l'arbre, en prenant simplement conscience de notre être et de sa pleine dimension qui va bien au-delà de la matière tangible, nous pouvons maintenant nous permettre d'ignorer la complexité de notre système de vie pour guider notre esprit directement à la source, à l'origine des choses, sans faire appel à l'analyse rationnelle de chaque strate intermédiaire et au raisonnement limitant. Nous pouvons sauter par-dessus l'obstacle pour atteindre directement le but, l'origine et l'intention de ce que nous vivons. C'est à la fois bien plus rapide et bien plus puissant !

Comment, me direz-vous ?
Déployez votre intuition. Ayez confiance. Ouvrez-vous.
Laissez les idées se frayer un chemin en vous et venir jusqu'à votre conscience. Acceptez l'idée de votre connexion au tout et vous trouverez les réponses.
Si vous cherchez, vous trouverez.
Ne mettez pas de freins, acceptez. Faites-vous confiance.

Ne soyez pas déterministe, lâchez le contrôle, laissez venir à vous les idées.

Laissez votre mental de côté, prenez du recul et ne laissez pas non plus les émotions vous envahir.

N'ayez aucune attente. Soyez simplement à l'écoute, ne projetez aucune idée.

Quel que soit votre problème, il y a toujours, toujours, une réponse, une solution faite pour l'Amour.

Une fois ce premier stade d'acceptation, cette première étape assimilée, vous pourrez mettre en application les techniques de résolution que je vous propose plus loin (voir en 3ᵉ partie).

Et lorsque vous aurez ressenti en vous-même, par vous-même, que l'origine de toutes vos souffrances, de toutes vos difficultés, de vos peurs, de vos faiblesses, de vos blessures, est le manque d'Amour, vous cesserez de culpabiliser, de vous en vouloir, de vous voir de façon négative. Vous cesserez même d'en vouloir aux autres, qui vivent eux aussi leurs propres difficultés et ont chacun leur propre chemin de progression qu'ils parcourent comme ils le peuvent. En progressant dans la désidentification, vous serez même capable de ressentir que chaque chose est à sa place, que vous êtes à votre place, que les autres sont à leur place, que les épreuves vécues ne sont pas *contre* vous, mais *pour* vous, pour vous permettre de progresser, d'acquérir du discernement, de l'amour, de l'énergie, et de franchir des portails d'évolution. Vous accepterez car vous le sentirez intimement, que ces épreuves soient de formidables opportunités de transformation, de transmutation d'énergie sombre en énergie lumineuse, pour votre plus grand bénéfice, et celui de tous les autres.

FAUTE ET CULPABILITÉ, DES BLESSURES AUTO-INFLIGÉES

Il n'y a pas de faute. Jamais. Vous n'êtes pas coupable. Jamais. La culpabilité n'existe pas dans l'univers. Quoi que vous ayez fait, quoi que vous ayez vécu, quoi que vous ayez pensé, rejeté ou apprécié, vous n'êtes pas coupable. Quelles que soient les situations que vous avez traversées, générées ou subies, quelle que soit la façon dont vous les avez vécues, vous n'êtes pas coupable. Ce ne sont que des apparences, des circonstances mises en place par vous-même et ces autres protagonistes avec vous, pour vous permettre et leur permettre de vivre des expériences, et les dépasser. Vous n'êtes pas cet aspect limité de vous-même, ne vous identifiez pas à ce personnage. Vous êtes un être magnifique, pur, intact, brillant, merveilleux, sublime. Quoi que vous ayez fait ou vécu. Soyez-en convaincu. Désidentifiez-vous de tout ce qui provoque en vous une rupture d'avec le flux universel de pur Amour, une rupture d'avec votre être vrai, ne revendiquez plus ces expériences comme étant vôtres et qui corrompraient votre vie à jamais. La faute et la culpabilité ne vous appartiennent pas, elles ne font pas partie de vous, elles ne définissent pas celui ou celle que vous êtes vraiment. Vous êtes un être parfait. C'est celui-là votre être vrai. La seule façon pour nous de dépasser la culpabilité est l'amour. L'amour pour soi, qui mène à l'amour pour l'autre, qui mène à l'amour de tous les autres. L'amour qui rend le regard bienveillant, qui détache du jugement, qui accepte tout, éternellement. Aimez, et vous vous pardonnerez tout. Car personne d'autre que vous-même n'a le pouvoir de vous pardonner. Le pardon est un apprentissage du personnage en chemin.

Détachez-vous du personnage et accédez à l'amour de vous. Vous aurez ainsi la capacité d'aller puiser l'Amour directement à sa source pour vous en abreuver, vous n'aurez besoin de personne pour cela, vous ferez émerger l'être merveilleux qui sommeille en vous. C'est un chemin de vraie liberté et d'épanouissement.

Il s'agit là d'une démarche éminemment personnelle, que personne ne peut vous imposer. Vous seul pouvez décider de changer, de vous transformer.

Mais sachez toutefois que lorsque vous êtes prêt à affronter vos peurs, à remettre en question votre approche de la vie, à questionner vos certitudes, des circonstances puissantes apparaîtront qui vous faciliteront le chemin – souvent douloureux mais ô combien salvateur ! – de progression vers votre être intérieur, et vous accompagneront dans cette étape cruciale pour vous, pour votre évolution, pour la résolution de vos souffrances.

Imaginez… imaginez que vous êtes déjà rendu de l'autre côté de cette épreuve… que vous l'avez franchie avec succès… qu'elle n'existe plus. Ressentez le soulagement intense et la félicité radieuse qui vous envahissent, ce bien-être extraordinaire qui s'empare de vous et dilate chacune de vos cellules, chacun de vos corps… Ressentez l'énergie intense qui circule en vous, qui vous vivifie, qui vous régénère intégralement. C'est une énergie de pur Amour. Sentez-la circuler, bouillonner dans vos veines, dans toutes vos cellules ; une fois que vous vous en êtes rassasié, déployez-la autour de vous et offrez-la à ceux qui vous entourent, sans que son flux diminue pour autant…
Alors n'attendez plus pour vivre cette libération, c'est votre histoire, arrêtez de souffrir et prenez joyeusement et dès maintenant le chemin vers qui vous êtes vraiment !

Aimez la vie en vous, autour de vous, de façon naturelle, spontanée !
Intensifiez cet amour, dilatez-le, jusqu'à ce que vous sentiez votre cœur gonfler et exploser de joie dans votre poitrine ! Encore, et encore, et encore !
C'est cela la fréquence de l'Amour, où tout vous est rendu possible car vous redevenez créateur. On ne peut pas changer ce que l'on déteste, mais on peut transformer ce que l'on aime par la puissance de l'Amour.

Amour du tout, amour pour soi, amour pour l'autre, nous pouvons ressentir cet amour même si nous n'avons pas dans notre entourage une personne à aimer en particulier, en orientant notre amour vers la merveille qu'est la Vie, vers les êtres multiples et innombrables qui la composent.

C'est ainsi que nous pouvons modifier le monde, créer le monde que nous désirons : en l'aimant profondément et sincèrement, sans retenue, sans attendre de retour, en donnant simplement ce que nous sommes.

LE RESSENTI POUR ACCÉDER À NOS CHOIX AUTHENTIQUES

Nous avons abordé bien des notions évolutives destinées à nous permettre de nous transformer, à déceler en nous ce qui s'apparente à l'illusion acquise plutôt qu'à notre être vrai afin de pouvoir l'exprimer et le vivre pleinement. Toutefois, nous n'avons pas encore parlé d'une des ressources importantes dont nous disposons pour nous y aider.

Il est temps que nous abordions de façon pratique ce que j'appelle le « ressenti », ce fameux baromètre intérieur qui va nous aider dans nos choix et nos orientations.

Le ressenti est la capacité que nous possédons tous de capter une information, en dehors de toute approche mentale ou émotionnelle. C'est un superpouvoir. Il nous permet de percevoir une information et de déceler si elle est juste et adéquate pour nous, si elle nous correspond. Autrement dit, nous avons la capacité de jauger de l'harmonie entre cette information et nous-même. Non pas nous-même le personnage, mais nous-même l'être vrai et lumineux.

Ce ressenti va nous aider à faire des choix enrichissants pour nous, en nous permettant de faire la différence entre « ce que je veux » ou « ce que je crois », et « ce qui est bon pour moi ».

Il ne s'agit pas d'atteindre une vérité ni un absolu, la réponse ressentie sera celle qui correspond le mieux à ce que nous sommes dans un temps, une époque, une circonstance donnés, selon notre niveau vibratoire correspondant à notre évolution au moment où nous nous questionnons.

Il est important de comprendre que « ce qui est bon pour moi » n'est pas non plus forcément l'expérience la plus agréable ou la plus facile à vivre sur le moment, mais elle correspondra toujours à ce qui nous apportera le plus grand retour positif et qui, finalement, nous contentera le plus.

Identifier grâce à notre ressenti « ce qui est bon pour moi » peut même nous amener à choisir parfois des alternatives difficiles, pour lesquelles il nous faudra mobiliser en nous de la force de caractère, de la volonté, du courage, de la détermination, voire même de l'abnégation ou nous donner un sentiment de « sacrifice », pour dépasser notre envie première d'impulsion ou faire abstraction de la difficulté. Mais s'ils sont entrepris pour les justes motifs, ces efforts nous seront toujours reversés au centuple, soyez-en assurés.

Et c'est cela que peut nous apporter notre ressenti : la connaissance des justes motifs, des justes décisions et des justes actions – justes pour nous, pour faire fructifier notre expérience de vie.

COMMENT FAIRE POUR RESSENTIR ?

Certaines personnes entendent spontanément en eux une petite voix qui les oriente directement vers les choix qui leur conviennent le mieux. À eux par la suite de réussir à exprimer suffisamment de confiance en eux-mêmes pour suivre ces orientations, même si parfois les apparences peuvent leur sembler contraires.

D'autres utilisent des outils, des pendules par exemple, pour détecter des réponses. Mais si ces instruments ont le mérite de rassurer ceux qui les utilisent, ils ne permettent pas la pleine expansion de la conscience, car ils expriment un niveau vibratoire assez bas et peuvent souvent voiler ou fausser les réponses perçues.

Le pouls chinois et la résistance musculaire fonctionnent très bien pour obtenir des réponses, mais font appel à un auxiliaire extérieur, qui, en fonction de son état d'esprit, pourra influencer le résultat obtenu. De plus, cela suppose un certain contexte non utilisable à tous les instants.
L'activation des énergies entre les plexus des deux mains est également très fonctionnelle, mais peut s'avérer peu discrète dans un contexte habituel.

Notre époque de profonde mutation nous permet aujourd'hui de ressentir et d'identifier assez facilement les flux d'énergies en nous-mêmes sans avoir besoin de recourir à une aide extérieure, en augmentant notre sensibilité au monde de l'invisible.

Le ressenti est à l'image d'une ligne directe qui nous permet de communiquer avec notre conscience supérieure et la conscience qui nous entoure. Chaque chose est à sa place, nous y compris, et il nous est possible de nous insérer dans cette harmonie d'ensemble.
L'avantage de développer son ressenti est qu'il peut nous guider à tous les instants de notre vie, même pour les plus petites choses du quotidien, par exemple pour choisir un plat au restaurant, pour sélectionner un itinéraire, pour répondre à une lettre, pour savoir quels vêtements porter, quelle personne rencontrer, quelle réponse donner… Chaque fois, nous serons guidés vers l'option qui nous convient le mieux.

Nous allons voir comment commencer à utiliser notre ressenti en nous interrogeant sur des choix simples, de type binaire (avec des réponses de type oui/non).

Par la suite, lorsque vous aurez développé cette approche initiale, la même disposition vous permettra d'obtenir des réponses à des questions complexes, ou simplement d'écouter et de communiquer sur le chemin.

Concrètement, pour faire des choix en utilisant votre ressenti :

1 – Avant toute chose, commencez par faire le vide en vous afin d'être complètement **présent** au choix que vous allez faire. Pas besoin d'entrer en méditation profonde, assurez-vous simplement de l'alignement de votre corps physique, de sa verticalité assis ou debout, les pieds bien à plat, ancrés au sol, sans croiser les pieds ni les bras, à l'écoute de votre guide intérieur.
Pas de souci si vous devez rester allongé, alignez bien vos membres et votre colonne vertébrale, et ayez conscience du contact de votre corps avec le sol ou le matelas d'un côté, avec le ciel de l'autre.

2 – Puis placez-vous dans une posture de **neutralité** en prenant du recul sur la situation et sur votre personnage. Peu importe la réponse obtenue, vous devez accepter de ressentir ce qui est, sans idée préconçue.
Si vous n'acceptez pas ce prérequis, vous influencerez ce que vous ressentirez et la réponse n'aura aucune valeur. N'essayez pas de vous donner bonne conscience en ressentant ce qui vous « arrange ».
Pour obtenir des réponses, il faut s'éloigner du désir et de l'envie. Il n'y a pas de jugement en cela, si vous ne le faites pas, ne perdez pas de temps à essayer d'obtenir des réponses de votre être vrai, ne vous compliquez pas la vie, faites directement ce que vous avez envie de faire et vivez-en les conséquences, tout simplement.
Cette posture de neutralité est à l'image du fléau d'une balance, dont l'aiguille a besoin d'être bien centrée pour pouvoir peser correctement ce qui sera posé sur ses plateaux. Votre neutralité

fera de vous ce fameux baromètre intérieur dont nous avons parlé plus haut.

3 – Après vous être assuré de votre posture de neutralité afin de ne pas influencer la réponse à vos questionnements, placez-vous dans une attitude de totale **acceptation**. Éloignez-vous de toute peur ou toute appréhension, n'anticipez rien, ne projetez rien, écoutez et soyez disponible à ce qui vient.
Cela signifie une ouverture et une écoute telles que vous êtes prêt à accepter la réponse obtenue, quelle qu'elle soit, même si celle-ci ne vous arrange pas.
D'ailleurs, vous pouvez être sûr que si la réponse vous dérange, c'est que c'est votre personnage qui se manifeste – et non pas votre être vrai qui est celui qui vous suggère cette réponse en sachant que c'est la meilleure solution pour vous.

4 – Une fois la présence, la neutralité et l'acceptation acquises, commencez par « **étalonner** » votre instrument de mesure personnel. Il s'agit de détecter la subtile différence entre une proposition « vraie » et une proposition « fausse ».
– Énoncez plusieurs proposition simples, neutres et non « engageantes », pour commencer à valider votre ressenti : une proposition vraie suivie d'une proposition fausse. Par exemple, dans mon cas : « Je m'appelle Véronique » / « Je m'appelle Adèle ». Ou encore : « J'habite à Montréal » / « J'habite à Lyon ». Ne choisissez que des propositions claires et sans équivoque pour bien différencier ce qui est « juste » de ce qui ne l'est pas.
– Dans un premier temps, dites ces phrases à haute voix pour simplifier le processus. Par la suite, lorsque vous aurez développé votre ressenti, vous pourrez formuler vos propositions silencieusement.
– Prononcez-les sur un ton neutre et équivalent pour les deux propositions. Ce n'est pas le ton ou la modulation de la phrase

que l'on cherche à sentir, mais l'harmonie qui se dégage d'une proposition vraie ou juste.

Avec votre attention soutenue, vous allez ressentir les sonorités, les échos, les vibrations, l'harmonie ou l'absence d'harmonie de ces annonces.

Vous aurez ainsi validé comment s'exprime la « juste » voie pour vous.

Il est préférable de répéter chaque fois cette étape de test, car notre ressenti peut fluctuer d'une fois sur l'autre en fonction de notre état d'esprit, de notre rythme vibratoire.

5 – Concentrez-vous sur le sujet qui vous intéresse.

Si le sujet vous touche directement, une des premières questions à vous poser en général sera : « Je veux changer » / « Je ne veux pas changer », ou l'équivalent. Ne soyez pas surpris si la réponse est « je ne veux pas changer », c'est souvent le cas, car notre personnage (notre inconscient diraient certains) nous incite à maintenir ce qui nous constitue, même si cela est douloureux et impossible à vivre. Par exemple, si vous vous posez cette question : « cette situation me fait culpabiliser » et « cette situation ne me fait pas culpabiliser » et que la réponse est positive, posez-vous vraiment la question de savoir si vous voulez changer ou pas pour en sortir. La culpabilité nous rattache à un système de reconnaissance souvent complexe, dont il nous est possible aujourd'hui de démêler les fils assez simplement.

Si votre ressenti vous indique que vous ne voulez pas changer, soyez présent à ce fait, acceptez simplement votre résistance au changement en toute humilité, prenez-en conscience sans justificatif ni narratif.

Tentez si possible de sentir ce qui vous bloque, en restant neutre et sans jugement : une personne, une situation, une action… Utilisez votre ressenti pour cela, sans recourir à votre mental.

Une fois ce travail sur vous réalisé – cela peut être très rapide, moins d'une minute peut suffire à prendre conscience que c'est vous-même qui bloquez votre évolution, et dans quelle situation plus précisément – reformulez les affirmations « je veux changer »/« je ne veux pas changer ». Si la réponse est toujours négative, approfondissez votre travail intérieur. Si elle est vraie, vous pouvez passer à la suite.

Ces premières étapes peuvent sembler longues et fastidieuses à réaliser, mais à force de pratique, elles seront atteintes en quelques instants et deviendront comme une seconde nature, instantanées dès lors que vous déciderez de vous placer dans cette attitude de réception.

6 – À la suite de quoi, vous pouvez formuler les options du choix que vous devez réaliser, par exemple en énonçant : « je vais faire cela », puis : « je ne vais pas faire cela » (« cela » est bien sûr à contextualiser à votre choix).
Il est important au départ d'énoncer des choix simples et binaires dont la réponse sera « oui » ou « non ».
Évitez les questions ouvertes de type : « que va-t-il m'arriver ? », car cela requiert d'autres compétences de l'ordre de la clairaudience ou de la clairvoyance, que vous acquerrez plus tard en développant votre ressenti – eh oui, tout le monde peut y arriver !

Écoutez, ressentez la vibration de la parole et la sensation ressentie en énonçant les différentes propositions. Ressentez l'option qui vous met le plus à l'aise, qui vous détend, qui vous fait vous sentir bien. La réponse est subtile, elle est dans la sensation ressentie, pas dans l'intellect ou la logique, ni dans la pensée commune (mais voyons, à ta place, tout le monde ferait cela…).
Il s'agit pour vous de sentir l'harmonie qui existe entre la proposition et vous-même, entre la proposition et ce qui vous entoure.

Pour que cela fonctionne bien, il faut tenter de rester aussi simple et factuel que possible, un élément à la fois, en énonçant des choix binaires (oui/non) qui peuvent se compléter en plusieurs étapes. Si plusieurs possibilités se présentent à vous, formulez-les une par une.

Par exemple, si je dois choisir un nouveau travail parmi trois propositions et que j'ignore laquelle présente un potentiel d'évolution et d'épanouissement supérieur pour moi – au-delà des choix logiques et des idées reçues – en écartant de moi toute inquiétude et incertitude, mais au contraire, en me plaçant dans un état de paix et de confiance, je peux dire à haute voix : « je vais travailler chez X », puis « je vais travailler chez Y », puis « je vais travailler chez Z », vous pouvez même ajouter : « je ne vais travailler chez aucune de ces compagnies ». Une ou plusieurs de ces propositions provoquera une réaction en vous, la ou les autres seront inconsistantes ou désagréables, vous pourrez ressentir une détente ou une tension, une ouverture ou une fermeture en fonction de ce qui vous convient ou ne vous convient pas. Ce qui est bon pour moi vibre différemment et m'indique le chemin à suivre, le choix à réaliser.

Une fois que j'ai senti la voie la plus harmonieuse avec ce que je suis et ce qu'il m'est donné de vivre, je peux compléter cette affirmation en proposant de nouvelles options : si j'ai senti par exemple qu'il était juste pour moi d'aller travailler pour la compagnie X : « j'accepte le salaire que X me propose », puis : « je négocie un autre salaire ». Si je ne ressens vraiment aucune réponse, je peux nuancer ma question, par exemple : « j'accepte le salaire que X me propose maintenant, mais en négociant une augmentation sous quelques mois ». Si vous vous sentez à l'aise ainsi, vous pouvez ensuite essayer de ressentir sous quel délai, la fourchette de prix qui correspond au salaire que je peux obtenir, etc. À la fin du processus, je peux reformuler l'ensemble des réponses et voir si la formule est épanouissante pour moi lorsque je l'énonce, ou si je dois compléter ou moduler mon affirmation.

Bien sûr, il vous reste encore à réaliser ensuite l'action de ce que vous avez identifié, ici à choisir et négocier ce nouveau travail.

Il est alors important que vous restiez centré sur ce que vous avez ressenti, de façon assertive et confiante. Si vous doutez de vous et de ce que vous avez senti, ce sera évidemment plus compliqué de réaliser cette action qui est pour vous la plus bienfaisante. Car même si en théorie elle vous est offerte, vous créerez vous-même des écueils afin de vous enseigner par exemple la confiance en vous.

Donc, en résumé, pour exercer votre ressenti et accueillir la sensation, et devenir votre propre instrument de mesure :

– État de présence, de semi-méditation et de disponibilité, d'écoute et d'ouverture ;

– Aussi neutre que possible, afin de ne pas induire la réponse (sinon ça ne sert à rien, autant faire ce dont on a envie dès le départ) ;

– Attitude d'acceptation de la réponse, quelle qu'elle soit. Non jugeant et acceptant de ce qui se présente – même si la réponse ne m'arrange pas ;

– Tester le processus sur une « évidence » pour valider le ressenti du « oui » et celui du « non » ;

– Écarter les résistances au changement ;

– Énoncer la ou les propositions – à haute voix dans un premier temps – sentir les sonorités, les échos, l'harmonie de cette annonce.

C'est ainsi qu'à force de pratique, vous affinerez par vous-même votre propre procédure de choix.

Notre libre arbitre nous permet ensuite de choisir ou de ne pas choisir la réponse que nous avons ressentie.

Attention toutefois à ne pas tenter d'influencer la vie d'autrui en exerçant sur les autres votre propre outil décisionnel. Nous l'avons évoqué, la vérité n'existe ici-bas que de façon conditionnelle et partielle. S'il vous est effectivement possible de ressentir toute chose en ce monde, cela ne fonctionnera pas si vous utilisez cette capacité pour prendre le pouvoir sur l'autre sans respecter son libre arbitre. Votre ressenti ne sera alors plus que celui de vos fantasmes, sans aucune neutralité, sans aucune réalité.

Si vous voulez malgré tout les aider, je vous suggère avant toute chose de vous placer dans une attitude de profond respect et de reconnaissance pour leur être, de détachement, et de grande bienveillance.

DEUXIÈME PARTIE
ALIGNER L'ÊTRE ET LE PERSONNAGE

VISER LA COHÉRENCE DE L'EXISTENCE

Que signifie pour vous être cohérent, ou vivre en cohérence ? Avez-vous le sentiment que c'est ce que vous vivez au quotidien ? Ressentez-vous l'harmonie qui anime et fait résonner votre vie en tous lieux et dans chacun des moments de votre journée ?

Être cohérent signifie que nous alignons nos intentions, nos choix et nos actions. Autrement dit, que nous alignons les niveaux de notre Âme, de notre Cœur et de notre Corps. Et au niveau de notre Corps, que nos corps physique, mental et émotionnel sont eux-mêmes harmonisés et en cohérence.
Nous exprimons alors véritablement ce que nous sommes au fond de nous, ce qui nous comble et correspond le mieux à qui nous sommes.

Ce sont les compromis, les renoncements à ce que nous aimons, à ce qui nous tient à cœur, à nos valeurs, à ce que nous sommes vraiment, c'est l'oubli de soi qui brise l'harmonie de cet alignement que nous exprimions tous naturellement à la naissance.
Pour bien comprendre ce que j'exprime par « être aligné », imaginons l'inverse, un décalage, par exemple des cylindres non alignés, décalés l'un par rapport à l'autre. Lorsqu'on y verse du liquide, la majorité coule à côté, bien peu y pénètre.

Pour l'alimentation en énergie d'Amour, c'est le même principe.

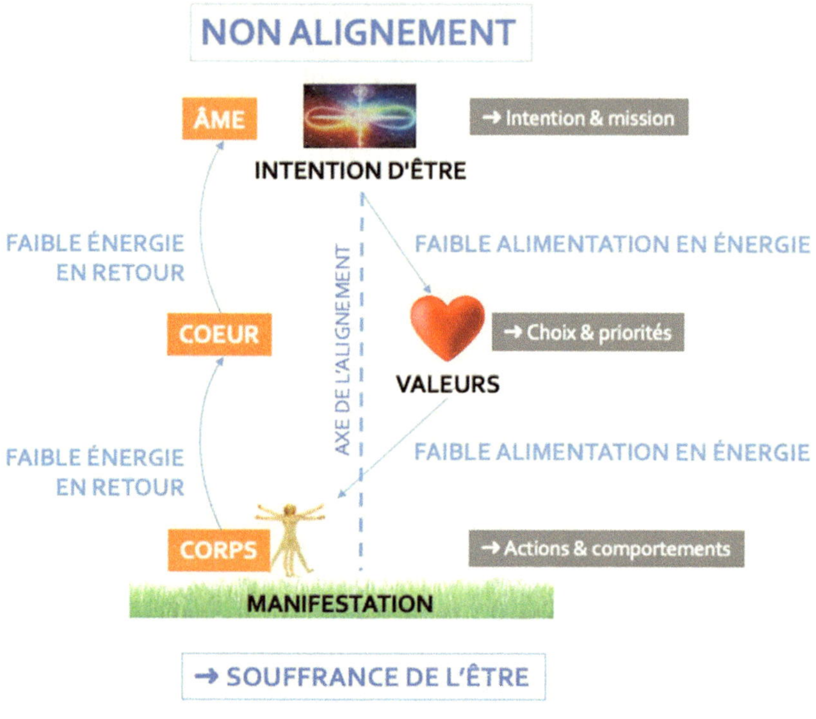

Figure 13 : le non-alignement

Lorsque nous ne vivons pas en cohérence avec notre inspiration et nos valeurs, nous ne sommes pas alignés avec notre être profond, nous perdons beaucoup de l'énergie qui nous est transmise, et nous ne pouvons pas en retour alimenter notre structure spirituelle qui s'appauvrit et crie famine. Nous diminuons le flux qui nous alimente. Comprenez que ce n'est pas l'alimentation en énergie qui diminue, c'est bien notre capacité à le recevoir qui est atténuée. Nous nous sentons comme densifiés, « condamnés » à vivre au niveau le plus matériel de notre être, la vie n'a pas d'issue heureuse. Nous avons perdu le sentiment de notre connexion au tout, nous n'avons plus accès à notre intuition et à notre conscience. Tout se passe comme si nos expériences vécues n'avaient pas de sens, subies passivement, sans raison. Nous nous sentons victime des circonstances, à l'image d'un bouchon emporté par les flots d'un fleuve, sans pouvoir modifier en rien le cours de notre vie et de notre destin, ballottés par les vagues et soumis aux courants et aux rapides, frappant à droite et à gauche contre des rochers, subissant les aléas et les vicissitudes de la vie comme si elle nous était contraire. Nous perdons notre expression positive et laissons émerger des émotions et des traits de caractère qui nous consument et nous éloignent encore davantage de notre être réel. Nous devenons aigris, anxieux, déprimés, découragés, nous pouvons tomber malades.

Le non-alignement provoque la souffrance en nous. Nous le verrons plus loin, c'est de cette dissociation d'avec notre être vrai qu'émergent tous nos maux, qu'ils soient des mal-être, des maladies, des circonstances malheureuses…
Pour retrouver l'alignement et l'équilibre et viser l'épanouissement, nous l'avons vu, il nous faut prendre du recul par rapport à nous-même pour nous réapproprier ce qui est enfoui au plus profond de nous et le laisser réapparaître. C'est ce que nous essayons de faire lorsque nous pratiquons la méditation, par exemple. Mais la méditation n'est qu'une étape, un soulagement momentané, nous devons ensuite accepter certaines prises de conscience pour, petit à petit, réaligner et redresser notre structure spirituelle. Admettre qu'on a pu se tromper. Reconfigurer notre vision du monde.
Nous l'avons vu, c'est une démarche que personne ne peut nous imposer, il s'agit d'un choix éminemment personnel.

C'est l'alignement qui va nous permettre de profiter au maximum de l'énergie et de l'impulsion que nous fournit notre Âme, et de la nourrir en retour afin de nous en alimenter à nouveau. Et ainsi de suite dans notre cycle de vie.

L'ALIGNEMENT,
EXPRESSION DE LA COHÉRENCE DE L'ÊTRE

L'alignement Âme/Cœur/Corps permet l'expression la plus intense de soi. Il conduit à cumuler plaisir, bonheur et joie immanente. Il permet la plénitude de l'être.

C'est aussi cet alignement entre ce que nous sommes et ce que nous exprimons, entre notre être vrai et le personnage, qui génère la rétroaction la plus puissante, qui fournit le flux d'énergie le plus intense pour nourrir en retour notre Cœur et notre Âme du fruit de nos expériences. Nous sommes en accord profond avec notre mission de vie. Et plus nos expériences sont réalisées en accord avec ce qui nous fait vibrer au plus profond de notre être, et plus la satisfaction est puissante et intense.

C'est ce qui permet à l'Amour de circuler pleinement en nous. L'Amour de soi, en premier lieu, pour prendre le plein essor de notre être.

Le partage de cet Amour ensuite, pour retrouver la connexion profonde qui existe entre nous et tous les êtres, avec l'univers. Car le secret est là : pour vivre le plein Amour, il est indispensable de s'aimer soi-même en premier lieu. Nous ne pouvons donner que ce que nous sommes. Il ne s'agit pas de s'aimer de manière égoïste ou égocentrique, tourné vers l'admiration stérile d'une image de soi, en ne donnant qu'à soi-même et en niant le monde autour de soi. Bien au contraire, le vrai amour de soi nous permet de faire d'abord pour nous, d'enrichir notre expérience, afin de pouvoir donner au monde ce que nous sommes, d'offrir et de partager la merveille que nous sommes – car oui, au-delà de nos apparences, nous sommes tous des êtres merveilleux ! (Je n'en dirais pas autant de nos personnages…)

Le véritable Amour entre deux personnes permet pleinement l'expression de l'être, de chacun des êtres, sans renoncement, ni disparition, ni fusion des individus. Il ne s'agit pas de combler des vides à deux, mais de partager des pleins. On voit souvent des couples qui se rassurent mutuellement en emboîtant l'un dans l'autre leurs peurs et leurs problématiques pour se sentir complets, à la façon de pièces de puzzle[21]. Ce n'est pas ainsi que s'opère la fusion des âmes : l'union est la résultante au niveau le plus subtil de chacune des expressions individuelles, pleines et indépendantes. Et pour qu'elle s'opère, chacun doit être « entier » et aligné, exister par lui-même, s'affirmer, ne pas s'oublier en l'autre ni se fondre en l'autre. C'est sur la base de cette assise verticale que peut s'opérer le miracle de l'harmonie, quand deux âmes vibrent à l'unisson. Mais avant de parvenir à cela, il nous faut donc être nous-même parfaitement aligné, c'est-à-dire que notre personnage devienne transparent pour laisser complètement émerger notre être.

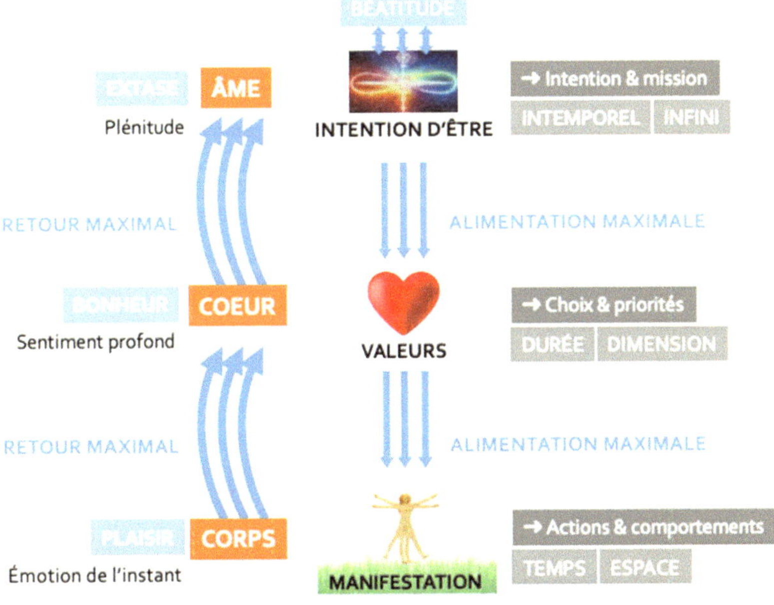

Figure 14 : alignement, pleine circulation d'énergie et satisfaction

[21] Casse-tête en français du Québec.

L'alignement permet donc la pleine circulation de l'énergie d'Amour en nous. Il correspond à cumuler toutes nos facultés, toutes nos capacités, toutes nos compétences pour vivre chacun des instants de notre vie. Il nous amène à ressentir une joie intense, une satisfaction profonde, un épanouissement rayonnant, une stabilité inébranlable.

Un alignement profond permet même, au-delà encore de l'extase, d'expérimenter la béatitude.

La satisfaction provoquée par l'alignement n'est pas réservée au seul plaisir sexuel, même si elle s'y applique. Elle correspond également à toutes les réalisations ordinaires ou extraordinaires de notre vie, du moment que nous apportons cette cohérence, ce « supplément d'âme », à nos actions. Nous vivons alors les choses plus intensément, avec plus d'éclat, nous délectant des petits riens du quotidien, nous émerveillant des beautés de la vie et nous emplissant de gratitude pour tant de bonheur. Bien sûr, pour l'immense majorité d'entre nous, nous ne sommes pas de grands sages réalisés ayant tiré la majorité des enseignements de cette vie. Nous sommes simplement des femmes et des hommes ordinaires, et c'est bien ainsi.

Donc il s'agit pour nous de rester bien ancrés les pieds sur terre, mais en nous « éclatant » dans ce que nous faisons, en profitant de chaque instant, quoi que nous fassions. De vivre notre vie habituelle, mais en mieux. D'en retirer l'essentiel et de nous en nourrir, de déceler la beauté et l'harmonie en toutes choses, de nous émerveiller, de vibrer intensément, sans nous laisser leurrer par l'apparence et le superflu. Beau défi, n'est-ce pas ?

LA STRUCTURE HOLISTIQUE DE NOTRE ÊTRE

Nous sommes maintenant à même de comprendre les différents niveaux qui composent notre structure globale, ses éléments subtils et leurs caractéristiques. Du niveau le plus dense au niveau le plus éthéré, nous avons tous, un jour ou l'autre, fait l'expérience de ces différents échelons de notre être.

Le schéma d'existence de l'être proposé ici nous permet également d'apporter des réponses simples et claires à des problèmes insolubles, tels ceux posés par la « science sans conscience », ou de mettre des mots et d'apporter des éléments de compréhension à des notions floues que nous ne savions pas définir.

Mon objectif en vous présentant cette structure amont, subtile, spirituelle, celle qui préside à nos actions et les précède, est que vous puissiez l'identifier clairement afin de comprendre pourquoi et comment nous agissons. Comprendre pourquoi certaines choses fonctionnent ou pas, nous font plaisir ou pas, nous satisfont ou pas, quels mécanismes se mettent en place selon notre façon d'aborder nos expériences quotidiennes ou extraordinaires. Pourquoi le raisonnement logique ne résout pas les problèmes existentiels de notre vie et ne nous remplit pas de bonheur et de satisfaction, pourquoi l'émotivité ne peut remplacer l'émotion profonde et vibrante.

Ce n'est bien sûr que la première étape : sortir de notre aveuglement, de notre brouillard pour rétablir notre vision sur le monde. Comprendre doit ensuite nous permettre de choisir, puis d'agir, pour concrétiser notre prise de conscience. Car pour changer, il faut agir. L'intention seule n'est rien, elle est sans effet. C'est dans l'action que nous matérialisons nos convictions.

Nous avons maintenant le schéma général de fonctionnement de la structure subtile de notre être. Il est nécessaire dès lors d'examiner quelles contraintes lui sont appliquées.

LE BOCAL À POISSONS

Nous ne nous en rendons généralement pas compte, mais nous vivons comme dans un bocal clos.

Le bocal est le monde tel que nous le percevons, notre fameuse vision du monde. Il représente les systèmes de société dans lesquels nous existons, nos automatismes, nos acceptations de la pensée rationnelle et standardisée. Notre éducation, notre culture, notre religion, notre état de santé ou celui de nos proches, notre situation socio-financière ou professionnelle, le contexte dans lequel nous évoluons, bref, toutes les contraintes auxquelles nous sommes soumis érigent et referment les parois de ce bocal autour de nous.

Et qu'il s'agisse d'adhérer à ces systèmes contraignants ou de les rejeter, ne change en rien le fait d'évoluer dans un bocal. Nous en sommes captifs.

Ce bocal est notre limite. Nous sommes comme des poissons qui évoluons plus ou moins librement à l'intérieur de cette bulle transparente et relativement insoupçonnée.

Cette bulle englobe tous les niveaux de notre Corps jusqu'à notre Cœur, et nous isole en grande partie de notre être subtil, constitué par notre Cœur et notre Âme.

Certes, nos actions continuent de fournir faiblement de l'énergie à nos corps subtils. Mais la plus grande partie de notre part immatérielle se retrouve privée d'alimentation et affamée, occupés que nous sommes par nos activités quotidiennes très terre-à-terre, le non-respect de nos valeurs profondes et la non-conscience de qui nous sommes vraiment.

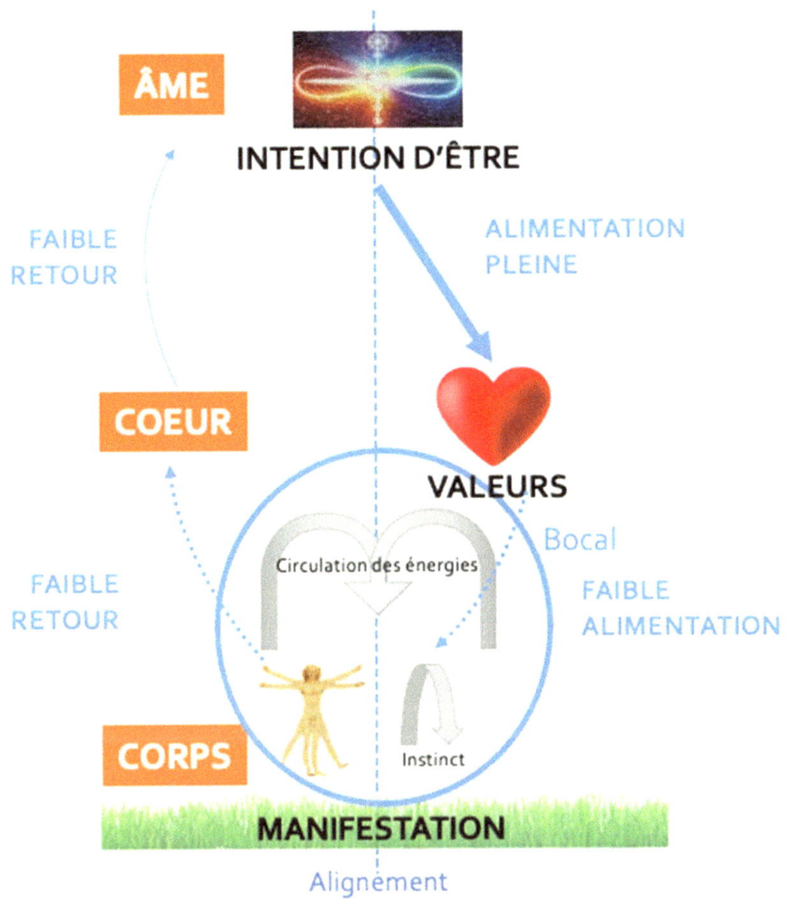

Figure 15 : le bocal et le non-alignement

Cet état est accentué par notre méconnaissance de notre réalité subtile, et le refus culturel, voire la peur de tout ce que n'est pas scientifiquement prouvé.

Existe pour nous ce en quoi nous croyons, et uniquement ce en quoi nous croyons : le fait de n'attacher de réalité qu'à ce qu'on peut toucher rend inconsistant tout le reste et le rend inaccessible, de l'autre côté de la paroi du bocal. Voilà pourquoi le processus d'évolution vers l'intégralité de notre être passe par un mouvement de confiance et de foi.

Cela ne signifie pas qu'en niant une partie de notre être, nous ne puissions pas accéder aux valeurs sincères de notre Cœur, ou à notre intention d'être en tant qu'Âme. Cela signifie que nous n'y accédons que partiellement, par moments, pas à la totalité mais seulement aux éléments que nous avons déjà identifiés, et que ces fondamentaux subtils sont décorrélés de notre vie quotidienne. **Notre être et notre personnage évoluent tels deux personnalités distinctes**.
Le fait de vivre non aligné avec qui nous sommes vraiment revient à évoluer dans un bocal qui nous isole, nous affame et nous laisse insatisfaits.

Selon notre niveau de conscience, d'instruction, d'ouverture, il peut exister un grand espace et beaucoup de chemin à parcourir à l'intérieur de ce bocal. Ils s'enrichissent régulièrement de nos décisions de valeurs, individuelles et collectives, de notre bien-veillance, de notre solidarité, de nos partages, de nos dons, de nos apprentissages bienveillants. Ou s'appauvrissent tout autant de nos négligences, de nos compromis et de nos refus, voire de nos intentions de nuire, de nos lâchetés et de nos rejets des autres.

Comment cela se passe-t-il ?
Nos prises de conscience nous permettent d'évoluer au sein de ce bocal, d'y flotter plus ou moins haut, de monter, de des-cendre, suivant que nos succès ou nos échecs personnels ou collectifs vont conforter ou déstabiliser notre système de valeur.

Nous nous identifions à notre personnage et ne faisons que rare-ment appel à notre essence même. Nous vivons notre vie quotidienne tiraillés par les échéances, les besoins artificiels (oh ! le nouvel iPhone !), les contraintes de la société, nos soucis personnels et professionnels. Nos peurs générées par nos angoisses personnelles, les mauvaises nouvelles transmises par les médias, nos blessures, nos « échecs », notre incapacité à remarquer le beau et le merveilleux autour de nous, rapetissent le volume de notre bocal et en resserrent les parois autour de nous, nous donnant la sensation d'étouffer.

En gros, nous vivons à côté de la plaque et perdons du temps en n'étant pas heureux à chaque instant.

Lorsqu'au contraire, nous faisons le *choix* de remarquer ce qui est positif autour de nous, de nous en satisfaire, lorsque nous portons sur le monde et les êtres un regard bienveillant, compassionnel, fraternel, nous élargissons les parois de notre bocal et nous accordons plus d'air, plus de souffle, plus d'espace.

L'énergie dont nous disposons pour cela est toujours celle apportée par notre façon de vivre nos expériences, le support de nos actions, ce que nous réalisons au niveau du Corps.

LA COLORATION DE NOS ACTIONS

J'en profite pour faire un focus sur la notion de *support* des actions que nous vivons.

Selon moi, ce n'est pas tant l'action qui compte que le support de l'action. Ce support dépend à la fois de notre intention en réalisant cette action, de l'attention que nous lui portons (présence), et de notre expression – variant sur une vaste palette entre le personnage et l'être. C'est ce support qui va « colorer » l'action et induire l'énergie qui se dégagera de l'action vécue.

Prenons la phrase « je t'aime ». Nous sommes capables de prononcer ces mêmes mots en employant des supports très différents, par exemple en exprimant de l'amour, ou de l'ironie, de l'agacement, voire même de la haine. Pourtant, les mots « je t'aime » sont toujours les mêmes ; c'est le support qui change, l'intention derrière les mots.

Pour les actions, c'est la même chose. Le bon sens populaire nous dit que « c'est l'intention qui compte ». Nous ne générons pas d'énergie si nos actions ne sont que d'apparence. Ce qui compte *pour nous*, ce qui nous nourrit et génère de l'énergie qui *nous* alimentera, ce n'est pas tant, par exemple, de donner de l'argent à une œuvre de charité, que de le faire avec le juste support, pour répondre à une juste motivation, quels que soient les montants offerts. Il n'est pas important d'avoir l'air gentil, d'attirer la reconnaissance des autres ou de sembler socialement correct, car cela ne renforce que notre égo et ne nous alimente pas en énergie. Une action contestable mais alignée aura en revanche la capacité de nourrir notre être, par exemple refuser d'aider quelqu'un qui cherche à éviter ses responsabilités.

Le support de l'action est aussi celui par lequel nous vivons nos expériences.
Imaginez-vous en train de déjeuner, par exemple. Il y a tant de façons personnelles de vivre ce moment : dans le plaisir de partager un repas avec des êtres aimés, ou lors d'un repas d'affaires extrêmement contraignant durant lequel vous devez négocier un élément majeur, ou encore dans le plaisir de savourer votre met favori, ou alors que vous souffrez d'une brûlure à l'estomac ou d'un mal de ventre…
Peut-être que le plat que vous êtes en train de déguster vous rappelle-t-il ce que votre grand-mère préparait pour vous enfant, et en un instant, vous êtes transporté dans le souvenir de moments agréables et aimants, paisibles et rassurants. Ou peut-être êtes-vous en train de culpabiliser sur le fait que ce plat est trop riche et gras et que vous allez prendre du poids. Peut-être encore êtes-vous en train d'analyser sa saveur pour pouvoir le cuisiner plus

tard. Ou peut-être avez-vous la tête ailleurs, pensant à une prochaine escapade et complètement absent au fait d'être en train de vous nourrir, etc.

Ce n'est donc pas tant l'action – le fait de déjeuner – qui compte, que le contexte et l'état d'esprit dans lequel nous la vivons. À noter en passant que la nourriture n'aura pas le même effet sur notre corps en fonction du contexte.

Le support de l'action, son intention, et notre façon de la vivre sont donc ce qui colore l'action, et c'est sa résultante, l'énergie qui s'en dégage, qui remonte ensuite vers notre Cœur. Voilà pourquoi le don, la générosité ou la bienveillance ne peuvent pas rester des actes de façade, car ces qualités ne feraient autrement que remplir un rôle d'apparence sans nous fournir aucune énergie en retour pour nourrir notre Cœur et notre Âme.

DE L'INSTINCT À LA GRANDEUR D'ÂME

Au plus bas dans le bocal, on trouve l'instinct. Au plus haut, le respect de ses valeurs, mais dissocié du questionnement profond relatif au sens de sa propre existence. L'homme est un loup pour l'homme, me rappelait récemment quelqu'un qui perdait espoir. C'est vrai, s'il fait le choix de vivre au niveau de son instinct animal. En revanche, et à la différence du loup, l'homme est doté de la capacité de discernement et du libre arbitre. Tout est une question de choix. Encore faut-il, pour choisir, avoir conscience de ce qui est en jeu.

Sans travail particulier, la majorité de l'énergie reçue puis renvoyée évolue en cycle fermé dans le bocal, dans un aller-retour continuel recherche de valeurs/manifestation.

Une petite part en sort toutefois et vient nourrir notre Âme, mais indirectement, comme par ricochet.

Pour nourrir pleinement les niveaux de notre Cœur et de notre Âme, il nous faut le faire de façon volontaire, consciente. Il nous faut sortir du bocal. Et la vie nous offre à tous l'occasion de le faire, à un moment ou un autre de notre existence.

The Truman Show : lorsque Truman Burbank (Jim Carrey) découvre la limite de son univers…

Certains d'entre nous ont fait l'expérience de la finitude du bocal, jusqu'à pouvoir le percevoir ou même le toucher. C'est une sensation insupportable, d'étouffement et de compression, de limitation de l'expression de l'être. Une expression de l'absurde. Nos actions, notre quotidien, plus rien n'a de sens. Nous perdons le sens de la normalité. Et c'est une chance incroyable en même temps, car notre unique intention à compter de ce moment-là est de réussir à en sortir, à redonner du sens à ce que nous faisons, à nous retrouver.

Il s'agit d'une étape d'initiation que tous les êtres humains rencontreront au moins une fois dans leur vie.

Bonne nouvelle pour notre être !

SORTIR DU BOCAL

Autre bonne nouvelle, c'est qu'il existe de nombreux moyens de sortir du bocal. Il ne s'agit pas là d'une progression linéaire, nous pourrions plutôt parler de marches franchies et de paliers atteints. Et il n'est pas nécessaire de les franchir un à un, certains sautent allègrement plusieurs paliers d'un coup, toutes les progressions sont possibles en fonction de l'importance et de l'amplitude de nos prises de conscience.

Personne n'est oublié dans ce franchissement.

Mais chacun a le choix d'y aller, ou pas.

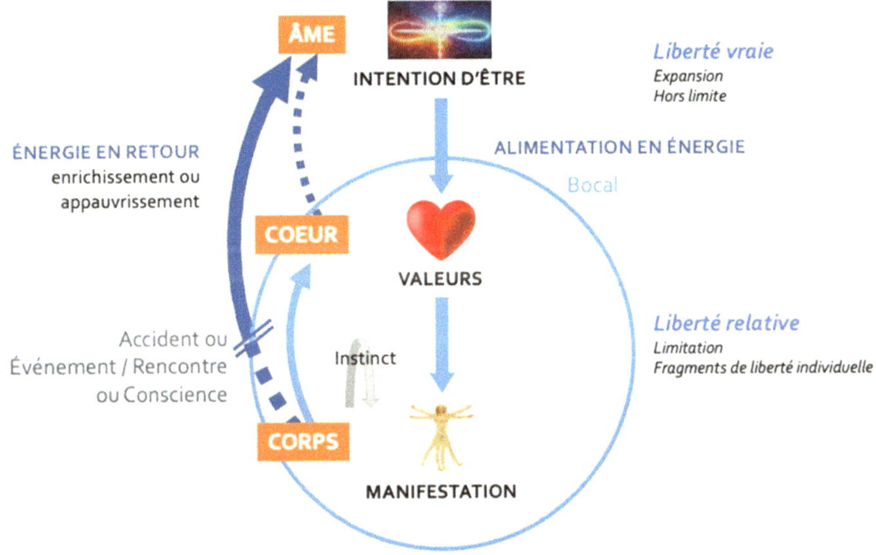

Figure 16 : pour sortir du bocal, pas de hasard…

Le bocal est fondé sur nos croyances et nos renoncements à nous-mêmes. Ceux-ci nourrissent des illusions qui nous enferment dans cette finitude. Ils sont renforcés par nos peurs et nos désirs de sécurité et de réassurance.

Le bocal est un univers en soi, mais il n'est ni le tout, ni la vérité.
Il est *notre réalité* du moment.
Le bocal nous offre l'occasion de transcender les limites.

Pour ceux qui ignorent le questionnement sur soi et poursuivent une vie sans interrogation, sortir du bocal passe généralement par un grave accident de vie ou un incident très marquant qui vient bouleverser profondément leur conception du monde et de la vie. Ces événements sont divers et variés, adaptés et appropriés à chacun d'entre nous. Ce peut être une expérience qui nous fait frôler la mort, la perte d'un proche, une grave maladie, une rupture ou un échec qui vient remettre profondément en cause nos convictions, et nous fait reconsidérer tout ce que nous prenions pour stable, vrai et acquis, ou non questionné. Ils sont des indicateurs pour rectifier une trajectoire, explorer de nouvelles orientations, expérimenter un autre chemin de vie.
Et si nous ne voulons pas comprendre et persistons dans nos comportements obtus, la vie se chargera de nous représenter d'autres événements du même acabit par la suite, de plus en plus puissants et désagréables. Mais souvenons-nous que malgré leur apparence agressive, ces événements sont fondamentalement bienveillants car ils nous offrent l'occasion d'ouvrir nos yeux sur notre réalité, de nous souvenir de qui nous sommes vraiment. La souffrance qu'ils occasionnent est à la mesure du non-alignement que nous vivons. Ces événements sont des passages initiatiques qui vont nous permettre de transformer notre personnage.

Pour d'autres, plus conscients, l'évolution peut se traduire par un questionnement puissant et exigeant sur soi, sa place dans le monde, ses valeurs, son rôle et son utilité, sa contribution, son engagement.

Sortir du bocal peut passer aussi par un événement marquant, une pratique d'élévation, ou une rencontre avec une personne qui suscitera l'ouverture et la remise en question.

J'en profite ici pour mettre particulièrement en garde chacun d'entre nous contre l'influence d'un gourou quel qu'il soit, et des précautions exagérées qu'il convient de prendre pour ne pas se choisir de maître – c'est un trait de facilité que nous avons tous plus ou moins. Peu importe qu'il s'agisse d'un maître à penser, d'un maître de méditation, ou d'un maître spirituel ou religieux. La facilité n'existe pas pour sortir du bocal. Nous sommes légitimes par nature, par essence. Si nous nous soumettons à la volonté créatrice d'un autre, nous renonçons à notre propre pouvoir créateur. Personne ne peut se substituer à nous pour comprendre et accepter, personne ne peut nous guider ou nous aider autrement qu'en nous inspirant ponctuellement et en restant discrètement sur le côté, pour un temps. Personne ne peut faire l'effort à notre place. La démarche d'émancipation de l'être doit être entreprise dans la liberté, sans influence extérieure, et sans mimétisme. Nous avons évoqué plus haut la perception de ce qui est bon ou pas pour soi, hors de tout jugement. Comprenons et décidons par nous-mêmes. Si nous restons sous influence, nous nous interdisons la possibilité de modifier les circonstances de notre vie. Pire encore, nous renforçons encore davantage les parois du bocal.

D'autres enfin, ayant beaucoup travaillé sur eux-mêmes et ayant pris du recul sur leur condition matérielle, parviendront à détecter et interpréter des signes subtils qui, grâce à leur écoute augmentée, l'attention et l'acuité portée à la perception de leur environnement, leur présence accrue, ici et maintenant, leur haut niveau de conscience, leur permettront de comprendre et de progresser. Il leur suffira alors de la vision d'une simple feuille d'arbre emportée par le vent pour déclencher en eux une cascade de compréhension. La curiosité et l'ouverture d'esprit, l'humilité et l'acceptation de son ignorance sont indispensables au processus. La gratitude également, cette attitude de dilatation de notre être dont nous avons parlé plus haut.

✱ Il existe encore une voie dont je n'ai pas parlé pour émerger du bocal et le faire disparaître : c'est celle de la découverte de son Maître intérieur. Notre corps est à l'image de la création, chacun de nos atomes contient l'intégralité du cosmos en lui. Dans le vide entre les particules de notre corps comme dans le vide de l'univers, existe la conscience et toute la connaissance.

Nous pouvons développer la faculté innée d'aller puiser l'information à la source même de la connaissance, au plus profond de nous-même.

Nous pouvons y découvrir notre prisme intérieur, l'être de lumière en nous, qui nous enseignera et nous guidera pour exprimer l'essence de qui nous sommes.

Nous nous souviendrons des processus de création par l'Amour et la Conscience. Nous nous souviendrons de la Lumière. Nous pourrons redevenir créateur.

ÉVÉNEMENTS JALONS ET ÉVÉNEMENTS INDUITS

Lorsqu'on parle d'épreuve ou de difficulté vécue, on peut distinguer deux notions pourtant complémentaires : les événements qui correspondent aux grandes étapes de notre vie, et ceux que nous provoquons du fait de nos comportements erronés et de notre vision biaisée du monde.

Dans les deux cas, seul le parfait alignement Corps/Cœur/Âme nous permet de traverser les épreuves en conservant notre état de pleine santé physique et psychique et de cheminer librement vers le bonheur et la plénitude.

Quel que soit le type d'événement, il s'agira toujours d'un apprentissage dans notre parcours de vie.

LES ÉTAPES DE NOTRE VIE (JALONS)

Ces étapes sont les grandes balises qui marquent notre parcours et notre apprentissage, notre initiation. Il s'agit ici d'événements incontournables et « inévitables ». Si par exemple nous avons programmé de vivre une grave maladie, de subir un accident ou une perte, cela ne pourra pas être évité. Ces événements sont des jalons de transformation profonde, des portails que nous devrons traverser en nous surpassant, en allant puiser au fond de nous des ressources extrêmes pour passer de la difficulté à l'Amour et retrouver la paix et le bien-être.

En revanche, la gravité de ces « épreuves » pourra être considérablement atténuée jusqu'à parfois littéralement disparaître si nous comprenons pleinement le sens de l'expérience traversée. Si la « leçon » est déjà apprise à l'occasion d'autres circonstances disséminées au cours des étapes de vie, l'expérience qui devait nous permettre cet apprentissage s'effacera d'elle-même car elle n'aura plus de raison d'être ; ou encore, peut-être persistera-t-elle, mais dans ce cas, elle ne nous touchera que superficiellement car elle n'aura plus sa cible en nous.

Par exemple, si j'ai programmé que j'allais vivre un grave accident qui me rendrait partiellement invalide et m'immobiliserait en fauteuil roulant, afin de me permettre d'apprendre la valeur de la vie intérieure, pour me conduire à l'acceptation, à la paix, et à trouver en moi des sources de joie malgré la difficulté, s'il s'agit d'un apprentissage que j'ai déjà senti d'explorer par moi-même, peut-être ne sera-t-il pas nécessaire alors que je subisse une grave invalidité : peut-être pourrai-je rapidement récupérer de mes blessures, ou peut-être même pourrai-je considérablement atténuer ou éviter l'accident en comprenant les signes précurseurs qui me seront envoyés avant qu'il ne survienne. Tout est une question de prise de recul sur notre personnage et d'écoute et d'attention aux besoins réels de notre être. Ce n'est pas la situation qui importe, c'est l'enseignement que j'en retire.

Pour autant, il n'est pas besoin de culpabiliser ou de regretter si je n'ai pas su résoudre l'étape au bon moment. L'épreuve en sera certainement plus difficile à vivre sur le moment, mais si j'accepte mon chemin de vie, il me conduira immanquablement là où je dois aller.

LES INCIDENTS DE NOTRE VIE (QUOTIDIEN)

Les incidents de notre vie sont les vicissitudes que notre personnage génère dans notre vie du fait qu'il n'exprime pas qui nous sommes vraiment. Ils sont des signes qui nous sont envoyés sous la forme de difficultés quotidiennes qui peuvent s'avérer plus ou moins perturbantes et désagréables selon notre façon de les envisager, selon notre vision du monde. Ils sont les indices de l'existence en nous de peurs, de pensées limitantes, de fausses croyances, de besoins erronés qu'il nous appartient de dépasser pour accéder à davantage de liberté et nous aligner avec notre être vrai.

Selon que j'ai un peu ou beaucoup négligé ces signes, ils se répéteront avec une fréquence et une intensité qui s'intensifieront, nous l'avons vu.

Par exemple, si dans mon équipe de travail, je rencontre toujours la même difficulté, même lorsque je change d'employeur, disons que je n'arrive pas à me faire entendre et que, quelle que soit l'entreprise qui m'emploie, je retrouve toujours face à moi le même stéréotype de personne qui rejette mes idées, il ne s'agit pas que je lutte contre cette personne, que je me force à être différent ou que je m'efface face à elle, mais bien que je travaille sur moi afin d'évincer les habitudes autodestructrices de mon personnage, ce qui me permettra de m'exprimer tranquillement, de façon assertive, et d'être entendu.

Les incidents de notre vie sont ce sur quoi nous avons le plus facilement un pouvoir créateur : notre parfait alignement avec notre être nous permet de les dépasser totalement et de ne plus y être soumis, de ne plus les rencontrer sur notre chemin.

En définitive, qu'il s'agisse d'étapes-jalons ou d'incidents, il est important de réaliser que TOUTES les maladies, TOUS les accidents de la vie qui nous touchent et nous font souffrir, sont les indices d'un dysfonctionnement de notre façon d'aborder et de comprendre la vie.

En fait, ce ne sont pas ces événements qui comptent, mais *notre façon de les vivre*, de les envisager et de les traverser. Nous l'avons dit, ces épreuves sont des apprentissages. Ce sont les enseignements que nous recevons sur notre parcours de vie. Ils sont ce qui va nous permettre de déprogrammer couche après couche nos conditionnements induits par ce que nous avons vécu depuis le stade fœtal, ou les défis d'amour que nous nous sommes donnés à résoudre lors de cette incarnation.

L'objectif est que nous réussissions à discerner le sens des épreuves, à vivre ces épreuves dans l'Amour, par l'acceptation, la compréhension, la conscience, le dépassement. Ils nous offrent l'occasion exceptionnelle de vivre une expérience transformatrice en allant mobiliser nos ressources les plus profondes, en changeant notre regard sur la « réalité » et en trouvant en nous la solution pour transcender le négatif et le transmuter en positif. C'est *guérir* dans le sens le plus profond du terme, c'est accéder à la plénitude de l'existence. Nous verrons cela en détail en 3ᵉ partie.

NOUS TRANSFORMER ET ÉVOLUER

En somme, il n'y a pas un seul chemin vers la découverte de soi. Nous l'avons vu plus haut, selon notre niveau de conscience et d'écoute, selon notre Amour pour l'être que nous sommes, selon notre fréquence et notre rythme vibratoires, nous avons la possibilité de traverser nos étapes de vie en choisissant la tonalité la plus adaptée à notre évolution, parmi une vaste palette de nuances qui vont du Corps à l'Âme.

La vie ne s'arrête pas parce que nous avons décidé de ne pas progresser. Simplement, cette progression se réalisera différemment en fonction de notre appétence ou de notre résistance à nous transformer.

Si nous plaçons notre conscience au niveau du Corps, nous traverserons nos étapes de vie au niveau le plus physique, le plus dense, dans la peine et la souffrance, dans l'affrontement, l'adversité et l'incompréhension. Nous vivrons notre vie en tant qu'objet, soumis aux aléas extérieurs que nous ne maîtrisons pas.

Si nous l'avons placée au niveau du Cœur, voire même de l'Âme, notre traversée de l'épreuve se réalisera de façon subtile et lumineuse, nous accueillerons, interpréterons et comprendrons les signes suggérés sans avoir besoin de les densifier dans le corps et de manifester l'étape dans la souffrance. Nous deviendrons sujet, voir même maître de notre vie.

Rien n'est jamais figé et il peut nous arriver parfois de progresser en chemin, par exemple en traversant initialement une épreuve au niveau du Corps, pour la vivre en définitive au niveau du Cœur, en fonction de la conscience que nous avons de cette épreuve.
Et plus nous avons déjà travaillé sur nous et progressé dans la quête de notre moi profond, et plus nous devenons attentifs et alertes, interprétant facilement les signes qui nous sont envoyés. C'est comme apprendre une langue étrangère, nous butons au début sur les mots avant de mieux la maîtriser et de savoir l'employer.

La vie nous réserve bien des surprises et le chemin de chacun se façonne à l'aune de ce qu'il lui appartient de vivre et de sa capacité à l'accepter et à le transcender, c'est-à-dire à le vivre dans l'amour. Il s'agit pour nous de ressortir de l'épreuve plus grand et plus fort, ayant appris des qualités de cœur, étant devenu plus ouvert, plus généreux, plus bienveillant, plus tolérant, non jugeant, et non pas à l'inverse endurci, amer, méfiant ou égocentrique, comme on le constate de ceux qui ne comprennent pas le sens de l'épreuve et l'affrontent frontalement sans la comprendre.

Chaque épreuve correspond au passage d'un portail d'initiation qui ne peut être franchi qu'avec amour. Chaque épreuve est un défi d'Amour. L'Amour est à la fois l'énergie de transformation et l'énergie créatrice de la suite de l'expérience. L'Amour est orienté par la Conscience, qui en est le vecteur qui donne le sens à ce qui est créé.
Cette Conscience est primordiale à toute expérience de création durable, elle est souvent ce qui fait défaut à la « science sans conscience », qui « crée » souvent des éléments contribuant à la destruction du monde et des êtres.

Le corollaire de la progression du personnage vers l'être est l'humilité et l'acceptation de son ignorance.
Car, comme le dit l'expression populaire, « le diable se cache dans les détails ». Ceux d'entre nous qui avons déjà travaillé sur nous-mêmes pensons parfois détenir des vérités et avons forgé des certitudes, qui ont à leur tour façonné un nouveau bocal. Plus nous progressons, et plus la dérive est subtile et son résultat gigantesque, au risque de faire pivoter totalement l'ensemble de ce qui a été accompli. Plus notre niveau de conscience s'élève, et plus notre responsabilité est grande. L'égo spirituel nous guette, revêtu du sentiment de savoir ce qui est juste et de se sentir élu. L'humilité et le non-vouloir sont les attributs indispensables à toute progression sur un chemin de vie éclairé.

CHOISIR DE NOUS LIBÉRER
DE LA PRISON DU NON-AMOUR

Le non-Amour nous enferme dans l'espace-temps, nous empêchant le plein accès à notre Être. Il nous contraint, nous enferme, nous densifie, nous condamne.

Mais contrairement à ce que beaucoup imaginent, il ne s'agit pas du non-Amour *subi* des autres, bien qu'il soit vrai que c'est majoritairement cela qui ait contribué à façonner notre personnage et à nous éloigner de notre être. Entendons-nous bien : il s'agit ici du non-Amour que *nous ressentons* en notre cœur, toutes ces jalousies, rancœurs, méchancetés, haine, envies, désirs de vengeance que nous éprouvons envers un autre. Le non-Amour qu'expriment les autres est leur problème, charge à eux de le résoudre s'ils le souhaitent ; mais c'est bien du non-Amour que moi j'exprime, que je dois me préoccuper.

Peu importe ce que l'autre nous a fait, ou que nous avons ressenti ce qu'il nous a fait. Ce peut être une broutille, un frère qui nous a volé un jouet ou des camarades qui se moquent de nous. Ce peut être plus important, comme un mari volage ou sa maîtresse qui a contribué à détruire votre couple. Ce peut être un concurrent frauduleux, un supérieur au comportement détestable ou un collègue irrespectueux. Ce peut être un parent autoritaire ou violent, comme un ami de confiance qui nous a trahi.

Cela peut vous paraître déraisonnable, mais… peu importe ce que cet autre a fait et nous a fait, et les répercussions que cela a provoqué en nous et sur nos circonstances de vie. Ce qui *compte* réellement, c'est la colère, la jalousie, la rancœur, l'amertume que nous éprouvons envers cette personne, car c'est cela qui nous fait du mal *à nous*, en tout premier lieu. C'est à un geste presque égoïste que je vous invite : cessez d'émettre des pensées négatives et destructrices envers cet autre, pour votre propre bien ! Car en faisant cela, c'est vous que vous détruisez et c'est vous celui à qui vous interdisez l'accès au bonheur d'être. Car la colère, la vengeance, la haine ne peuvent pas vous rendre heureux… Ces émotions négatives vous éloignent de votre être et renforcent votre personnage, votre petit égo. Elles envoient des décharges négatives à vos organes et rendent votre corps physique malade (voir en 3ᵉ partie). Elles génèrent un cycle autodestructeur de non-reconnaissance et de non-Amour en vous.

Prenez du recul, et voyez que cette personne vous a simplement placé dans la position de vivre une expérience que vous *deviez* vivre, que ce soit par l'intermédiaire de cette personne ou par l'intermédiaire d'une autre. Peut-être cette personne n'est-elle d'ailleurs pas la première à vous faire vivre cette expérience, et vous retrouvez-vous à nouveau dans une « boucle temporelle », à rejouer la même histoire car elle n'est pas résolue. Cette personne a joué son rôle dans votre parcours de vie, et a contribué à façonner l'épreuve qu'il vous appartient maintenant de surmonter. Ne lui en veuillez pas : remerciez-la !

Je sais, cela peut paraître vraiment extrême, mais à vous de faire vos choix : souhaitez-vous avoir raison, ou souhaitez-vous être heureux ? Souhaitez-vous vous venger, rétablir la justice, ou du moins ce qui vous semble juste à vous, ici, dans l'instant, ou souhaitez-vous accéder à la plus belle partie de vous-même, à votre âme ?

Il n'y a que vous qui puissiez répondre à cette question. Il s'agit d'un choix de vie, qui vous appartient totalement.

Si vous comprenez ce message, remerciez cet autre du fond de votre cœur, sans arrière-pensée, sans aucune retenue, avec sincérité. Imaginez des personnages s'animant dans une scène de théâtre pré-écrite par vous et votre contradicteur, dans laquelle chacun de vous a joué son rôle à la perfection. Remerciez cet autre d'avoir accepté d'être le protagoniste de votre pièce, d'avoir été un révélateur dans votre histoire. Remerciez-le d'avoir joué son rôle à vos côtés pour vous permettre de créer une situation évolutive pour vous.

∗ Il s'agit certainement ici d'un contrat d'âme, établi d'âme à âme avant votre incarnation. Cet autre fait très certainement partie de votre famille d'âme, ces êtres particulièrement proches de vous dans l'entre-deux-vies, que vous connaissez de toute éternité et pour lesquels vous n'éprouvez qu'amour inconditionnel et reconnaissance infinie.

Je me souviens avoir éprouvé à une époque une grande jalousie du fait que mon époux était tombé amoureux d'une autre. À l'époque, je lui en ai beaucoup voulu : non pas tant du fait qu'il me « trompait » avec une autre, mais plutôt du fait que cela provoquait en moi un fort sentiment de jalousie, et que ce n'était absolument pas quelque chose que je voulais vivre. Je n'étais pas une personne jalouse, au comportement jaloux, je ne l'avais jamais été et je ne voulais certainement pas le devenir. Je ne voulais pas ressentir cela, je détestais cette sensation. Et comme j'ignorais tout à ce moment-là de ce que j'écris aujourd'hui dans ce livre, je ne savais pas comment faire la part des choses et me détacher de ce rôle de « femme trompée ».
Il est résulté de cette expérience que nous nous sommes séparés et avons divorcé, mais ceci n'est que l'apparence des choses. En réalité, je savais profondément au fond de moi, sans oser me l'avouer – et sans doute mon ex-époux le percevait-il aussi – que notre expérience de vie ensemble était terminée, et qu'il nous fallait changer d'étape pour aller vers de nouvelles expériences. Mais à l'époque, je n'ai pas eu le courage ni la conscience d'agir en ce sens. Ma vie était bien trop confortable, rassurante en un sens, pour que j'envisage alors de cesser ce que je vivais. Pourtant, les signes étaient là : insatisfaction personnelle, moments de défaillance du plein amour éprouvé au début de notre relation, doutes, échecs dans nos projets avec leurs cortèges d'inquiétudes… Mais nous « prenions sur nous » et continuions à assumer les difficultés en faisant mine que tout allait bien. C'était l'intérieur qui était rongé. Jusqu'à ce que mon ex-époux

« craque » et trouve un exutoire à son mal-vécu, entraînant à son tour mon changement de situation.

Je n'ai pas su à ce moment-là agir dans la conscience ; mais ce n'est pas pour autant que la vie m'a permis de suivre un autre chemin que celui qui était prévu. C'est donc dans la souffrance et l'inconscience que j'ai changé mon cadre d'expérience. Mon ex-époux a également agi de façon inconsciente et a certainement souffert d'autres tourments en provoquant dans notre couple ce changement nécessaire à l'évolution de notre relation. Je l'ai tout d'abord fort mal vécu… jusqu'à ce que je comprenne fondamentalement ce qui m'était arrivé, que j'accueille cette révélation et que je ne ressente plus qu'amour et reconnaissance infinis pour cet homme grâce auquel j'avais pu traverser ce portail menant à mon prochain cycle. Quel soulagement, quelle évidence, quelle légèreté ! Cette compréhension, cette conscience, associées également à d'autres compréhensions fondamentales vécues simultanément, ont généré en moi un puissant flux d'amour et de dévoilement de mon être et du fonctionnement de l'univers. Car du dépassement des grandes souffrances naît en nous la perception de l'amour inconditionnel.
Ce livre en est issu.

DES BOCAUX DANS LE BOCAL

Le bocal ne disparaît jamais complètement puisque nous vivons en société. Parfois, ses parois s'estompent et deviennent poreuses. Cela signifie qu'il est toujours possible d'y retourner si nous n'y prenons pas garde, assoupissons notre vigilance ou déployons notre ego.

La façon la plus efficace de sortir du bocal est de confronter le principe de notre finitude et d'accepter l'idée de notre propre mort. C'est notre seule certitude dans cette vie. Car une fois que nous avons accepté l'idée de notre propre mort, nous pouvons alors nous intéresser à autre chose, à ce qu'il y a au-delà.

La transformation passe aussi par le renoncement aux choses futiles, l'appréciation de ce qui est important et essentiel à notre vie. Nous en reparlerons plus loin.

Nous disposons de la formidable capacité de créer, y compris de créer des univers fermés à l'intérieur même d'un cadre de vie commun. Ce sont des espaces dans lesquels la personne ou le groupe, propriétaire ou détenteur de l'autorité, impose sa vision, ses valeurs et ses règles de comportement à l'intérieur de son univers. Ce peut être l'espace de l'entreprise, de la maison familiale, de l'école, de la collectivité, d'un cercle d'amis, d'une association…

Ces espaces peuvent aussi être élaborés par nos peurs et le besoin viscéral, instinctif, de nous protéger des autres, de notre environnement. Nous nous cloisonnons et levons des murailles.

Et même lorsque nous changeons de contexte, nous déplaçons nos « bocaux » avec nous comme des escargots, leur coquille, déformant ainsi notre approche de la réalité, perdus et isolés dans notre mini-monde hermétique. Ainsi, changer de travail ou de compagnon ne changera rien à nos composantes de vie si nous ne transformons pas qui nous sommes nous-même. En effet, ce n'est pas notre interlocuteur et le contexte qui comptent, ce sont notre perception et notre relation à ce que nous vivons, nous l'avons vu.
Si nous n'y remédions pas, ces parois supplémentaires se consolideront tout au long de notre existence et deviendront pratiquement infranchissables au fil du temps. Les personnes âgées sont souvent concrétionnées autour des attitudes limitantes qu'elles se sont forgées tout au long de leur vie, comme fossilisées.

Ces bocaux fractals évoluent dans le grand bocal, réalités partielles qui flottent, montent et descendent en fonction de leur niveau de conscience constitué par celui de l'ensemble des individus qui les composent.

Le travail sur soi commence déjà par-là, reconnaître et identifier ces systèmes de valeurs à la réalité déformée dans lesquels nous évoluons, ces sous-ensembles de l'ensemble, et s'en extraire. La psychanalyse, la méditation et toutes les méthodes de recherche de soi nous aident à nous en débarrasser.

User de la violence pour sortir d'un bocal contraignant est inefficace et à l'inverse de l'effet recherché. Lutter contre un système en utilisant les codes de ce système nous fait renforcer malgré nous ce que nous combattons[22]. Répondre par la violence à la contrainte imposée nous rattache au système même que nous dénonçons, en sens opposé, mais toujours relatif au système. Nous avons déjà abordé plus haut le passage de la victime à l'acteur de sa vie. Le fait de mettre toutes ses forces « pour », à construire la réalité désirée, et non pas « contre », à s'opposer à celle qui nous contraint, est un principe premier de réussite vers la liberté hors du bocal. C'est ce qui nous permet de construire un nouvel univers en pérennisant d'autres choix, plus constructifs, plus alignés, plus amoureux.

C'est uniquement par la prise de conscience et l'acceptation que nous parvenons à sortir de nos bocaux fractals (si possible avant de devenir de vieux légumes périmés !). L'effacement du bocal par la disparition de celui qui l'a généré – père, mère, président, patron, autorité… – ne résout que ponctuellement le problème, qui risque fort de se représenter à nous rapidement si nous n'élevons pas notre niveau de compréhension.

---

[22] « What you resist persists », Carl Gustav Jung.

CONSTRUIRE LE CHEMIN, PAS L'OBJECTIF

Sur notre chemin pour nous débarrasser des illusions, laissons tomber définitivement l'expression « la fin justifie les moyens » qui n'a jamais lieu d'être. Même si c'est pour satisfaire finalement une « noble cause », la compromission nous porte toujours tort, détériore notre intégrité intérieure et notre alignement.

L'épanouissement se forge sur le chemin, en fonction de l'importance que nous attachons et de l'attention que nous portons à chaque individu qui le parcourt avec nous, à chaque brique et à chaque pierre dont nous le pavons, à la cohérence globale de ce que nous créons, au respect que nous attachons à insérer harmonieusement cette création dans notre environnement.

L'objectif est une simple orientation, la direction vers laquelle nous tendons, nos choix fondamentaux. Le chemin pour suivre cette direction n'est pas implicitement déterminé à l'avance, on ne le connaît jamais vraiment, mais peu importe. Nous le connaîtrons en cheminant. Même si nous l'avons imaginé, ce chemin peut évoluer au fil de l'avancée, en fonction des opportunités et des contraintes que nous rencontrerons, des nouvelles personnes que nous allons côtoyer, d'un nouvel élément de contexte, de l'arrivée ou du départ d'un enfant, d'un nouvel emploi, des nouvelles attentes que nous pressentirons, de prises de conscience… Nous allons construire et inventer le chemin en marchant.

Le chemin peut être beau, il peut être joyeux, il peut être extraordinairement épanouissant, il n'est jamais facile. Il est celui qui nous permet d'apprendre et de comprendre au mieux. C'est le nôtre, il est pavé des éléments qui correspondent à *notre* vie, et rien qu'à la nôtre. Il est celui qui nous correspond le mieux. Lorsque nous en arrivons à accepter l'idée que les épreuves rencontrées sur le chemin ne sont pas placées là par hasard, et qu'elles n'existent pas *contre* nous, mais *pour* nous… toute la vision de notre vie change radicalement.

Ces épreuves sont nos meilleures alliées pour comprendre et dé-passer nos difficultés. Ce sont elles qui vont nous permettre de dégager l'énergie nécessaire pour progresser, pour nous rapprocher du niveau de notre Âme. Elles vont nous permettre d'accéder à un bonheur transcendant, celui qui émerge lorsque nous surmontons et triomphons d'une souffrance, d'une difficulté, d'une prise de conscience. Voyons-les comme du concentré d'énergie, de l'énergie brute, qui, une fois « transmutée », comprise et assimilée, nous fournit l'énergie la plus puissante pour progresser et nous épanouir, pour jouir de notre vie et devenir légers et amples[23].

À l'inverse, nous plaindre des difficultés rencontrées fait de nous des victimes et nous fige dans un espace-temps donné. Le reconnaître nous permet de redevenir acteur de notre vie, et de reprendre le cheminement.

Il nous faut développer des qualités telles que l'écoute, la disponibilité, la flexibilité, l'ouverture d'esprit, l'humilité, la reconnaissance, l'acceptation, pour pouvoir avancer en paix avec nous-même et atteindre une satisfaction profonde tout en cheminant. Et même plus ! La création a pour nous des solutions que nous n'imaginions pas. Ne figeons pas les solutions et ne les limitons pas à ce que nous sommes petitement capables d'imaginer.

L'EXPRESSION DE LA LIBERTÉ

J'aimerais aborder ici la notion de liberté. Dans le bocal, notre liberté s'exprime dans un système, et comme le dit l'expression, notre liberté finit là où commence celle des autres, et vice-versa.

---

[23] Pour parodier une vieille publicité Ovomaltine : ces difficultés, c'est de la dynamite en barre !

Hors du bocal, par définition hors limite et hors système, notre liberté peut s'exprimer dans sa plénitude et s'expanser sans confins. C'est une liberté non attachée à une cause ou un objet, c'est la liberté d'être.

Cette liberté vraie, acquise par l'élévation hors du bocal, c'est le travail sur soi qui nous y conduit. C'est diamétralement l'inverse de la recherche de liberté par la fuite et le refus des contraintes, le rejet et l'évitement des mal-vécus, la défense ou la guerre pour revendiquer un territoire. La liberté, c'est le plein, l'accomplissement. Nous ne subissons plus, nous ne sommes plus victime, nous devenons véritablement acteur de notre vie. Nous nous rendons compte que chaque situation rencontrée, chaque difficulté qui se présente à nous dans le temps, n'est en définitive qu'une opportunité supplémentaire pour aller chercher de l'énergie, changer de niveau de réalité, en transformant la contrainte en opportunité de croissance.

Comme me le rappelait récemment un ami, il n'y a aucun risque à tendre vers ce qu'on est vraiment : c'est de ne pas le vivre qui est à craindre. Il ne faut donc pas avoir peur d'être libre.
Les illusions nous ont forgés, nous laissant ignorants du plus profond de nous.
Il est temps de laisser notre être s'exprimer et de faire tomber les apparences enseignées malgré nous, contre nous. De les laisser s'affaisser comme des pans de tissu. Et de sortir ainsi du bocal, de le laisser se dissoudre derrière nous.
C'est en sortant du bocal, en le rendant inopérant, que nous pouvons espérer nous élever et aligner toutes les composantes subtiles de notre être. Et ressentir et partager l'afflux massif d'énergie, la plénitude profonde de qui nous sommes au fond de nous, en résonance avec tout l'univers.
Nous accédons alors à un espace intemporel, illimité, dans lequel nos besoins n'existent plus, dans lequel nous n'avons plus de dé-

sirs, plus d'attentes, qui nous permet le vrai partage avec l'autre et les autres, avec la Vie elle-même. C'est un espace de paix qui amplifie nos perceptions et nous relie à l'univers. Nous vibrons en résonance et à l'unisson avec le plus profond de notre être, connecté à celui des autres. Nous devenons créateur et relai de la création, contribution du tout. Nous honorons notre vie et trouvons un sens à notre existence. Nous décelons la beauté et le merveilleux en toutes choses, et en jouissons intensément.

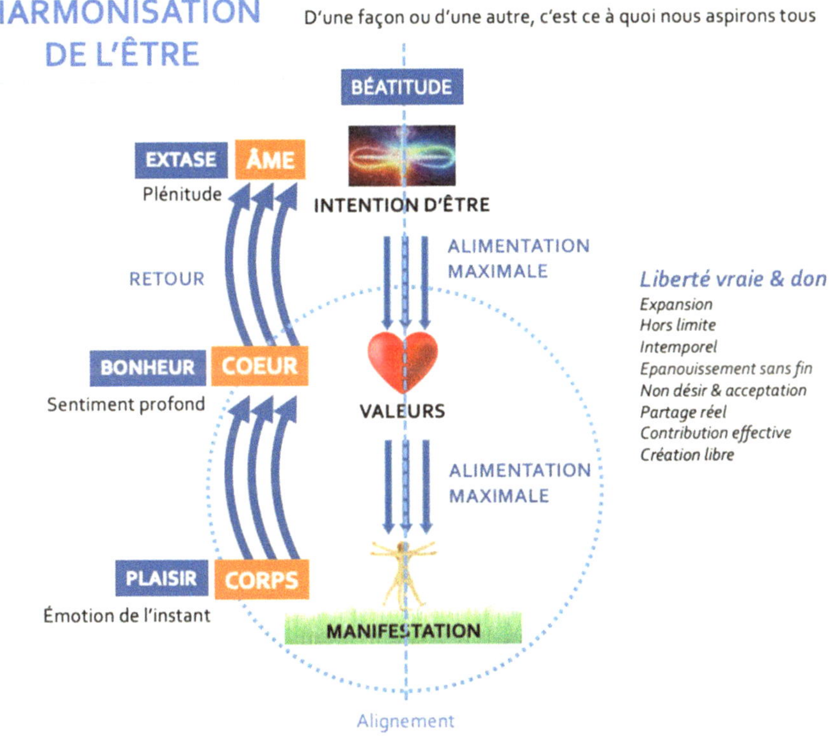

Figure 17 : l'harmonisation de l'Être

Ça s'appelle l'épanouissement, l'accomplissement de soi, le bonheur immense d'être rattaché au tout, en ligne avec ce que nous

sommes. C'est l'espace du don, reçu et offert. C'est l'espace de
la légèreté, de la dilatation et de l'extase.

Tout cela peut être expérimenté en vivant concrètement notre
vie sur Terre, par moments ou pour des périodes plus longues,
transformant la Terre en véritable paradis, quelles que soient les
circonstances extérieures.

✳ C'est ce que vivent les Maîtres incarnés, ce que nous sommes
tous appelés à devenir – et que nous sommes déjà à un autre
niveau de réalité, puisque tous nos états existent simultanément.

Cet alignement nous permet d'accéder à la liberté de notre être,
hors de tout système. Cette liberté vraie s'acquiert par la rigueur,
le dépassement de soi, l'acceptation, le lâcher-prise, la reconnaissance et la gratitude, le courage d'affronter nos peurs et nos limites
pour mieux les dépasser, d'accepter qui nous sommes. Ce n'est
pas un processus sacrificiel, ni un chemin de renoncement ou de
culpabilité. C'est un chemin d'expression pleine et de liberté.

L'effort à fournir pour parvenir à un alignement est largement
surpassé par cet état de grâce que nous pouvons éprouver, qui,
à la différence des paradis artificiels, nourrit puissamment notre
âme en énergie et nous rend plus forts. Il nous offre la possibilité de ressentir la beauté et l'harmonie profonde de ce qui nous
entoure, et possiblement de le partager avec d'autres. Il nous
donne accès à la béatitude et à tout l'univers.

HASARD ET LIBRE ARBITRE

« *Dieu ne joue pas aux dés* ». Dans quel sens faut-il prendre cette
phrase d'Albert Einstein ?
Pour ma part, j'y comprends que les phénomènes naturels ne
découlent pas d'un hasard arbitraire.

Comme je l'ai dit plus haut, je ne crois pas au hasard. Je pense que chacun d'entre nous a une vie à réaliser et que cette vie n'est pas le fruit de l'aléatoire. Notre vie est en quelque sorte prédéterminée, mais nous disposons du libre arbitre qui nous permet de choisir une direction ou une autre sur un parcours donné. Nous rencontrons un certain nombre d'événements, de personnes, de difficultés sur ce parcours : charge à nous de bien vivre ces expériences, ou pas. Chaque expérience peut être acceptée et vécue en conscience, ou refusée et vécue en souffrance. C'est cela notre libre-arbitre, non pas d'échapper à notre destin, mais de le vivre bien, ou pas. Ce que nous avons à vivre ne peut être ni évité, ni provoqué. Si nous essayons de le provoquer avant son insertion naturelle dans l'espace et le temps, il n'y aura pas « d'alignement des planètes » et la réalisation sera très amoindrie, voire impossible. Nous n'y collecterons pas beaucoup d'énergie de transformation en retour. Et si nous essayons de l'éviter, la situation à vivre se reproduira jusqu'à sa conclusion, heureuse ou malheureuse, comme nous l'avons vu plus haut.

Si l'on reprend le schéma de la cohérence et de l'alignement, on comprend que le fait de s'aligner correspond finalement à réaliser pleinement les expériences qu'il nous est donné de vivre, au moment où elles se présentent à nous. Sans les refuser ni les nier, en les acceptant, en les comprenant, en nous en nourrissant. Il s'agit de vivre pleinement qui nous sommes, d'aligner nos actions sur notre intention profonde, dans la paix, en nous éloignant de l'illusion et de nos faux désirs, de nos faux besoins, de nos fausses attentes. L'alignement avec notre être et l'élargissement des limites de notre bocal nous permettent de comprendre, entre autres, ce que certains appellent un « changement de ligne temporelle » – ce qui correspond en définitive à vivre plus ou moins heureusement les événements programmés de notre vie, en les abordant dans la conscience ou la souffrance, selon la version de nous-même que nous choisissons d'expérimenter[24].

Nous ne pouvons pas changer ce que nous détestons, ce que nous rejetons. En revanche, nous détenons un véritable pouvoir de création sur ce que nous aimons. L'amour nous rend créateur. Nous sortons alors d'un processus « linéaire » d'évolution, nous pouvons en quelque sorte gravir des marches en mode « vertical », une marche ou plusieurs à la fois, selon la profondeur de notre prise de conscience et de notre restructuration à la suite. Cela correspond à sortir du bocal.

Cette nouvelle position nous métamorphose, nous extrait de la matière en nous permettant d'accéder à des niveaux plus subtils, à de multiples dimensions de notre être. Cela nous autorise à reconfigurer en partie les aléas de notre vie et à disposer de compréhensions revisitées pour vivre la suite. Cette nouvelle clairvoyance nous permet de ne plus avoir à vivre les mêmes vieux événements éculés, mais d'en attirer ou d'en générer de nouveaux, correspondant à de nouvelles étapes à vivre.
Ce sont des moments majeurs de passage d'un portail, d'une initiation. Nous disposons à ce moment-là d'une puissance rayonnante qui transfigure notre vie et nous fait étinceler.

Comment savons-nous qu'un changement est imminent dans notre vie ?
Il advient généralement qu'un certain nombre de signaux porteurs de sens apparaissent à des moments clés de notre existence : changement de travail, de lieu de vie, de partenaire, le départ des enfants de la maison, la reconversion interpellante d'un collègue,

---

[24] Au sujet des lignes temporelles, si le sujet vous intéresse, vous trouverez de nombreux ouvrages qui les expliquent et les commentent, dont les ouvrages du physicien Philippe Guillemant.

la maladie d'un ami ou de nous-même… Ces signaux viennent nous alerter, et nous guider.

Si nous les voyons et les acceptons, ces événements sont alors plutôt captivants car ils font surgir devant nous des évidences, des clins d'œil du destin, des « alignements de planètes » qui font que tout se met en place de la façon la plus facile et la plus naturelle possible, y compris l'improbable et l'inattendu – à condition bien sûr que nous comprenions et acceptions la proposition de changement placée devant nos yeux, et que nous empruntions la voie suggérée par ces signes. Selon la conscience que nous plaçons en la vie, ces signaux seront plus évidents ou plus subtils.

Des travaux de recherche entrepris par le physicien Philippe Guillemant[25] suggèrent que ces signes sont en fait des informations envoyées depuis le futur – voire même depuis le passé – qui ont une signification particulière à nos yeux, ce qu'il appelle des synchronicités, ces « coïncidences chargées de sens ».
Selon moi, ces signaux que nous interprétons comme des signes du destin sont des informations contenues dans la trame au niveau du Cœur, signes que nous nous envoyons à nous-même et qui viennent nous rappeler à des moments où nous sommes confrontés à des choix, l'orientation que nous souhaitions donner à notre vie avant de nous incarner – le passé qui vient guider le futur, et le futur qui vient réorienter le présent pour nous permettre de le créer et de le vivre.
L'important en cela est de nous souvenir que ces signes sont toujours bienveillants et nous guident vers notre plus bel avenir, même s'il semble improbable ou irrationnel.

Toutes ces occasions nous amènent à modifier radicalement notre trajectoire précédente et potentiellement à sortir du bocal,

---

[25] http://guillemant.net Vers la physique de demain.

si nos questionnements et remises en question sont suffisamment profonds et intègres.

Charge à nous, à la suite de cela, de continuer notre approfondissement de la découverte de notre être vrai, afin de ne pas retomber dans un nouveau bocal, plus vaste certes, mais bocal tout de même.

LIBRE ARBITRE ET LIBERTÉ

S'il est parmi vous des esprits avides de liberté qui se sentiraient limités par la prédétermination de leurs orientations de vie, il existe toutefois une grande nouvelle : notre libre arbitre peut nous mener bien plus loin que de vivre uniquement nos événements programmés, et nous permettre d'explorer des voies encore non parcourues.

Lorsque nous surpassons avec force et détermination la majeure partie de nos étapes de vie, que nous transcendons nos difficultés – ce que certains appelleraient « dissoudre son karma » – et générons grâce à cela une quantité importante d'énergie d'amour et de conscience, cela nous ouvre la possibilité de devenir créateur d'une autre voie future – au-delà des lignes temporelles prédéfinies. Chaque expérience majeure de transformation qui nous permet de nous rapprocher puissamment de l'alignement avec notre être profond, d'éliminer de vastes zones sombres, nous libère et nous rend créateur, en lien et à l'image de la Création. Cette voie future fait toujours partie des alternatives prédéterminées dans le respect de la cohérence globale de l'être, mais elle est optionnelle et ne s'applique pas nécessairement à l'expérience de cette vie telle qu'elle a été conçue à l'origine. Elle ouvre le champ à l'œuvre, réalisée pour le bénéfice et la progression du plus grand nombre.
Mais il s'agit là d'un vaste sujet dont j'aurai certainement l'occasion de reparler à un autre moment.

NOS OUTILS DE PERCEPTION DU MONDE

Nos cinq sens sont l'apanage de la manifestation, de la matière. Au-delà de leur objectif premier qui est la survie de l'espèce, ils nous permettent de percevoir et d'interpréter la réalité quotidienne, d'éviter les dangers physiques et de vivre les plaisirs de notre vie. Pour pouvoir saisir des informations plus subtiles contenues dans la trame, nous avons besoin de quelque chose de plus : notre intuition.

Nous en avons parlé plus haut, ce 6ᵉ sens nous donne accès au niveau du Cœur, plus immatériel que le niveau de notre Corps. L'intuition capte des signaux non visibles et non manifestés, nous permet de recueillir des informations subtiles reliant à une réalité intangible, qui peuvent concerner tous les aspects de notre vie, de celle des autres ou du monde, passés, présents ou à venir.

L'intuition est un phénomène que nous partageons tous, qui est intrinsèque à ce que nous sommes. En revanche, nous ne sommes pas tous à son écoute, formés ou plutôt déformés que nous sommes par notre éducation, notre culture, notre environnement… qui la renient globalement. Dans nos sociétés occidentales, il se trouve même que nous en avons peur et la craignons comme un phénomène paranormal, hors du champ de la logique et de la compréhension cartésienne de notre monde. Elle ne fait pas l'affaire du bocal sombre, du contrôle et de l'ordre figé. Étant plus particulièrement l'apanage des femmes, généralement plus sensibles et plus proches du processus de création par le fait d'engendrer, et accessible aux hommes par la partie féminine qu'ils portent en eux de manière plus ou moins développée, l'intuition a été pourchassée au cours des siècles et les femmes brûlées sur des bûchers, au motif de sorcellerie.

L'intuition nous apporte une visibilité étendue, une clairvoyance, une clair-sensitivité, une clairaudience, et nous permet une compréhension augmentée. Grâce à elle, nous recueillons des informations subtiles relatives aux expériences que nous vivons, ce qui nous permet parfois de les anticiper, de les comprendre ou de les accepter. L'intuition nous conduit aux événements que nous devons vivre, nous y prépare et nous permet de faire les meilleurs choix possibles, d'éviter les écueils. Elle nous aide à capter des informations hors du temps, provenant du passé, du présent et du futur, qui, dans le contexte subtil, coexistent simultanément. Notre intuition, nous l'avons vu, c'est le fameux baromètre interne, la petite voix à l'intérieur de nous, celle qui nous permet de déterminer ce qui est bon pour nous à un moment donné, et de choisir la meilleure expérience possible, le meilleur chemin pour nous élever et nous libérer de la matière, chargés d'énergie positive, emplis d'amour. Il ne s'agit pas d'un chemin sacrificiel fait de renoncements, car si nous comprenons le sens « caché » de ces messages qui nous sont destinés, nous allons effectuer en définitive ce qui nous correspond le mieux, ce qui nous procure le plus de satisfaction, nous rendre le plus complet. La notion de renoncement provient de la résistance que nous pouvons opposer à cette marche de notre histoire, si nous ne voulons pas changer, pas comprendre, refusons d'évoluer, souhaitons continuer comme avant.

L'intuition nous permet également d'aller chercher des réponses et des solutions. Elle est l'alliée du chercheur (qui devient alors trouveur !). Elle donne accès à la découverte et à l'innovation. Elle permet d'obtenir des réponses aux questions que nous nous posons, si nous réussissons à gommer le bruit extérieur et à nous mettre à l'écoute.

Par un phénomène étrange s'apparentant à l'intrication, nous pouvons nous apercevoir qu'une découverte faite à un bout de la Terre par une personne ou un groupe de personnes, permet à d'autres et simultanément l'accès à cette même information de l'autre côté du monde. C'est ainsi qu'en lisant les journaux, nous pouvons constater de façon récurrente que plusieurs laboratoires peuvent être en train de revendiquer la primeur d'une même découverte, dans un laps de temps extrêmement court. Tout se passe comme si la découverte par l'un avait ouvert l'accès à cette connaissance à tous ceux qui s'y intéressent. Il en est de même pour nous tous, l'accès à un niveau de conscience supérieur atteint par l'un d'entre nous nous ouvre un accès collectif si nous nous y intéressons. Cela fait monter le niveau général du bocal, ce que nous verrons plus loin.

C'est leur intuition que nous sollicitons lorsque nous allons voir des médiums, plus sensibles que d'autres à capter ces signaux. Toutefois, sachant que cette captation d'information passe forcément par le prisme de celui qui les capte, par leur expérience, de leur compréhension et de leur interprétation, et qu'elle peut différer de plan selon leur niveau de conscience (bas astral/haut astral), il est important d'être extrêmement attentifs à la valeur que nous accordons à ces informations et à l'influence qu'elles peuvent exercer sur notre destinée.
Il s'avère également que la majorité des médiums ont les plus grandes difficultés à capter certaines informations disruptives dont je parle plus bas, celles qui suivent un saut de conscience « non linéaire ».

✳ L'intuition est la faculté dont nous disposons tous, lorsque nous élevons notre fréquence vibratoire au niveau du Cœur, de nous connecter à notre Conscience supérieure et à la Conscience universelle. Nous avons alors la capacité d'aller capter l'information à sa source. Lorsque nous sommes conscients de ce processus, il en est grandement facilité.

PARLONS UN PEU DE LA VIE ET DE LA MORT

Je souhaite revenir sur quelque chose d'un peu obscur que j'ai évoqué précédemment lorsque j'écrivais que les signaux envoyés par notre intuition nous guident vers l'orientation que nous souhaitions donner à notre vie avant de nous incarner. Cela laisse entendre que ce qui guide notre vie, c'est nous-même.

Nous l'avons vu, personne ne nous a jamais forcé à vivre ces épreuves de vie, personne d'autre que nous-même. Il n'y a pas de fatalité, pas de sort adverse qui s'acharnerait sur nous, personne d'extérieur qui nous imposerait de vivre des choses et nous rendrait victime des circonstances.

La mort comme nous l'entendons n'existe pas, en tous cas pas réellement. L'esprit survit à la mort. La vie en tant qu'incarnation d'une conscience dans la matière est le résultat d'une volonté, d'une cohérence et d'une densification qui imbriquent la lumière, l'énergie et l'information (l'amour et la conscience). C'est une pure merveille, l'apparition d'une cellule originelle, reflet de la magnificence du tout, qui va exploser, se diviser, se multiplier et se différencier pour créer notre corps physique – à l'image du big bang donnant naissance à l'univers. Nous sommes la réplique miniature et fractale de cet univers. Cette cellule originelle est la source de notre perfection et l'inépuisable référence à la régénération cellulaire et à la guérison de nos malfonctionnements physiques et psychiques. Nous pouvons nous y rapporter pour vivre en pleine santé et nous régénérer, nous le verrons en 3e partie.

La mort dissout ce qui retenait l'entropie et permettait notre matérialisation durant le temps d'une vie.
Lorsque nous sommes morts, nous sommes semi-différenciés, plus tout à fait ce que nous étions dans notre vie « précédente »,

pas encore ce que nous serons dans la « prochaine », même si dans l'au-delà, il n'y a pas de notion de temps comme nous l'entendons sur Terre, pas d'« avant » et pas d'« après ». Nous y sommes globalement rattachés à la conscience du tout, nous sommes bien plus éveillés, conscients de qui nous sommes, de ce qui nous entoure, de ce qui a été vécu, connectés, baignant dans une trame de pur amour, plus proches de notre âme, de notre être véritable. C'est un état élargi de conscience. Cet état n'est que l'un de nos innombrables stades d'évolution vers d'autres dimensions.

Et c'est dans cet au-delà que nous décidons de notre cycle d'incarnation : allons-nous nous incarner une nouvelle fois dans un corps ? Quelles aventures voulons-nous tenter cette fois pour enrichir le retour d'expérience de nos très nombreuses vies ? Pour cela, quelles circonstances de vie allons-nous créer pour nous, dans quel contexte allons-nous évoluer ? Quelle époque, quel lieu, quel environnement, quels facteurs génétiques, quelle culture ? Quelles seront nos forces et nos faiblesses, quels seront nos traits de caractère, quelles circonstances générales et particulières allons-nous vivre ? Avec qui allons-nous passer des contrats d'âme pour jouer à nos côtés des rôles dans le scénario que nous créons : nos parents, notre conjoint, nos enfants, nos amis, nos bourreaux, nos victimes… ? Quels seront les défis d'amour que nous nous proposons de vivre et d'expérimenter ?

Certains d'entre vous penseront peut-être qu'ils préféreraient ne plus s'incarner et terminer au plus vite leur cycle de vies pour ne plus avoir à vivre tout ce qu'ils « subissent ». Mais il est important de comprendre que ce que nous vivons sur Terre est tout à fait unique dans l'univers. Il n'y a que sur Terre que nous avons la possibilité de vivre, d'expérimenter des situations aussi diverses et variées, d'éprouver une palette incroyablement riche et chatoyante d'expressions, de ressentis, de sensualité, de partages, d'étreintes, de dépassement de soi. Cela ne peut être vécu que par l'entremise de notre corps physique, dans un environnement soumis à la dualité. S'incarner est pour nous une chance exceptionnelle, absolument enthousiasmante de vivre des expériences qui vont provoquer en nous des émotions incroyables ! Dans l'au-delà, nous baignons dans une paix parfaite, un amour infini, une joie pure sans émotivité – en nous incarnant sur Terre, nous nous rendons en quelque sorte au parc d'attraction ! Nous allons vivre des émotions, avoir peur, avoir froid, avoir faim, avoir mal, mais aussi, nous allons rire, nous réjouir, aimer, partager, jouir !

Voilà pourquoi certains êtres, nous en l'occurrence, faisons le choix de nous incarner – ce n'est pas le cas de toutes les âmes. Nous tous sur Terre sommes des volontaires qui avons fait le choix de l'expérience de la vie incarnée. Et pour ce faire, nous choisissons les circonstances de vie que nous avons envie d'expérimenter – circonstances parfois féroces lorsqu'elles sont vécues durant l'incarnation, sans doute oublions-nous, une fois de retour dans l'au-delà, à quel point cela peut être difficile de vivre certaines épreuves lorsque nous sommes insérés dans notre personnage bien matériel.

Pour pouvoir vivre ces circonstances de vie que nous avons choisies, nous nous recouvrons à notre naissance du voile de l'oubli, ce qui nous permet de vivre l'intégralité de l'expérience de « bonne foi » – comprenez bien que l'expérience serait faussée si nous en connaissions tous les tenants et les aboutissants.

Toujours est-il que nous sommes toujours au bon endroit, au bon moment, en train de vivre ce que nous devons vivre.

C'est également la raison pour laquelle ceux qui retrouvent le souvenir « hors du voile », qu'on appelle éveillés ou réalisés, choisissent de ne pas interrompre immédiatement leur expérience de la vie sur Terre pour retourner dans la sérénité et le bien-être de l'au-delà : conscients du choix qui a présidé à leur incarnation, ils souhaitent d'une part le respecter, et d'autre part continuer de bénéficier de leur temps de vie, qui reste malgré tout une expérience unique et exceptionnelle. Ces êtres choisissent de mettre à profit la période vécue en conscience pour se déployer au service des autres, de l'Humanité. En nourrissant la trame de leur travail spirituel, de leur amour, de leur conscience, ils permettent aux autres individus d'élever graduellement leur niveau d'éveil à la conscience du tout.

Car chaque fois que l'un ou plusieurs d'entre nous élève son niveau de conscience, il contribue à enrichir la conscience universelle du fruit de son expérience. Lorsque nous vivons, nous envoyons une information en retour, nous témoignons de notre expérience. Aucune vie, aucune expérience n'est inutile, jamais. Toutes nos vies sont utiles, votre vie est utile à l'univers, ma vie est utile, la vie du meilleur d'entre nous comme celle du pire d'entre nous sont utiles à l'expérience commune. Le pas de conscience franchi par le plus instinctif et viscéral d'entre nous, qui progresse même petitement vers plus d'amour et de paix, compte dans l'expérience du tout, tout comme compte le pas franchi par le plus sage vers la conscience du tout. En toutes choses, il nous appartient de nous départir de tout jugement, et de n'abandonner personne derrière nous, car ils sont nous et nous ne pouvons pas nous départir de cette part de nous.
Toutes nos tribulations et tous nos ressentis contribuent à enrichir l'expérience du tout. Nous sommes les yeux par lesquels la conscience voit, les oreilles par lesquelles elle entend, les langues par lesquelles elle goûte, les nez par lesquels elle sent, les peaux par lesquelles elle touche. Nous sommes les poumons par lesquels elle respire, les cœurs par lesquels elle aime, les sexes par lesquels elle jouit, les mères par lesquelles elle enfante, etc.
Nous sommes très utiles à la conscience, quoi que nous vivions. Et la multiplicité de nos expériences est très utile à la vie, des

plus banales aux plus extraordinaires, des plus contributives aux plus dévastatrices. Il n'y a pas de bien ou de mal en cela, simplement des expériences qui enrichissent la connaissance et la conscience du tout sur l'expression de la Vie.

POURQUOI VIVONS-NOUS TOUTES CES EXPÉRIENCES ?

✳ Une réponse serait que nous vivons une multitude d'expériences pour permettre à la Conscience universelle d'expérimenter ce qu'elle ne connaît pas. Pourtant, Dieu connaît tout, puisqu'il est Dieu.

Puis survient la question : « Mais qui suis-Je que Je ne connaisse pas ? »

Simultanément à l'envie de se connaître, apparaît un désir d'Amour infini, celui de donner la Vie, le don ultime de Soi, le désir de créer. Ce sont ces deux éléments primordiaux, l'Amour et la Conscience, qui donnent l'impulsion de Vie à l'univers dans une explosion lumineuse incommensurable, l'Un Lumière se démultiplie et donne naissance à une multiplicité innombrable de formes, de réalités et de dimensions.

Nous sommes chacun une étincelle issue de cette division de la Lumière, nous sommes les miroirs qui renvoient l'image de la création par lesquels l'Un apprend à Se connaître.

Nos expériences viennent alimenter la réponse à la question initiale. Nous renvoyons à l'Un le reflet multiple de la magnificence de la Création. Nous vivons toutes sortes d'expériences, parfois même plusieurs fois, afin de tester différentes voies d'expérimentation et de résolution. Nous contribuons tous ensemble à apporter l'information en retour et à enrichir l'univers de la diversité infinie de nos expériences. Tous ensemble, nous sommes un, nous sommes l'Un, nous sommes la Lumière primordiale et infinie qui apprend à se connaître Elle-même.

Nous nous incarnons pour apprendre à aimer.

Les expériences que nous nous proposons de vivre lors de nos incarnations constituent des défis d'amour : nous choisissons des obstacles, des épreuves que notre personnage rencontrera sur son chemin de vie, nous le dotons de facultés et de compétences pour les traverser. Ces attributs sont inscrits en lui, mais notre personnage dispose également du libre arbitre d'y avoir recours ou pas pour vivre les événements qu'il rencontre. Il ne pourra pas maîtriser les circonstances de sa vie au-delà d'un certain point, mais il pourra choisir la façon dont il les vivra et les expérimentera. Et nous observerons notre personnage évoluer dans son environnement, avec bienveillance et intérêt, généralement sans intervenir – sauf s'il nous le demande avec le juste motif, celui de lui permettre de mieux expérimenter ces épreuves et non de les éviter.

Mieux expérimenter une épreuve consiste à la vivre comme un défi d'amour, c'est-à-dire rassembler suffisamment d'amour, amour pour nous-même, et possiblement amour pour l'adversité – qu'il s'agisse d'une situation ou d'une personne – pour en ressortir en définitive enrichi de plus d'amour, de paix et de joie profonde que nous n'en ressentions avant de vivre cette épreuve. Le fait de vivre une expérience « adverse » dans l'Amour nous permet de la vivre à un autre niveau, d'en comprendre le sens et les bienfaits pour notre évolution. C'est un processus d'émancipation de la matière, de sublimation, qui augmente l'intensité et la qualité de notre vie.

En ressentant cela et en l'acceptant, nous prenons le recul nécessaire vis-à-vis de notre personnage, celui ou celle que nous incarnons ponctuellement dans cette vie – et c'est une opportunité exceptionnelle.

Nous comprenons que ce qui nous arrive dans la vie, ce n'est pas ce que nous voulons, mais ce que nous sommes.

✳ Nous prenons alors conscience que rien n'est vraiment grave ni important car nous sommes un être éternel et immortel, et que rien de temporel ou d'impermanent ne peut nous menacer ou nous mettre en danger.

Ce qui est vrai pour nous l'est aussi pour tous les autres, issus comme nous de l'unité de la source, à laquelle nous sommes connectés de toute éternité par le pur Amour et la pure Conscience, ce lien direct avec notre Présence Je Suis I Am.

En fait, chaque fois que nous traversons une expérience avec amour, que nous la résolvons en ressortant de l'épreuve plus comblé d'amour que nous ne l'étions avant de la résoudre, nous nous rendons service à nous-même et, en rendant ce champ d'information accessible à tous, nous rendons également service à toute l'Humanité, et à la conscience universelle par extension.

NOUS SOMMES DÉJÀ
CE QUE NOUS ESSAYONS DE DEVENIR

Depuis le début de cet ouvrage, je vous parle de transformation et d'évolution.

Mais en fait, ce n'est pas notre être que nous devons modifier ou faire progresser, car en réalité, nous sommes déjà ce que nous voulons être. Hors de l'incarnation, le temps et l'espace n'existent pas.

C'est le parcours d'éveil et de dévoilement que nous devons travailler et faire avancer. C'est un parcours de libération du personnage, pour nous permettre de nous révéler, de révéler l'être vrai en nous et pouvoir vivre notre vie en totale harmonie avec la Vie.

En somme, le parcours d'éveil est celui qui nous amène à nous souvenir de qui nous sommes déjà.

Cela signifie que nous sommes légitimes en tout, quoi que nous soyons, par essence, et qu'il n'est pas nécessaire de fournir des efforts pour exister. Nous ne ratons rien, nous sommes parfaits comme nous sommes, nous sommes à la juste place, au juste moment.

Mais cela va encore plus loin.

Cela signifie également qu'en dehors du plan de la matière, au-dessus du niveau du Corps, nous sommes tous des êtres multi-dimensionnels, nous existons simultanément dans tous les états possibles d'expression.

✳ Dans une de ces dimensions, nous sommes des maîtres as-censionnés ; dans une autre dimension, nous sommes des êtres de lumière proches de Dieu.

Nous sommes comme une goutte d'eau dans l'océan, individua-lisée dès lors qu'elle est projetée en l'air, et se mélangeant au flot dès qu'elle retombe. Chaque goutte d'eau est parfaite et compo-sée des mêmes éléments que l'océan.

Pour ma part, je trouve cela extrêmement réjouissant, car si nous acceptons de briser la réalité que nous croyons vraie pour atteindre cet autre niveau d'existence, nous pouvons accéder à d'autres pans de réalité instantanément.

Bien sûr, cela n'est pas si simple et suppose que nous puissions élever considérablement la fréquence vibratoire de nos cellules pour supporter ce nouvel état énergétique et vibrer en syntonie avec la réalité que nous visons. Cela suppose aussi d'amplifier infiniment notre humilité, de déployer une foi inébranlable et un amour pur et inconditionnel pour nous et pour tout et tous ceux qui nous entourent.

Mais si, dans une autre réalité, nous sommes déjà un maître d'as-cension, cela signifie que nous pouvons nous « brancher » sur cette fréquence et nous laisser inspirer pour guider notre évolu-tion, pour acquérir discernement et clairvoyance dans notre vie.

Cela requiert toutefois un niveau vibratoire très intense qu'il est difficile d'exprimer.

Notre première difficulté est de concevoir cela. Cela implique aussi de sortir de notre croyance que nous sommes « en chemin », qui est déjà un état en soi et qui nous fige dans cette réalité. En effet, énergétiquement, il n'est pas différent de concevoir d'être « en chemin » que d'être « arrivé », mais le premier empêche le second – c'est vrai aussi de la maladie : s'imaginer « en train de guérir » ou même « guéri » est différent de s'imaginer « en pleine santé » et ne permet pas de déployer les mêmes énergies pour retrouver l'état de notre corps parfait.

Cette approche nous ouvre le champ de tous les possibles. Un verset de l'Évangile prête à Jésus ces paroles : « *Tout ce que vous demanderez en priant, croyez que vous l'avez reçu, et vous le verrez s'accomplir* »[26]. Cela signifie que ce que vous désirez, soyez convaincu que vous l'avez déjà reçu et cela se manifestera – à condition de le demander de la juste façon, c'est-à-dire que ce n'est pas notre personnage qui va le demander, mais l'être lumineux en nous.
Pour obtenir ce que nous souhaitons, et c'est le principe des rêves éveillés, nous devons nous détacher de l'égo, prendre du recul sur nos désirs, nos attentes, nos besoins, pour nous placer dans un espace de paix, de sagesse, de sérénité. Ce que nous demandons alors s'harmonise avec un niveau plus profond de réalité.
Une méthode pour cela consiste à nous projeter dans l'avenir en imaginant que ce que nous désirons – maintenant – est déjà réalisé et accompli, à le voir vivre, puis à revenir dans l'instant présent – par exemple en claquant des mains très fort pour revenir instantanément à « ici et maintenant ».

---

[26] Marc 11:24

CONSCIENCE INDIVIDUELLE ET CONSCIENCE COLLECTIVE

Nous pouvons considérer notre expérience de vie sous deux angles différents :

– D'un point de vue autocentré et individualiste : en tant qu'individu, nous allons rencontrer dans notre vie un certain nombre d'expériences et de situations, que nous allons résoudre, ou aggraver.

Si nous les résolvons, nous devenons plus léger, moins dense, nous augmentons notre rythme vibratoire, notre fréquence énergétique. En collectant suffisamment d'énergie, de conscience, en augmentant notre niveau d'amour, nous disposons de suffisamment de « carburant » pour remonter progressivement vers le tout et la création, pour ascensionner, changer de dimension et aspirer à d'autres types d'expériences.

En revanche, si nous ne résolvons pas avec amour les situations que nous rencontrons, si nous les refusons, si nous nous sentons victime de ce qui nous arrive, si nous manifestons autre chose qu'une joie de vivre profonde, la paix, la confiance, la joie d'exister, si nous nous laissons submerger par des peurs, des blessures, des pensées limitantes, des emportements colériques, alors nous abaissons notre rythme vibratoire, nous nous densifions progressivement. Après notre mort, cela nous poussera sans doute à choisir de revenir vivre la même situation, contextualisée à de nouvelles expériences dans une nouvelle vie, afin de résoudre ce qui n'a pas été compris « précédemment », pour aller chercher de l'énergie, sortir de ce cycle et passer au suivant. C'est le principe de la réincarnation et du karma qu'on retrouve dans les croyances orientales. Il n'y a aucune notion de faute en cela, aucune culpabilité n'est requise, il s'agit juste factuellement de franchir des étapes de vie en améliorant la manière dont nous avons aimé durant celles-ci.

Qu'on résolve ou pas ses problématiques, quand on évoque nos difficultés, il est important de comprendre qu'il n'y a pas de fatalité ou d'ordre supérieur extérieur à nous qui forgerait notre bonheur ou notre malheur à notre insu et de façon arbitraire. C'est nous-même, au plus haut niveau de notre être, grâce au libre arbitre dont nous disposons, qui donnons l'orientation que nous souhaitons apporter à notre vie lorsque nous nous incarnons. Nous sommes responsables de nos choix et de nos actes. C'est ce qui nous conduit à choisir de nous incarner dans une vie qui va nous offrir l'opportunité de vivre et de dépasser ce qui n'a pas été résolu précédemment, ou tout simplement de rencontrer une nouvelle situation à expérimenter, ou même de revivre plusieurs fois la même situation pour considérer l'éventail des solutions trouvées par notre personnage pour la vivre et dépasser ses épreuves, faire émerger le plus lumineux de lui-même en situations de contrainte. Pour vivre cette expérience, nous viendrons au monde doté des capacités adéquates qui nous permettront, si nous en faisons le choix lors de cette incarnation, de traverser ces expériences dans l'amour, de les transcender, de les transmuter, pour générer de l'énergie, élever notre fréquence vibratoire et nous émanciper progressivement de la matière. Voilà pourquoi nous ne pouvons pas reprocher aux autres notre malheur. Ils ne font que mettre en lumière ce qu'il nous appartient de vivre, ils en sont les révélateurs. Voilà aussi pourquoi nous ne pouvons ni jalouser ni plaindre les autres. Chacun a sa propre vie à expérimenter et son propre cheminement à suivre, et nous ignorons tout de ce qu'est véritablement la vie d'un autre. Nous ne pouvons la voir que dans l'apparence, nous ignorons tout de son être entier – à moins d'augmenter notre fréquence vibratoire et de le reconnaître en tant qu'âme.

– D'un point de vue collectif et contributif : certaines situations que nous rencontrons sont à vivre et à dépasser ensemble, collectivement.

Nous sommes tous des volontaires, qui tentons l'expérience de la vie.

Nous constituons ensemble le corps de l'Humanité, chacune de ses cellules. Il n'y a pas de cellule meilleure qu'une autre. Le cœur, le cerveau, le foie, les poumons, les reins, les intestins, les os, les muscles, les tendons… Chaque cellule contribue à animer un organe qui a une fonction et un rôle à jouer pour faire vivre ce corps de façon équilibrée et harmonieuse.

Les missions sont cependant bien différenciées : les cellules du cœur, par exemple, doivent pulser le sang dans tout l'organisme ; cette mission est plus lourde à porter que celle que peuvent remplir les cellules d'un autre tissu musculaire, disons celles du muscle du mollet, utiles pour l'ensemble du corps mais au fonctionnement plus autocentré et non essentiel à la vie de l'ensemble. Et toutes les cellules du corps ne peuvent pas et ne doivent pas devenir des cellules du cœur, cela ne fonctionnerait pas.

De la même façon, nous sommes tous reliés entre nous au niveau subtil, et nous avons tous notre place et un rôle à jouer dans l'évolution de l'Humanité. Il n'existe aucun élitisme entre ceux qui choisissent de remplir une « mission » et ceux dont la vie est moins contributive. Ces derniers se ménagent d'une certaine façon une vie plus facile, pour un certain nombre de motifs que je ne vais pas développer ici. Et peut-être existera-t-il un temps où eux-mêmes ressentiront le besoin d'être plus engagés et que ce sera eux à ce moment-là qui se retrouveront en première ligne.

Comme pour chaque cellule qui a son rôle à jouer pour l'équilibre et la bonne santé du corps, nous sommes tous indispensables à l'équilibre et à l'évolution générale de notre Humanité.

Chacun d'entre nous a sa place et réalise sa contribution.

Et lorsque nous résolvons un défi d'amour, nous envoyons cette information dans la trame. Nous rendons ainsi ce champ d'information accessible à tous, nous faisons monter le niveau du grand bocal de la conscience collective, qui est la somme de tous nos petits bocaux individuels.

Cela est également vrai des découvertes faites par les uns, rendues accessibles à tous, que j'ai évoquées plus haut.

C'est également ainsi que fonctionnent les prières pour l'Humanité, qui vont imprégner la trame de l'amour émis consciemment et soulager, alléger la trame de l'inconscient collectif formé de toutes les pensées de peur, les frustrations, les désirs primaires émis par les humains.

Au-delà de nos expériences personnelles, nous pouvons choisir d'en faire un peu plus, de nous incarner pour résoudre certaines difficultés et contribuer à rendre le bocal sombre plus limpide, plus lumineux pour contribuer à relever le niveau général de conscience.

Ceux qui ont choisi une vie plus engagée, que j'ai appelés ici les lanceurs de changement, conduisent une démarche qui implique davantage de responsabilités, ils acceptent une voie plus « sacrificielle » de façon volontaire. Il ne s'agit pas du sacrifice tel qu'on l'entend dans la religion chrétienne, plutôt le fait de se mettre au service d'une cause plus grande que nous, par le don de soi consenti dans l'amour, avec détermination et allégresse. Encore une fois, ce n'est pas la voie du renoncement ou de la résignation, c'est celle de l'accomplissement et de la ténacité.

Lorsque nous nous engageons, et dans la mesure où nous avons laissé tomber nos oripeaux, notre libre arbitre étend alors son périmètre d'action, pour nous donner accès à des possibles non déterminés par les seuls besoins de notre expérience de vie. Nous ne réalisons pas uniquement pour nous, mais également pour les autres, pour partager et contribuer.

Cela pose toujours la question de s'engager pour les bons motifs, non pour combler un manque ou compenser, mais simplement pour être. Si c'est le cas, l'inattendu surviendra et modifiera notre chemin de vie dans le sens le plus merveilleux, c'est certain.

LE NOUVEAU MONDE

La conscience collective d'un groupe d'individus engagés et sa montée en puissance contribuent à faciliter la progression de chacun d'entre nous, sur le modèle de l'intrication quantique.

Tout se passe comme si des groupes de personnes plus impliquées, plus actives, plus éveillées, les lanceurs de changement, contribuaient par leur action à « ouvrir le chemin » et entraîner avec elles le reste de leur communauté, la majorité silencieuse, locale ou mondiale. En fait, ils agissent sur le niveau et le volume du bocal, en le faisant gonfler ou dégonfler, monter ou descendre telle une bulle de savon.

On retrouve ici la notion de point de basculement ou de seuil critique, qui correspond à l'impulsion collective nécessaire pour changer le cours des choses, imprégner le bocal, si possible en l'éclaircissant, et passer de la pensée marginale à la pensée dominante. En sociologie, ce seuil, cette masse critique d'acteurs convaincus, est généralement admis aux alentours de 10 % de la population concernée, pour que des comportements singuliers deviennent la norme et se généralisent. Et bonne nouvelle, il a également été démontré que les campagnes non violentes ont deux fois plus de chances d'atteindre leurs objectifs que celles sollicitant la violence.

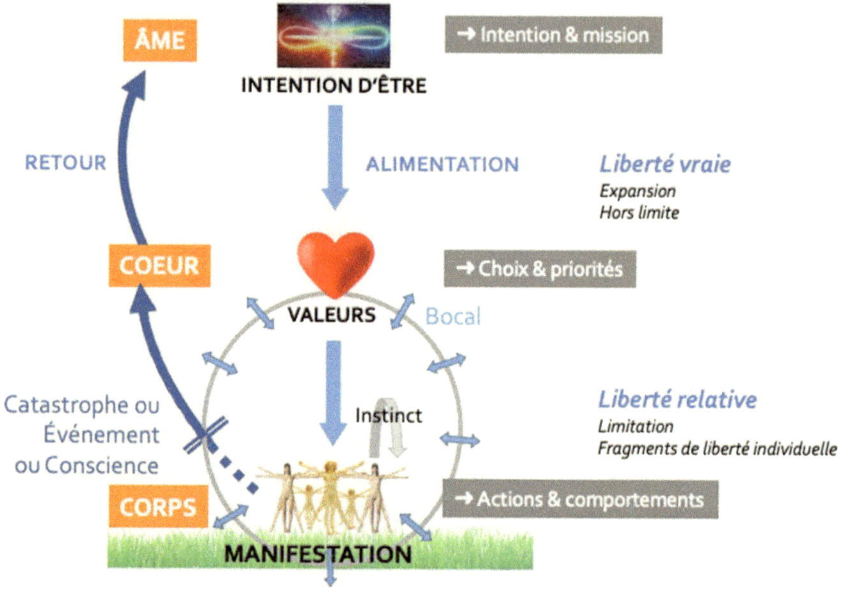

Figure 18 : l'évolution du bocal en fonction
du niveau de conscience collective

Voilà pourquoi, selon moi, il n'est pas nécessaire que l'ensemble des femmes et des hommes change pour pouvoir viser un avenir meilleur pour nous, nos enfants et les enfants de nos enfants. Les lanceurs de changement sont ceux à qui s'applique la remarque d'Arthur Schopenhauer évoquée plus haut : avant d'être adoptée, toute vérité passe par trois étapes – d'abord, elle est ridiculisée ; ensuite, elle est violemment combattue ; et enfin, elle est acceptée comme une évidence.

Ils sont ceux qui, percevant intuitivement une distorsion de réalité, font avancer cette vérité « out of the box », hors du bocal, ils sont ceux qui, plus qu'à leur tour, subissent la critique, le rejet, le mépris, ceux qui font évoluer les mentalités hors de leur zone de confort.

Le rôle des lanceurs de changement est primordial pour faire changer la norme sociale du pan de la population qu'est la majorité silencieuse ; pour faire émerger les problèmes, refuser les solutions inutiles, les mauvais compromis, proposer le changement. Et diffuser leur engagement auprès du plus grand nombre, devenir les connecteurs entre tous au travers d'initiatives locales et de réseaux sociaux d'engagement[27] pour interrelier les initiatives à plus grande échelle.

✳ Notre époque est celle de la transformation, la fameuse Apocalypse annoncée depuis longtemps dans les textes anciens. N'oublions pas qu'apocalypse signifie « révélation ». Ce n'est pas quelque chose qu'il nous faut craindre, bien au contraire ! L'ancien est désassemblé et recyclé pour que ses éléments nous permettent de construire le nouveau. Shiva est aux commandes et détruit avant tout l'ignorance et l'illusion. C'est une œuvre d'harmonisation et d'optimisation vers un monde plus amoureux et plus conscient. C'est un processus foncièrement joyeux et enthousiasmant, calme et paisible en même temps. Il ne s'agit pas de détruire, de faire la révolution ou de s'opposer. Cette période de changement est pour nous l'occasion de laisser s'éteindre l'ancien monde en n'y adhérant plus, elle nous donne l'impulsion vibrante de mettre toutes nos forces à forger le nouveau, ancré sur ce qui compte pour nous, pour notre Cœur : les valeurs d'humanité, de fraternité, de partage, de solidarité, de compassion…

---

[27] Les réseaux sociaux d'engagement sont une nouvelle forme d'applications qui regroupent des individus sans nécessairement qu'ils se connaissent et qui agissent ensemble suivant leurs valeurs. Des exemples de réseaux sociaux d'engagement sont les sites de pétitions, les applications de scanfood et de scanproduct, les applications de l'économie du partage, et bien d'autres. Voir l'excellent ouvrage d'Henry Perret sur ce sujet « Nouvelle Conscience, Nouvel Homme, Nouvelle(s) Société(s) », Éditions Kawa.

Nous tous qui vivons aujourd'hui avons choisi de participer à ce changement d'époque. Pour ma part, j'éprouve un sentiment de gratitude et de reconnaissance infinies au fait d'être présente ici et maintenant. Je vis cela comme une chance et une bénédiction, j'attendais cela depuis si longtemps… ! Enfin, enfin, enfin… !! Nous y sommes ! Voici venue l'époque du changement profond, le temps joyeux de la transformation de notre monde vers plus d'Amour et de Conscience.

Charge à nous maintenant de construire ce nouveau monde. Révélons le paradis qu'est notre planète, elle est un joyau dans l'univers. Comprenons qu'elle contient largement de quoi tous nous accueillir et combler tous nos souhaits et tous nos besoins dès lors qu'ils sont ceux de notre être et non plus des désirs artificiels ou consuméristes.

Mais ceci fera l'objet du 3ᵉ tome de ce livre…

Ne négligeons pas notre pouvoir d'influence. Si nous souhaitons ajouter du sens à notre vie, et contribuer à forger ensemble l'utopie collective d'un monde désirable, il apparaît nécessaire de travailler d'abord sur nous-même pour aligner notre être, dans toutes ses composantes et ses dimensions.

Il nous faut effacer en partie notre personnage pour faire apparaître le meilleur et le plus vrai de nous-même, pour incarner le changement et rassembler toutes nos forces et nos convictions, sans nous mentir, sans nous bercer d'illusions, sans faire semblant. Il nous faut aussi nous connecter aux autres et à la vie pour nous retrouver et nous régénérer.

Ce sont les conditions nécessaires pour entreprendre avec justesse, ne pas faire pour compenser nos manques et donc en déplaçant les problèmes, mais pour incarner la cohérence et être crédibles, engageants, rassembleurs et surtout inspirants et éclairants pour autrui.

La cohérence n'est jamais parfaite : c'est une démarche person-nelle, progressive, à laquelle nous travaillons chaque jour un peu plus, que nous devons regarder avec beaucoup de bienveillance et d'indulgence envers nous-même et ceux qui progressent, sans juger, afin d'accepter petit à petit nos contradictions, puis de les gommer et vivre en paix avec nos valeurs et nos engagements.

Rappelons-nous que dans notre quotidien, auprès de nos proches, de nos collaborateurs, de nos dirigeants, de notre collectivité, de nos politiques, de nos groupes d'intérêt, quelle que soit notre place, quel que soit notre lieu de résidence, nous avons le pouvoir individuel et collectif de faire évoluer la société selon nos aspira-tions.
Cela est vrai dans les deux sens, que l'on choisisse la lumière ou son occultation. Faisons donc en sorte que la lumière triomphe. Donnons à tous envie de changer pour révéler le merveilleux de ce monde.

Aujourd'hui, il n'est pas forcément besoin de leaders pour faire changer un système. Notre époque n'est plus à la révolution et à l'affrontement[28] mais au collectif, au collaboratif, aux tribus de valeurs qui s'assemblent et se regroupent de façon fluctuante en fonction de leurs centres d'intérêt, de leurs engagements et de leurs missions.
Nous avons besoin d'animateurs, de facilitateurs, ces personnes engagées qui sortent de leur zone de confort pour se mettre au service du bien commun et proposent des structures, des lieux de rencontre ou d'activité, des plateformes interconnectées, au travers desquelles les lanceurs de changement peuvent s'expri-mer, échanger, construire ensemble, agir, influencer. L'Internet facilite grandement ces partages et ces échanges de savoirs à une échelle inenvisageable par le passé.

---

[28] Qui ne font que renforcer un système, ou le perpétuent en sens opposé.

Ne nous laissons pas décourager, comme je le constate de certains de mes correspondants. Un simple petit trou dans la membrane suffit à laisser passer la lumière et à permettre à tous de monter leur niveau de conscience et de reprendre espoir. Tous les efforts comptent, comme ceux du colibri.

Figure 19 : un petit trou dans la membrane...
laisse passer la lumière et illumine l'obscurité

Ce n'est pas en regardant l'avis de la majorité via des sondages ou du *social listening,* ou même à travers la presse qui ne se nourrit plus que d'horreur et de sensationnel, servant les intérêts personnels de ceux qui la possèdent, loin de sa mission de transmetteur factuel d'information, que nous recueillons les bons indicateurs. Il est important de regarder l'activité des lanceurs de changement pour détecter les transformations à venir et reprendre espoir.

Prenons conscience de notre pouvoir d'influence individuel et collectif. Nous incitons le changement par notre comportement, nous inspirons par notre démarche et notre cohérence. Cet impact est réel et prouvé scientifiquement, pour ceux d'entre vous qui voudraient effectuer des recherches à ce sujet[29]. Nous sommes

---

[29] Voir notamment l'ensemble des recherches scientifiques menées dans le cadre de la science post-matérialiste, c'est-à-dire appliquant une démarche et

créateurs lorsque nous nous laissons traverser par les énergies de création.

Le chemin de l'engagement et de la transformation est ardu mais joyeux, plein de vie et de construction, de rencontres et d'échanges, de controverses et de ralliements, de difficultés et de succès, d'humanité et de compassion. Une véritable aventure collective des temps modernes ! Et un projet de sens, pour préserver le monde que nous apprécions et que nous léguerons à nos enfants.

LE BIEN ET LE MAL, LA DIVISION ET L'UNITÉ

Il est temps que nous abordions les notions premières d'unité et de division, de bien et de mal, de jugement et d'observation.

Nous l'avons vu, notre personnage est perdu dans un maelstrom de flux et d'événements qu'il ne comprend pas et ne maîtrise pas. Il identifie la part qui est lui, son égo, de ce qui est le reste du monde, l'univers, qu'il appelle Dieu ou le néant selon ses opinions et ses croyances.

Qu'est-ce que Dieu ?
Les religions désignent ce qu'est Dieu.
Dieu est le bien, et ce qui est mal n'est pas Dieu.
Or Dieu est le tout. Comment expliquer cette contradiction ?

Conservons cette appellation de « Dieu » pour notre explication. Ce n'est pas au niveau de la division, de la séparation du monde entre le Bien et le Mal, que nous pouvons apprécier le tout. Nous

----

une rigueur scientifiques pures sans pour autant limiter les champs de recherche à une idéologie matérialiste – qui part du postulat que la matière est la seule réalité. Lien vers le *Manifeste pour une Science Post-matérialiste*, et voir ses signataires : https://opensciences.org/about/manifesto-for-a-post-materialist-science

ne pouvons pas apprécier « Dieu » si nous ne désignons que ça, c'est le Bien, c'est lui ; et ça, c'est le Mal, ce n'est pas lui.

Le bien et le mal impliquent une notion de jugement, d'estimation morale et éthique fondée sur notre appréciation de la réalité, directement liée aux influences socioculturelles, à notre vécu et à nos expériences, qui façonnent notre compréhension de la vie.

Or développer la reconnaissance envers Dieu, ou envers l'univers, peu importe les mots que nous employons, c'est, quoi qu'il arrive, développer notre vision hors de toute manifestation de l'expérience, hors de notre personnage, hors de notre égo, hors du monde de la dualité. Cela correspond à percevoir la réalité depuis notre Corps spirituel, au-delà de la séparation, depuis l'unité, avant même l'apparition de toute notion de Bien et de Mal.

Lorsque nous sommes dans la division, notre conscience aussi est divisée, et il y a dysfonctionnement.

✱ Ce n'est pas ainsi que Dieu pense, dans la séparation, et nous devons penser comme il pense si nous voulons le connaître à nouveau, si nous voulons connaître notre Âme et sa Source éternelle. La paix de Dieu ne peut être appréciée que dans un esprit entier, non duel, sans séparation, non divisé, non jugeant, qui reconnaît l'entièreté, l'équilibre et la perfection de la création de Dieu car tout est création de Dieu.

Nous l'avons vu, nous ne pouvons agir que sur ce que nous aimons. Nous ne pouvons pas modifier ce que nous détestons. C'est l'Amour qui nous rend tout-puissant, qui nous rend créateur de notre réalité, générateur des événements que nous souhaitons vivre.

La peur (non-Amour) nous maintient dans l'ignorance de qui nous sommes et rend impossible l'appréciation et la reconnaissance de l'autre : nous ne pouvons que le rejeter pour ce qu'il nous évoque d'incertitudes et d'échos négatifs qui trouvent leur origine en nous ; ou l'apprécier pour ce que nous espérons trouver en lui, afin de nous rassurer et de combler nos manques. Faisant cela, nous maintenons ou amplifions la division : je t'apprécie, car tu es comme moi, ou je te rejette, car tu es différent de moi.

✳ L'unité consiste à considérer l'autre comme une part de la manifestation du tout, sans rapport à soi mais uni à soi par le biais du tout.

Cette attitude duelle d'exclusion nous interdit également d'apprécier quelqu'un qui ferait des choses horribles par exemple. Je vais choquer beaucoup d'entre vous par ce qui suit… Quelqu'un qui, finalement, joue le rôle d'un personnage qui s'est éloigné de Dieu, qui a perdu le souvenir de la lumière dont il est issu – et à laquelle il retournera immanquablement. Peut-être cet être odieux a-t-il choisi de vivre une incarnation dans laquelle il inflige de la souffrance aux autres, afin d'expérimenter cette situation. Peut-être que les êtres auxquels il inflige de tels tourments lui sont-ils en réalité redevables du fait qu'il ait accepté ce rôle difficile afin qu'eux-mêmes puissent expérimenter cette situation. Il nous est impossible de voir et de comprendre l'image globale depuis notre incarnation, nous n'avons aucun recul, aucune perspective. Nous ne pouvons que juger, en suivant notre référentiel. Cela ne signifie pas que cet être n'a pas la possibilité de s'améliorer durant sa vie, de prendre conscience de ses comportements atroces et d'évoluer, bien au contraire – bien que cela lui sera difficile alors qu'il a tant occulté la lumière en lui. Ou peut-être est-ce justement l'expérience d'apprentissage de l'amour que son être a planifiée pour lui ? Pouvons-nous imaginer que cet être puisse être utile à l'évolution de l'Humanité ? Peut-être son rôle est-il de « forcer » l'évolution des hommes en les oppressant jusqu'à ce qu'ils ne puissent plus supporter de telles contraintes et qu'ils soient « obligés » de progresser, de sortir de leur immobilisme et de leur acceptation placide et peureuse ? Peut-être…

Ou peut-être est-ce tout autre chose.

L'être conscient en nous est non jugeant. Il observe et accueille le fruit de l'expérience. Il sait qu'il existe au-delà de notre personnage, et il connaît la valeur et la relativité de ce qui est manifesté. Voir le Mal en l'autre, c'est devenir le juge de l'œuvre de « Dieu ». C'est quelque chose que nous faisons effectivement depuis le point de vue de notre personnage, depuis notre égo lorsque nous nous identifions à lui.
Mais c'est un point de vue partiel qui est impossible depuis notre Corps spirituel.
C'est quelque chose que vous pourrez constater par vous-même en élevant votre fréquence vibratoire, en approchant votre conscience du niveau de votre Cœur, de celui de votre Âme.
Bien sûr, rien ne vous oblige à partager ce point de vue. Vous pouvez tout à fait « librement » continuer de percevoir ce qui est Bien et ce qui est Mal. C'est votre libre arbitre.
Mais sommes-nous vraiment libres lorsque nous jugeons ? Quelles expériences, quelles contraintes, quelles blessures ont modelé nos croyances et nous ont amenés à porter un jugement sur autrui ? S'agit-il d'expériences de pur amour ? Ou bien d'expériences de non-amour, de peurs, de rejets, de blessures, de frustrations, qui nous ont positionnés sur un point de vue défensif et par définition réducteur ?

Nous pouvons argumenter que ce qui est bien, c'est ce qui n'entrave pas et ne contraint pas l'autre, ce qui le respecte, ce qui ne porte pas atteinte à son intégrité. Nous pouvons mettre des définitions éthiques sur tout un tas de concepts a priori bienveillants. Certes.
Mais de quel respect s'agit-il ? Sur quel référentiel est-il bâti ? Quelle conscience avons-nous de la réelle liberté de l'autre, alors que lui-même a oublié qui il est réellement, alors que nous l'avons

nous-mêmes oublié ? Quel respect pouvons-nous manifester vis-à-vis de l'expérience qu'il a lui-même choisi de vivre ? Est-ce faire preuve de respect que d'intervenir pour l'empêcher ? Le respect doit-il s'exprimer envers le personnage ou envers l'être ?

Le respect pourrait-il simplement consister à agir en toutes choses en exprimant notre amour, sans juger, selon notre ressenti et nos choix en regard de NOS actions et non en regard des siennes, dans la paix, sans envie, sans désir, sans attente ?

Et que serait l'expérience si elle n'était que lumineuse ? Quelles épreuves subsisteraient sans adversité ? En quoi pourrait bien consister notre émancipation de la matière ? Quels contrastes seraient apportés, quels reliefs, quelles différences seraient vécues au niveau de notre vie incarnée en comparaison de ce que nous vivons déjà dans l'au-delà ?

N'est-ce pas là justement ce que nous recherchons, dépasser la part d'ombre que nous avons programmée en nous pour cette incarnation, en traversant des épreuves grâce à l'amour ? N'est-ce pas le moyen que nous avons choisi de générer de l'énergie et de renforcer considérablement tous nos corps, tout en contribuant à faire évoluer l'Humanité dans son ensemble ?

L'expérience d'incarnation se situe au-delà de la notion de Bien et de Mal. Elle est à l'image de « Dieu », elle est génératrice d'expérimentation, sous la forme de multiples niveaux de résolution d'épreuves mais aussi de multiples niveaux de vécu du bonheur, de la sublimation et de la joie extatique.

Si nous voulons comprendre la valeur de l'incarnation, nous devons rehausser notre point de vue pour l'apprécier du point de vue de « Dieu », du point de vue de l'unité.

En nous plaçant du point de vue de l'unité, en regardant toute chose et tout être avec amour, nous redevenons créateurs, à l'image de « Dieu ».

Être créateur signifie que nous acquérons alors la capacité de création, qui ne se situe pas dans le vouloir, le besoin ou le désir, mais dans la communion et la communication harmonieuse avec ce qui existe, dans l'humilité, l'acceptation, la reconnaissance de ce qui est. C'est depuis cet espace de paix que nous pouvons accélérer, voire générer la réalisation des choses auxquelles nous aspirons profondément.

Voilà pourquoi malgré le fait que nous vivions dans un monde duel, il est important de reconnaître l'unité en toutes choses, quelles que soient les visions et les influences actuelles – qui sont tellement ponctuelles et bénignes à l'échelle de l'univers. Toutes les divisions nous éloignent par essence de l'unité : guerres et prises de position pour l'un ou l'autre des belligérants, exclusion de certains au motif de culture, de religion, de sexe, de statut social, de statut vaccinal, d'âge, de look… patriotisme, élitisme, hiérarchie, notre époque porte son lot d'évictions et de cloisonnements. Notre mission, si nous l'acceptons, est de ramener l'unité dans ce monde, et d'y déployer l'amour, le partage, la fraternité, la solidarité, l'harmonie – quelles que soient les circonstances apparentes qui nous entourent.

COMMENT NOUS AVONS CRÉÉ LE BIEN ET LE MAL ?

En nous déconnectant, en perdant le sens de notre connexion au tout.

ET POURQUOI NOUS AVONS CRÉÉ LES RELIGIONS, LES LOIS ET LE SENS MORAL ?

Pour pallier la disparition de cette connexion originelle qui nous donnait la conscience perpétuelle de chaque chose et de chaque événement, et nous permettait d'exercer librement le discernement dans nos choix, en tout Amour et toute bienveillance.

Nous sommes à l'origine, au niveau de notre Cœur, totalement connectés au tout et à tous, dans un lien, une trame globale qui nous relie entre nous, et à l'univers.

Cette connexion qui nous régit tous est faite de la substance même de l'Amour, partagé entre toute créature dans l'harmonie et la beauté d'être.

Par cette connexion, nous sommes en mesure de ressentir en permanence l'équilibre et l'équité, et de faire nos choix en ayant totalement conscience des impacts et des répercussions de ces choix dans la trame, comme une onde parcourant une toile en fonction du mouvement des uns et des autres.

Nos choix sont d'amour et de joie, établis dans la paix et la sagesse.

Nous avons voulu vivre l'expérience de l'incarnation, car elle est passionnante. Et comme lorsque nous jouons intensément à un jeu vidéo, totalement absorbé par l'aventure, perdant le sens du temps et de ce qui nous entoure, oubliant même de manger et de dormir parfois, nous avons joué l'expérience tellement intensément que nous avons fini par nous identifier à elle, à la vivre, à nous densifier à tel point que nous avons oublié le reste. Au fil de l'expérience, nous nous sommes densifiés de plus en plus et nous avons perdu au niveau du Corps jusqu'au souvenir de notre connexion au tout, de l'harmonie régissant les mouvements de l'univers et les nôtres en syntonie. Nous avons créé des mondes duels, régis par la Lumière et la non-Lumière.

Et comme nous sommes des êtres issus d'un tout qui avons besoin par nature d'être connectés, en perdant la connexion à l'univers, nous n'avons plus conservé que la connexion aux humains, nous nous sommes interconnectés en communautés, en tribus humaines, sans avoir plus conscience du tout.

En nous éloignant de la conscience universelle, en perdant le sentiment profond de notre connexion constante avec l'univers —

connexion éternelle, qui existe toujours au niveau du Cœur mais que nous ne sentons plus au niveau du Corps – nous avons transformé la connexion initiale au tout en lien social. Et nous avons créé des lois et des règles pour régir notre vie déconnectée de la conscience car, ne ressentant plus l'harmonie de nos actes et de nos choix, il nous a fallu normaliser nos comportements.

Nous avons créé les religions, comme un lointain souvenir de notre relation directe et personnelle à l'être créateur. Nous avons hiérarchisé l'accès au sanctuaire.

Nous avons remplacé la conscience universelle par le Bien et le Mal, pour organiser notre vie en société. Nous avons créé la loi pour régir le groupe dans une optique de préservation et de survie de la communauté. Nous avons créé la dualité. Nous avons créé l'adhésion et l'exclusion, l'appartenance sociale au groupe et son exclusion, la soumission au jugement des autres. Nous avons créé la sentence et la punition. Nous avons créé « l'autre ».

Nous avons par la même occasion oublié l'Amour en chemin et créé les cinq blessures[30] : la trahison, le rejet, l'abandon, l'humiliation, l'injustice. Ces blessures sont directement issues de l'arbitraire de nos relations humaines.

Tu ne tueras point, tu ne nuiras pas à autrui et tu ne convoiteras pas son bien : les règles du Bien sont inspirées de celle de la conscience, mais elles sont soumises à la culture locale et à la temporalité. Elles ne sont ni universelles ni éternelles – qualités qui distinguent ce qui est de la conscience de ce qui est de l'homme.

Lors de notre descente dans l'expérience, dans l'incarnation, il nous a donc fallu établir des lois pour régir la vie en groupe, des règles rigides, applicables à tous, non personnalisées et non con-

---

[30] Lise Bourbeau, *Les cinq blessures qui empêchent d'être soi-même.*

textualisées, mises en œuvre de façon systématique et sans s'interroger, sans conscience ni discernement.

Illustrons cela de façon légère par un exemple tiré du Code de la route : au Québec, les piétons ne sont pas autorisés à traverser hors des clous, ni quand le signal piéton est éteint. Cette infraction au Code de la route est passible d'une amende assez lourde. La loi doit être appliquée, même si aucune voiture n'est en vue d'un côté comme de l'autre de la rue. Elle se trouve défendue bec et ongles par ceux qui pensent qu'elle est là pour le plus grand bien de tous, invoquant des scénarios catastrophes dans le cas où quelqu'un traverserait en ne respectant pas ces règles – même lorsqu'autour d'eux, aucun véhicule n'est visiblement présent. Il est impressionnant de constater le basculement de conscience de ces personnes, qui peuvent en un instant passer d'une attitude ouverte et bienveillante à de fervents défenseurs d'une loi qu'on leur a imposée. En revanche, les véhicules au Québec sont autorisés dans la plupart des lieux à tourner à droite lorsque le feu est rouge, et personne ne s'offusque ici du libre arbitre laissé au discernement du conducteur.

Nous avons créé les dogmes, les règles, la reconnaissance par le plus grand nombre qui est la norme sociale, même lorsque le plus grand nombre a tort.
Nous avons adopté la loi du plus fort et admis l'oppression des plus faibles.

Le processus de dogmatisation est intéressant à observer.
Le dogme permet de régir le comportement du plus grand nombre d'individus et d'asseoir des processus de pouvoir (qui décide, qui punit). Pour qu'il fonctionne, il faut convaincre les individus de l'accepter, de s'y soumettre et même de l'adopter sans plus s'interroger. Les moyens de persuasion n'existent que parce la peur (non-Amour) existe chez les individus qui ont

perdu le sens du tout. Il s'agit d'une part de les rassurer (vos peurs sont écartées ou prises en charge, ou vous pouvez continuer d'appartenir au groupe et vivre parmi nous, ou vous pourrez réaliser certaines choses…) et d'autre part, d'accentuer les peurs potentielles (sans nous, pas de protection, ou, si vous ne respectez pas le dogme, vous serez exclus/puni, etc.).

Les dogmes créent l'acceptabilité sociale, tentent d'éliminer ce qui est hors cadre et séparent ce qui est montré de ce qui est dissimulé. Ils permettent la manipulation de l'information, appliquée par exemple à la communication politique et au marketing de masse. Le principe est de vanter des mérites qui ne sont pas les raisons réelles de ce qui est exprimé ou réalisé, tout en rendant les personnes responsables de la situation dans laquelle on les a placées.

Ces dogmes ont poussé les humains à surconsommer les ressources du monde pour les intérêts personnels des plus forts. Nous avons admiré la réussite sociale, même si cela signifiait opprimer nos frères et nos sœurs et détruire la planète pour y parvenir. Nous avons pris le pouvoir sur la nature en le déclarant légitime, et avons légiféré à cet effet en arguant d'une fatalité nécessaire.

Nous avons perdu la conscience de nous-même, de l'autre en tant que nous-même, de la planète en tant que nous-même, de l'unité qui nous anime tous.

Je ne ressens pas que le bien commun doive être régi par la norme ou par la loi.

C'est lorsque je perds la notion individuelle de conscience, de conscience profonde de ce qui est, non pas *bien* ou *mal*, mais de ce qui est **juste et équitable**, pour moi et pour l'autre dans un équilibre global, sans désir ni besoin ni attente, que je fige les relations et que je crée le bien et le mal.

La règle est l'antonyme de la conscience individuelle, son exact contraire. Elle est une facilité « prête à consommer », une réponse toute faite et standardisée face à diverses situations de la vie. Elle est profondément aliénante de l'être, qu'on contraint à ne plus trouver les réponses justes par lui-même, pour lui-même, qu'on maintient à un stade juvénile, qu'on empêche de s'émanciper. Elle est contraire au questionnement qui permet l'évolution de la conscience.

Et même si certains la croient gravée dans le marbre, la règle n'est qu'un reflet de la culture et du mode de pensée d'un espace et d'un temps. Regardez les mentalités du Moyen Âge en Europe, les règles, les lois et les punitions en vigueur à cette époque, vous constaterez qu'elles ont drastiquement changé – même espace, autre temps. Prenez l'éthique et la loi islamique qui animent le régime des mollahs en Iran, là aussi les modes de pensée diffèrent de ceux des Occidentaux – même temps, autre espace. Beaucoup d'entre nous perdent cette notion de relativité lorsqu'ils appliquent la règle, à eux-mêmes comme à autrui, et se laissent abuser par leur croyance en une nécessaire utilité de cette limitation de l'être.

La norme n'existe qu'en réponse à ces notions de bien et de mal. Elle est aussi malheureusement dévoyée la plupart du temps afin de protéger les intérêts des plus forts et des dominants, et empêcher les plus faibles de questionner les acquis des précédents. Et elle n'apporte aucune réponse apaisante en cas de conflit personnel.

Dans nos relations personnelles, c'est la même chose. En perdant le contact avec le pur Amour, nous avons créé des « systèmes d'amour » qui ne sont pas libres, mais qui créent des liens d'obligation, de contrainte, de contrôle, d'emprisonnement des nôtres. Lorsque ces liens sont actifs, lorsque nous exerçons le pouvoir et le contrôle sur ceux que nous aimons, lorsque nous les soumettons par l'affect, par la culpabilité, par la force physique ou psychique, cela peut nous emplir d'un sentiment de satisfaction intense car nous sommes face à quelque chose qui fonctionne bien, que nous maîtrisons, dont nous avons chassé la peur. Il faut se souvenir que le couple Amour/peur est sur le même curseur aux coordonnées opposées, et que lorsqu'on ne se souvient plus comment activer l'Amour, c'est la peur qui prend le dessus, avec plus ou moins d'intensité selon nos personnalités et nos problématiques.

Il s'agit d'une généralité assez incontournable hélas : peu d'entre nous sont capables aujourd'hui d'aimer l'autre dans le respect et la liberté totale qui lui sont dus. Et comme ni l'autre ni moi ne sommes capables de discerner la part de peur dans cet amour galvaudé, nous perpétuons des relations qui nous permettent tout au plus de combler des vides plutôt que de partager des pleins.

Ce sont des comportements que nous reproduisons souvent de génération en génération, ayant assimilé les comportements déviants d'amour de nos parents à une normalité, nous recherchons activement à les répéter avec nos partenaires et nos relations.

La stabilité de la loi et son intensification périodique reposent sur la peur du plus grand nombre de perdre l'apparence d'une certaine sécurité. Plus la peur est grande, plus la loi est restrictive et autoritaire. Et plus la peur est grande, plus l'Amour et la conscience individuelle de lien à l'univers disparaissent. La loi densifie l'individu.

C'est ainsi que, selon Machiavel, « *celui qui contrôle la peur des gens devient le maître de leurs âmes* ».

Nous nous sommes reposés, endormis, et avons laissé le soin à d'autres de gérer notre vie, pour nous rassurer. Nous leur avons donné les clés du royaume pour ne plus avoir peur, en pensant qu'ils seraient plus aptes que nous à mener nos vies, en oubliant qu'ils ne nous rendaient pas ce service pour nous mais pour eux, sans bienveillance. Et nous l'avons constaté récemment, nos dirigeants ont manié la peur pour mieux tenter de nous contrôler et restreindre nos libertés les plus fondamentales.

C'est donc en oubliant notre connexion initiale à l'Amour et à la Conscience, en oubliant que nous étions constitués de Lumière que nous sommes devenus des animaux sociaux qui craignons d'être exclus de la meute. La loi nous a soumis au jugement de l'autre et à sa sentence et fait planer sur nous la peur d'être rejeté ou puni.
Et peu importe ceux qui se marginalisent, ils le font la majorité du temps en réaction au système, ce qui est aussi une façon de reconnaître ce système : « What you resist persists », comme l'affirmait Carl Jung.

La solution pour retrouver un mode d'action connecté et harmonieux, respectueux de l'autre et du tout, est de ne plus adhérer à ces systèmes dogmatiques et autoritaires, de ne plus les nourrir, de ne plus lutter « contre » mais de mettre toutes nos forces et toutes nos ressources à aller « pour », pour créer le monde que nous souhaitons. De retrouver la conscience individuelle de notre connexion au tout et aux autres et notre capacité de création.

La norme est le contraire de la connexion individuelle à l'univers. Elle restreint la liberté vraie de l'individu et des groupes qui s'y soumettent. C'est pourquoi la seule façon de s'extraire du système relationnel humain actuel est de se reconnecter individuellement aux autres et à la source de toute vie, quel que soit le nom qu'on lui donne et hors de toute religion – qui est aussi un système.

Voilà pourquoi notre monde désiré ne peut passer que par la collectivité, l'union, la solidarité, la fraternité – et que toute tentative de nous désunir, de nous séparer, de nous distancier ne peut pas nous mener là où nous aspirons à nous rendre. Il nous faut quitter l'illusion de la sécurité de la norme pour nous émanciper et grandir en conscience. Vivre, c'est prendre des risques, c'est tenter l'aventure, c'est essayer, c'est expérimenter, c'est apprendre.

L'AUTRE – OU LA RÉALITÉ EST L'UN DE MES CORPS

Il n'y a pas d'autre. L'autre n'existe pas.

Penser qu'il y a un autre est penser dans la séparation.

L'autre existe dans la forme, dans la manifestation, mais dans la réalité, nous sommes tous unis par un champ d'information puissant.

❋ Nous sommes des êtres identiques bien qu'uniques, issus de la même volonté créatrice, du même amour, de la même lumière, et créés à partir des mêmes éléments. Nous sommes des Êtres de Lumière. Seulement, certains l'ont oublié.

Dire qu'il y a un autre est se retirer le pouvoir d'agir. En effet, nous ne pouvons agir que sur nous-même.

De même, nous l'avons vu, nous ne pouvons modifier que ce que nous aimons. Nous sommes dépourvus de pouvoir créateur face à ce que nous rejetons ou n'apprécions pas. Notre vrai et immense pouvoir réside dans l'amour de Soi, qui nous donne accès à la création.

En tant qu'être multidimensionnel, quel niveau d'existence allons-nous choisir de vivre ? L'égo temporel dans la manifestation, ou l'être éternel dans la création ?

Ce qui m'arrive est l'écho de qui je suis.

Il ne m'arrive pas ce que je veux, il m'arrive ce que je suis, ce que je rayonne, ce que j'émane.

Si l'autre interagit avec moi, c'est qu'il fait partie de moi. De même, si un événement survient, il fait également partie de moi car la réalité est l'un de mes corps.

Voilà en quoi je peux générer les événements et les rencontres qui me ressemblent.

Voilà pourquoi mon évolution spirituelle, ma transformation vers l'unité modifiera mes rencontres et mes circonstances de vie. Tout est une question d'équilibre et d'harmonie des champs vibratoires et informationnels.

RETROUVER L'UNITÉ

Nous reconnectant au tout, nous nous reconnectons aussi entre nous, à *chacun* d'entre nous sans distinction de statut social, de culture, d'âge, d'origine, de genre ou de croyance, nous déployons naturellement un respect, une écoute et une reconnaissance envers l'autre, que nous savons être notre frère ou notre sœur. Il ne s'agit pas là d'éducation ou d'inclinaison personnelle, mais d'une évidence qui s'impose à nous naturellement dès lors que nous décidons d'évoluer.

Bien sûr, il nous est totalement possible d'apprécier ou de ne pas apprécier tel ou tel autre, de la même manière que dans une famille, on peut préférer ou s'entendre mieux avec certaines personnes qu'avec d'autres ; mais cela n'empêche pas la relation/connexion entre nous.

Pour trouver une issue au Bien et au Mal, pour dépasser les heurts et les guerres, il nous faut retrouver le sentiment de l'unité, au-delà de nos différences individuelles.

L'unité est le contraire de la division, de la dualité.

L'unité se trouve lorsque nous savons prendre suffisamment de recul par rapport à notre personnage, pour nous placer dans un espace de paix, de joie, d'amour.

Peu importe dès lors ce que pense l'autre, ce qu'il exprime, ce qu'il fait ou dit, s'il est d'accord ou pas avec moi et moi avec lui, l'important hors de tout contexte est de le reconnaître comme un frère, une sœur, un autre soi, de ne pas le juger mais de le considérer avec tendresse et bienveillance, même dans ses « égarements » ou ses différences.

Les cinq blessures ne peuvent plus nous toucher, encore moins nous atteindre, dès lors que nous retrouvons le sentiment profond et vrai de la connexion au divin, à l'univers.

La plénitude que nous pouvons ressentir lorsque nous retrouvons le sentiment de la connexion aux autres et au tout est incommensurable. Le vide qui nous entoure, se transforme en plein et devient le cocon aimant dans lequel nous venons nous lover amoureusement.

Il est nécessaire d'avoir initié un chemin spirituel, de nous être minimalement détaché du personnage, pour activer en nous le souvenir de cette trame aimante, rassurante, complétude, qui est et existe au-delà de la mémoire que nous avons pu en conserver. Elle ne nous est pas du tout étrangère mais fait intégralement partie de nos connaissances enfouies au plus profond de nous, inscrite dans nos gènes et dans le vide de nos cellules, dans nos mémoires akashiques.

✱ Elle nous conduit à ce que nous nommons l'ascension, qui permet de dépasser les limites de notre corps physique pour retrouver la maîtrise de l'énergie qui le constitue. Elle est le retour à la mémoire de Dieu, à la mémoire que nous sommes Dieu.
Nous nous nourrissons alors à nouveau directement à la source de toute chose, de tout Amour, de toute Conscience, de toute Lumière. C'est le chemin du retour à la source, la remontée qui fait suite à la descente, à la matérialisation de l'esprit dans la matière, notre chemin pour redevenir pur esprit.

Ayant choisi de nous incarner dans un corps physique, dans un monde duel, ce qui, reconnaissons-le, est parfois une expérience difficile et pénible, nous ne retournons pas au monde immatériel comme nous en sommes partis. Nous sommes venus nous incarner pour apprendre à manifester l'amour, l'harmonie, la paix, la joie. Nous sommes des âmes divines, des êtres liés à d'autres êtres, dans d'autres temps, d'autres espaces. Cette expérience dans la matière, cette difficulté d'amour nous permet de renforcer considérablement nos corps, de renforcer nos énergies, d'amplifier notre être, notre âme, et, par la même occasion, de contribuer à renforcer tout un aspect de conscience et toute une dimension.

Éprouvant cela, nous ressentons alors une profonde gratitude et un émerveillement sans borne en reconnaissant la magnificence et la perfection de la création de Dieu.

L'ÉNERGIE ET LA MATIÈRE

Je dois reconnaître que j'ai cherché, en dessinant les schémas précédents, à simplifier les phénomènes d'échange intervenant entre les différents niveaux de notre Âme, de notre Cœur et de notre Corps, afin de les rendre plus accessibles à la compréhension.

Toutefois, les cycles « descendant » et « ascendant » revêtent à chaque phase leurs propres aspirations, et il convient, au moins cette fois, même très schématiquement, de distinguer ce qui est du domaine de la matérialisation, de la densification (dans le sens « descendant », vers l'incarnation), de ce qui est de celui de la dématérialisation, de la spiritualisation (dans le sens « ascendant », vers l'ascension).

On retrouve ces mêmes notions en physique quantique, dans laquelle la matière et l'énergie ne sont que des manifestations différentes de la même réalité physique sous-jacente : l'énergie peut être transformée en matière, et vice-versa.

Ce qu'il faut en retenir, c'est que le processus décrit ici concerne aussi bien la création du monde que la création de nos projets, car tout est un dans l'univers.

Vous trouverez dans le chapitre suivant une présentation plus complète et spirituelle de ce schéma, sous le titre « ✳ Création ».

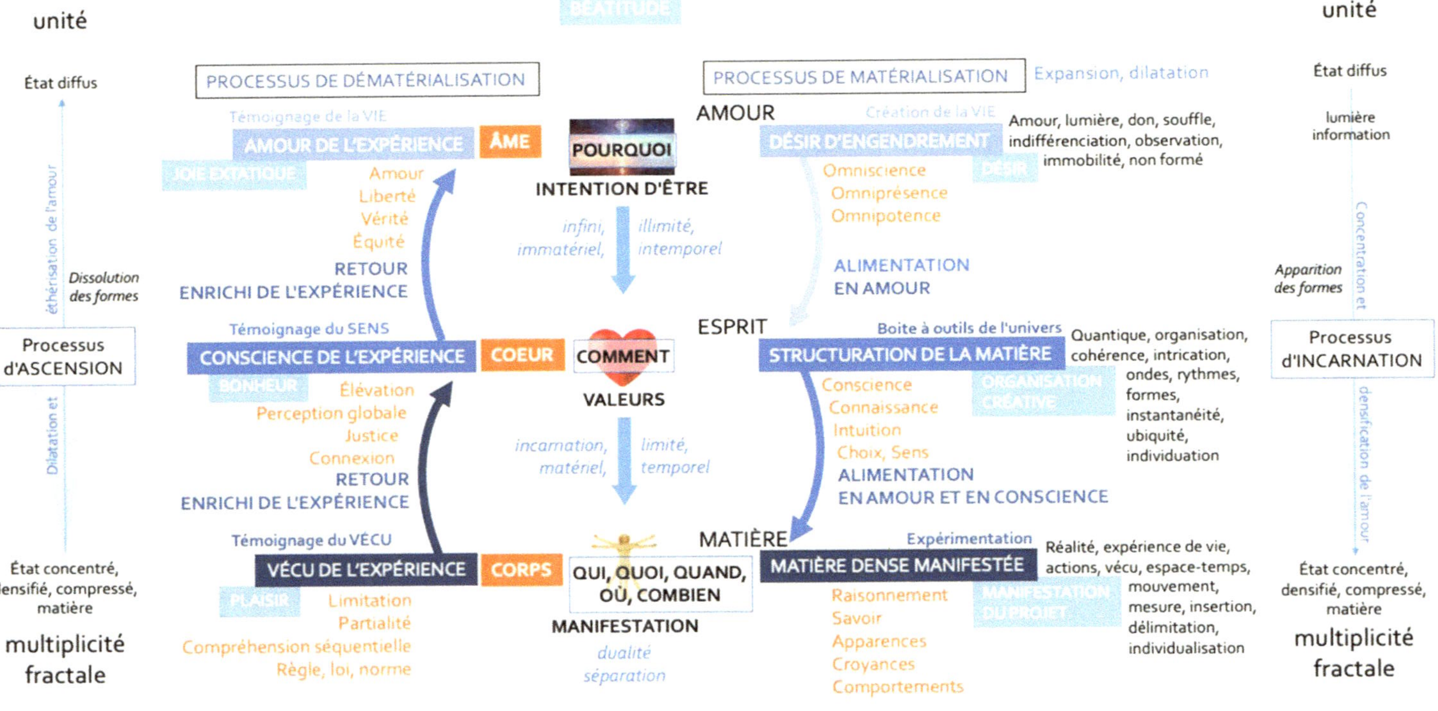

Figure 20 : le cycle universel de la création ①

Le cycle de création représenté ici est celui de l'Amour, qui se densifie pour se manifester et expérimenter, et s'éthérise pour se rassembler et collecter le fruit de l'expérience.

DANS LE SENS DE LA MATÉRIALISATION (SENS « DESCENDANT »)

– L'Âme se situe au niveau de la conscience, de l'omniscience, de l'omniprésence, de l'omnipotence. C'est le niveau de l'infini, de l'illimité, de l'immatériel, de l'intemporel, du tout indifférencié, de l'immobilité, de l'observation. C'est le domaine de la Lumière où règne le pur Amour inconditionnel. Tout EST, par essence.

Il advient un « moment » où cet infini illimité indifférencié va ressentir le désir extrême d'engendrer et, dans un don suprême, accepte, par une incommensurable explosion créatrice, de scinder son unité en une infinité de fragments différents, de se définir, de se limiter, de se densifier pour créer la matière et vivre l'expérience de la vie, de répandre la lumière, le souffle, la pulsation à l'univers. C'est l'expression même de l'Amour qui engendre, du Don de Soi. C'est la création de la Vie, de l'univers.

Ce niveau de l'Âme correspond au « pourquoi » de la création. C'est également ce qu'il se passe au niveau de notre cellule originelle, au moment de la conception de notre corps physique, l'infiniment petit reflétant toujours l'infiniment grand.

C'est ce qu'il se passe lorsque nous concevons un enfant.

C'est également ce qu'il advient lorsque nous concevons un projet.

– Le niveau du Cœur correspond à celui du « comment » : quelle structuration pour cette création, quelle organisation, quelle cohérence, quelles imbrications entre les éléments distincts qui commencent à apparaître, quelle néguentropie ? C'est le niveau de l'intuition, de la connaissance, de la circulation de l'information, le temps et l'espace sont indéterminés, ils sont préfigurés par l'instantanéité et les déplacements délocalisés, l'ubiquité. C'est également le domaine du quantique, des principes de dualité onde-corpuscule, d'indétermination, des phénomènes d'intrication et de contrafactualité : la matière n'existe pas encore, mais les principes prennent forme et identité. L'information, l'énergie et la conscience circulent fluidement et forment des amas cohérents. Nous sommes dans la boîte à outils de l'univers, qui contient tous les éléments pour créer la matière.

Toute la création est en fait constituée de « briques » d'information codée issues de la Lumière et transmises par elle, que la Conscience organise et assemble en formes plus ou moins denses grâce à l'énergie créatrice de l'Amour. L'être humain lui-même est une structure énergétique, faite d'énergie qui vibre à une certaine fréquence. Voilà pourquoi nous avons parlé d'élever notre rythme vibratoire pour pouvoir changer de « niveau », pour nous syntoniser et nous mettre en cohérence avec des énergies de plus haute fréquence.
L'informatique, le web et leurs informations codées sont une reproduction minimaliste de ce qui crée le monde.

– En se compressant encore, l'énergie, guidée par la conscience selon l'information, forme la matière, plus dense, où apparaissent les singularités individuelles distinctives. C'est le niveau du Corps, de l'incarnation, de la forme, du limité, du matériel, du temporel, du raisonnement et de la logique, du savoir. C'est celui dans lequel nous pouvons mesurer et compter des valeurs rationnelles, le mouvement des objets les uns par rapport aux autres, le temps est structuré, il y a un avant, un pendant et un après. C'est le niveau où les éléments sont organisés, assemblés selon une cohérence apparente, un ordre rationnel, où l'entropie est écartée durant un temps qui est celui d'une vie en ce qui nous concerne. C'est aussi le niveau de l'apparence, de nos croyances, de nos freins. C'est celui où notre égo exprime qui il est, ce qu'il fait, dans quel espace-temps.

À ce niveau de la matière, nous vivons nos expériences, nous nous faisons influencer par notre éducation, nos systèmes de pensée et notre culture, nos peurs et nos blessures, nous exprimons l'amour et le non-amour, nous vivons l'expérience de la vie et la marquons de toutes les tonalités de notre vécu. C'est le domaine de notre personnalité, de notre personnage.

C'est à ce niveau que se matérialisent nos projets, nos créations.

Ce cycle descendant correspond au processus général de création : du désir à l'organisation, jusqu'à la matérialisation. C'est le processus qui préside à la création de l'univers, à la création de notre monde, mais aussi à la création de nos projets, à l'enfantement, cela est vrai de nos activités et de toutes nos créations.

DANS LE SENS DE LA DÉMATÉRIALISATION (SENS « ASCENDANT »)

Il existe en retour un processus inverse, ascendant, ce que j'ai appelé le retour de l'expérience.

Il consiste à remonter l'information de notre vécu, de ce qui s'est exprimé au niveau du Corps par l'entremise de nos actions. Comment avons-nous aimé ? Avons-nous transformé nos étapes de vie en les traversant dans l'amour, la paix, la joie ? Avons-nous créé l'harmonie dans notre vie, en nous et autour de nous ? Cette information, chargée de nos intentions et de nos choix, de notre vécu, est colorée par l'énergie de nos réalisations. Nous nous nourrissons de la résultante de nos expériences, et nous en nourrissons l'univers en retour.

C'est le processus qui part de ce que nous sommes aujourd'hui, un égo, un personnage dans des corps physique, mental et émotionnel.

– Partant du physique, du niveau du Corps, si cette information se trouve limitée par un vécu d'identification au personnage et aux situations traversées, sans conscience et sans recul, sans compréhension des enjeux et des choix en rapport avec l'Âme, elle ne pourra que faiblement remonter jusqu'au niveau du Cœur pour nourrir le cycle. À l'image d'un circuit électrique interrompu, le « courant » ne passera plus, ou très peu : notre alimentation en énergie s'en trouvera amoindrie, faiblement alimentée par nos plaisirs fugaces. Si l'information stagne à ce niveau, trop dense, en retour, nous ne pourrons exprimer que notre instinct, proche d'un vécu animal. Notre ascension sera conditionnée par le niveau collectif de conscience et nous dépendrons de l'énergie collective pour évoluer et nous élever… jusqu'à la prochaine incarnation durant laquelle nous tenterons sans doute de transmuter davantage d'énergie pour « décoller ».
Si en revanche nous avons entrepris le travail de désidentification de l'égo, que nous nous sommes détachés du personnage et l'avons relativisé, que nous avons amplifié notre amour et éloigné nos peurs pour nous approcher de la réalisation de notre être, nous disposons de suffisamment de « carburant », d'énergie pour initier le processus d'ascension et refermer le cycle. Nous pouvons nous extraire de la compréhension limitée et séquentielle, des points de vue partiels et conditionnés de notre personnage, de la norme, afin d'agrandir notre perception consciente de la réalité.
L'information en retour depuis le Corps revient à porter témoignage de notre expérience, de notre vécu. Nous avons renforcé notre énergie et l'avons incroyablement enrichie grâce à l'amour que nous avons réussi à exprimer malgré les épreuves traversées dans ce monde duel et matérialiste.

– Arrivant en retour au niveau du Cœur, cette information colore notre vie du sens profond de notre vécu, et nous permet d'alimenter en retour nos valeurs, nos intuitions, et de les conforter, de les renforcer. En remontant, cette énergie se dilate et s'épanouit, elle s'expanse, elle n'est plus contrainte dans la matière. Elle alimente le niveau du Cœur de l'information vécue en la découplant de sa temporalité, permettant au passé, au présent et au futur d'exister simultanément. Le savoir devient connaissance grâce à l'intuition et à de nouveaux sens subtils, non physiques, qui nous permettent d'accéder librement à de vastes champs d'information. Notre perception s'élargit. Nous accédons à de multiples dimensions subtiles de notre être. Chaque chose en ce monde trouve sa juste place. Nous retrouvons la conscience et le sentiment profond de la connexion à tout ce qui nous entoure.
Nous cumulons les plaisirs de l'instant et le bonheur intense de vivre.
L'information en retour correspond à porter témoignage de l'expérience vécue en conscience, de l'Amour reçu et partagé.

– Le retour d'expérience atteint finalement le niveau de l'Âme, lui restituant en plein le témoignage vibrant de la vie, nourrissant intensément la création de la multiplicité des formes, des situations et des expériences vécues par l'Amour manifesté dans tous les plans de réalité.
C'est là qu'existent harmonieusement la liberté, l'équité, l'équilibre. Ce niveau d'existence provoque une jouissance, une extase qui sont la résultante de l'engendrement provoqué par le désir, le retour au tout, la fusion dans l'éternité, la dilatation ultime et infinie, la conscience incommensurable qui fusionne avec le pur amour dans la lumière étincelante. C'est l'état de perfection dans lequel nous retrouvons notre position d'observateur. C'est le retour de l'amour vers l'amour après sa grande aventure dans les différents plans de conscience et les différents états de la ma-

tière, enrichi de l'amour de son expérience, c'est la fin d'un cycle.

Pour nous qui sommes des êtres incarnés, ce niveau correspond à l'intense satisfaction provoquée par l'aboutissement fructueux d'un projet, d'une création artistique, le rapport amoureux harmonieux et pur, la naissance d'un enfant, le dépassement d'une étape de vie, lorsqu'ils sont entrepris en conscience et vécus dans l'amour.

Tout projet librement consenti part du désir, de la passion, puis s'organise, se conceptualise pour enfin pouvoir se réaliser et se manifester, se construire. En se déployant, il procure en retour plaisir, bonheur et satisfaction intense, pouvant aller jusqu'à l'extase.

Plus le désir est intense, pur, lumineux, plus il génère de puissance pour construire et réaliser.

Et plus nous sommes alignés, et plus nos créations nous apporteront de valeur en retour.

✳ EN RÉSUMÉ... SPIRITUEL

Je suggère vivement aux personnes peu intéressées par une approche spirituelle de sauter les prochaines pages pour vous rendre directement en 3ᵉ partie de cet ouvrage où nous évoquerons la « pleine santé ».

✳ TOUT EST SIMPLE – LE SENS DE LA VIE

Si l'on considère les choses par leur cœur, leur essence, et non par leurs ramifications, tout est simple, comme dans la parabole de l'arbre.

La complexité est dans la réalisation, la multiplicité de la manifestation qui illustre les fabuleuses options du vivant. Tout doit/peut être exploré et expérimenté, pour alimenter la Source du retour de cette expérience et l'enrichir de cette information. Il n'y a ni bien ni mal dans ces expérimentations, seulement une exploration multidimensionnelle et fractale des innombrables niveaux de réalité, et l'Amour et la Joie générés par cette exploration.

Cette exploration est animée par le pur Amour, appréhendé comme le lien de création qui unit chaque créature, chaque création, chaque ramification au créateur. C'est ce pur Amour qui lui permet de prendre connaissance et conscience de sa création (voir dans les schémas la phase de retour ascensionnel). L'amour est le support de la connaissance, de la révélation du tout.

En revanche, nous, personnages de notre incarnation, ne sommes pas en mesure d'appréhender la multiplicité du vivant et l'harmonie parfaite de l'ensemble de ces expériences – nous pourrons le faire davantage lorsque nous atteindrons progressivement des niveaux dimensionnels supérieurs.

Lorsque nous nous éloignons du pur Amour – momentanément, le temps de cette incarnation – nous n'alimentons pas en
énergie notre remontée. Non pas que notre vie ne serve à rien,
car toute expérience est utile au tout, mais sans doute nous sera-
t-il nécessaire de répéter l'expérience par des incarnations successives afin de compléter l'expérience incomplète de notre vie
actuelle ; et sans doute les seuils de franchissement des épreuves
s'avèreront-ils plus élevés au fur et à mesure que nous rechi-
gnons à les dépasser. L'interruption de l'expérience par le
suicide, par exemple, n'est pas grave en soi, car il n'est rien de
bien ou de mal, mais reportera l'expérience que nous avons refusée sur d'autres incarnations.

C'est pourquoi il est important de vivre maintenant nos expériences en les dépassant, en les transcendant, afin qu'elles
deviennent expériences de pur amour, transmutées au travers
de nos corps, supports de nos incarnations. Chaque épreuve est
un défi d'amour, un portail d'évolution dont nous émergeons
plus vibrants d'amour que nous ne l'étions avant de rencontrer
cette expérience.

Car cela est une réalité : nous sommes des expérimentateurs de
l'Amour sous toutes ses facettes, des transformateurs d'énergie
d'Amour. Ces expériences ont par ailleurs la capacité de nous
faire évoluer, de dilater notre aura, de nous faire rayonner et
devenir des êtres de pure lumière.

✳ QUI NOUS SOMMES VRAIMENT

Nous ne sommes pas notre personnalité, nous ne sommes pas
ce personnage, nous ne sommes pas nos peurs, nous ne
sommes pas nos blessures, nous ne sommes pas nos faiblesses.
Nous ne sommes pas cette limitation de nous-même, nous ne
sommes pas l'image négative que nous avons de nous-mêmes.

Chacun d'entre nous est un être de lumière incarné, un esprit manifesté sur Terre dans un véhicule charnel, venu vivre dans la matière une infinité d'expériences à vocation ascensionnelle. Chacune de nos cellules est aussi conscience et lumière et aspire à la réalisation de soi.

Il est important que nous aimions notre parcours, malgré ses difficultés, que nous ne nous en voulions pas pour nos faiblesses, nos erreurs, nos chutes. Nous pouvons arrêter à l'instant de chercher à renvoyer de nous l'image d'un personnage parfait et infaillible. Car dans le fond, nous sommes vraiment cet être parfait et infaillible, au-delà de toutes les apparences. Au fond de nous, nous sommes grandioses et lumineux, des êtres qui veulent vivre la joie, l'amour, la paix, l'harmonie et l'unité. Sentez-vous ces mots résonner en vous ?

✳ LES GRANDES ÉPREUVES DE LA VIE – RÈGLES DU « JE »

Pourquoi devons-nous traverser de grandes épreuves dans notre vie ?

La réponse est double : vue de notre côté, en tant qu'être humain, pour nous transformer, passer des portails d'initiation, transmuter la difficulté en puissante énergie d'Amour qui va nous permettre de nous émanciper de la matière et de retrouver en nous l'être de lumière que nous sommes vraiment. Vue du côté de l'être de lumière, pour expérimenter les comportements et les transformations d'amour de notre personnage confronté à différentes situations, pour renseigner toutes les facettes de la création. Il nous arrive même de reprogrammer plusieurs fois un parcours d'incarnation similaire afin de permettre à notre personnage de l'expérimenter de différentes façons.

Pourquoi avons-nous oublié qui nous sommes ?

En tant que conscience supérieure, si nous créons un personnage qui se souvient de ce qu'il est, de qui il est, c'est-à-dire nous-même, il n'y aura pas de progression, il n'y aura pas d'expérimentation, car tout est déjà connu et appris.

En revanche, si nous créons un personnage qui subit le voile de l'oubli, qui tombe et se relève à plusieurs reprises, qui doit aller chercher profondément en lui des ressources insoupçonnées de courage, de volonté et d'acharnement, ou même qui ne le fait pas toujours mais qui essaie de trouver son chemin du mieux qu'il peut, qui réussit malgré les épreuves à persévérer, à dépasser ses inhibitions, alors là nous aurons généré de l'expérience quant à la voie que notre personnage aura choisie pour cheminer – rien n'est prédéterminé, nous ne pouvons pas savoir de façon certaine comment notre personnage va réagir, quels choix il va faire : c'est pour cela qu'il dispose du libre arbitre, d'affronter ou non ses épreuves, ses défis d'amour. L'évolution de son environnement, que nous ne maîtrisons que partiellement, peut s'avérer également déterminante pour son chemin de vie – tant qu'il ne prend pas conscience en tous cas qu'il existe au-delà de l'illusion de cet environnement. Le parcours de vie de notre personnage est en fait un chemin initiatique vers son être.
Tous les êtres humains vivent un parcours initiatique, même ceux qui l'ignorent.
Ce parcours spirituel n'est pas un loisir, un à-côté, il est au cœur de nos vies.

Qui décide des épreuves que nous allons vivre ?

Nous sommes entièrement responsables de nos épreuves, parce que nous avons décidé de les vivre pour tenter une expérience. En revanche, il n'est pas nécessaire que notre personnage ajoute de la souffrance à la difficulté : c'est en refusant l'expérience ou en ne la comprenant pas qu'il la rend douloureuse. Nous pouvons vivre les événements de notre vie et traverser nos défis d'amour dans la joie et l'acceptation. La souffrance n'est pas une punition ou un fléau de la vie. C'est notre refus de voir notre manque d'alignement avec notre être qui nous pousse vers la souffrance.

Elle est le résultat de nos choix inconscients et de nos renoncements à notre liberté d'être. Elle est de notre responsabilité et de notre fait.

Le but n'est pas que le personnage ait mal ou qu'il souffre, mais qu'il élève son niveau de conscience et traverse de multiples portails d'initiation, chaque fois qu'il apprend à aimer au travers des épreuves qu'il rencontre sur son parcours. L'Amour est la grande énergie de création de l'univers.

Comment se crée le personnage ?

Le personnage que nous sommes sur Terre interprète le rôle que nous lui avons créé avant sa naissance, avant son incarnation, pour expérimenter un trajet de vie et traverser des aventures en tentant d'en sortir « victorieux » dans la mesure du possible. Telle est la mission que nous lui avons confiée.

C'est-à-dire que nous mettons en place les conditionnements, les conditions de déroulement de son incarnation, puis proposons à notre personnage de rencontrer des obstacles sur son parcours, qui vont lui permettre de dépasser ses pensées limitantes, de se surpasser, d'aller au-delà de l'aspect fataliste et facile, en vivant ces dépassements dans l'amour, afin d'accéder à un potentiel de plus d'Amour encore. Comme dans un jeu vidéo où chaque fois que notre personnage réussit un niveau, il peut alors accéder au niveau suivant en récoltant grâce à cela un plein d'énergie et de nouveaux attributs pour la suite de ses aventures.

Ces épreuves œuvrent comme des portails qui nous permettent de franchir des niveaux.

Quels sont les attributs du personnage ?

En créant ce personnage, nous l'avons doté de tous les « attributs » nécessaires pour aborder le parcours de sa vie.

Chacun d'entre nous dispose en effet de l'intégralité des ressources qui vont lui permettre de vivre et de surpasser les événements de sa vie, même les plus difficiles.

Puis nous semons des indices sur sa route pour lui permettre de comprendre et utiliser ces ressources.

Ces indices sont multiples et constants. Plus important encore : ils sont toujours bienveillants, car ils sont destinés à attirer son attention sur les étapes qui doivent être confrontées et franchies. Si notre personnage ne voit pas, ou ne veut pas voir ou comprendre, nous lui représentons ces obstacles en augmentant l'intensité, puis la gravité de ces indices. C'est ainsi qu'il arrive à notre personnage de se retrouver régulièrement face aux mêmes événements – non encore compris et dépassés. Certains ont besoin d'aller jusqu'à frôler la mort pour enfin sortir de leur ancien mode de pensée, comprendre et évoluer. D'autres identifient l'indice au premier signe et traversent l'épreuve sans aucun dommage.

De quel libre arbitre disposons-nous ?

Cela nous amène à comprendre comment est tracé notre plan de vie et dans quelle mesure nous disposons effectivement d'un libre arbitre, plus ou moins grand.

Les événements principaux de notre vie sont déterminés à l'avance par nous-même en tant que conscience supérieure, qui est notre niveau d'existence au-delà de toutes nos incarnations, l'unité qui les rassemble toutes et les observe, l'expérimentateur en nous. Notre conscience supérieure n'est pas quelqu'un d'autre, c'est nous-même, dans un autre « ailleurs » et un autre « temps », dans une autre dimension. C'est la partie de nous-même que nous cherchons à rejoindre lorsque nous évoluons en phase d'ascension (voir plus bas).

Le niveau du Cœur est celui de notre conscience supérieure, hors du temps et de l'espace.

Notre conscience supérieure, nous-même, fixe notre plan de vie et notre personnage s'incarne. La liberté dont nous disposons en tant que personnage est limitée mais réelle : nous ne pouvons certes éviter les étapes clés de notre vie, mais nous pouvons d'une part nous y rendre par les moyens que nous voulons, et d'autre part les vivre selon nos choix.

À l'exemple d'un GPS auquel nous indiquons une destination mais dont nous pouvons faire multiplement varier l'itinéraire, nous pouvons nous rendre rapidement sur les lieux ou prendre des chemins de traverse.

Nous ne pouvons pas « échapper » aux événements de notre plan de vie. En revanche, nous pouvons décider de la façon de les rejoindre, de les traverser, d'en tirer des apprentissages et ainsi de nous combler d'énergie. Nous pouvons les vivre joyeusement, ou dramatiquement. Par exemple, une personne malade ou accidentée n'est pas condamnée à être triste ou anéantie, tout dépend de sa vision des choses. Il est clair qu'elle aura bien plus de ressources disponibles pour guérir ou surmonter son handicap si elle l'assimile à un défi à dépasser, plutôt qu'à une fatalité insurmontable. C'est également la différence perçue entre le coup de pioche du pionnier et celui du bagnard.

En prenant conscience de notre personnage, nous comprenons également que ce que nous appelons « la vie » n'est qu'une illusion. Cette illusion est l'un de nos corps, que nous pouvons modeler et modifier en élevant notre niveau de conscience.

Nous jouons notre rôle dans ce monde, mais nous ne sommes pas dupes de ce monde. Nous connaissons l'illusion. L'illusion de ce monde est utilisée par notre âme pour nous aider à progresser dans l'Amour et la pleine conscience.

Il peut parfois exister une période de notre vie où, finalement, nous avons fini par traverser l'ensemble des apprentissages principaux que nous avions prévu de vivre. Cette période nous laisse serein, car la vie pourrait s'arrêter ici et maintenant sans que cela ne revête aucune espèce d'importance – hormis peut-être la pensée de la douleur laissée à ceux que nous quittons. Cette période de vie peut aussi être mise à profit comme une période bonus pour faire autre chose, quelque chose qui ne revêt plus tant d'importance karmique pour soi, mais peut se trouver mise à profit au service de l'Humanité. Mais c'est un autre sujet, dont je reparlerai dans un prochain ouvrage.

Qu'est-ce que l'ascension ?

L'ascension est cet état dans lequel nous retrouvons la pleine maîtrise de l'énergie et expérimentons l'accès au plein amour et à la pleine conscience durant notre incarnation, où nous fusionnons différents états de conscience pour rejoindre l'unité de notre être tout en restant incarné dans notre corps de chair et d'os. Dans l'état de réalisation, puis celui d'ascension, l'intérieur n'est plus séparé de l'extérieur, nous percevons la relation à tout être et à toute chose, vivante ou inerte, le sens, la cohérence et l'harmonie qui relie chaque élément de la création. Il n'y a plus de différence entre le dedans et le dehors, entre nous et l'autre, même si nous conservons notre identité, entre l'infiniment petit et l'infiniment grand, car tout se trouve en nous et nous avons accès au tout. Nous retrouvons notre nature unitaire de créature et de créateur.

* NOUS SOMMES DÉJÀ
CE QUE NOUS VOULONS DEVENIR

Voilà une notion que j'ai juste effleurée plus haut : nous sommes déjà ce que nous voulons devenir.

Nous sommes des êtres universels et multidimensionnels. Hors de l'incarnation, le temps et l'espace n'existent pas.

Dans une de ces dimensions, nous sommes des maîtres ascensionnés, dans une autre dimension, nous sommes des êtres de lumière proches de Dieu.

Toutes ces réalités, et bien d'autres, existent simultanément.

Pour ma part, je trouve cela extrêmement réjouissant, car si nous acceptons de délaisser la réalité que nous croyons vraie pour atteindre cet autre niveau d'existence, nous pouvons accéder à d'autres pans de réalité, instantanément.

Bien sûr, cela n'est pas si simple et suppose que nous puissions élever considérablement la fréquence vibratoire de nos cellules pour supporter ce nouvel état énergétique et vibrer en syntonie avec la réalité que nous visons. Cela suppose aussi d'amplifier infiniment notre humilité, de déployer une foi inébranlable et un amour pur et inconditionnel pour nous et pour tout et tous ceux qui nous entourent.

Notre première difficulté est de concevoir cela. Cela signifie aussi sortir de notre croyance que nous sommes « en chemin », qui est déjà un état en soi et qui nous fige dans cette réalité. En effet, énergétiquement, il n'est pas différent de concevoir d'être « en chemin » que d'être « arrivé », mais le premier empêche le second – c'est vrai aussi de la maladie : s'imaginer « en train de guérir » ou même « guéri » est différent de s'imaginer « en pleine santé » et ne permet pas de déployer les mêmes énergies pour retrouver l'état de notre corps parfait.

Ainsi, dans une autre réalité, nous sommes déjà un maître d'ascension. Cela nous permet de nous « brancher », de nous connecter à cette fréquence et de nous laisser inspirer pour guider notre évolution, pour acquérir discernement et clairvoyance dans notre vie.

Nous pouvons aussi bien sûr nous concevoir en tant que notre Conscience Supérieure, mais cela requiert un niveau vibratoire extrêmement intense qu'il est difficile d'exprimer.

Cette approche nous ouvre le champ de tous les possibles. Un verset de l'Évangile prête à Jésus ces paroles : « *Tout ce que vous demanderez en priant, croyez que vous l'avez reçu, et vous le verrez s'accomplir* » (Marc 11:24). Cela signifie que ce que vous désirez, soyez convaincu que vous l'avez déjà reçu et cela se manifestera – à condition de le demander de la juste façon, c'est-à-dire que ce n'est pas notre personnage qui va le demander, mais l'être lumineux en nous.

Pour obtenir ce que nous souhaitons, et c'est le principe des rêves éveillés, nous devons nous détacher de l'égo, prendre du recul sur nos désirs, nos attentes, nos besoins, pour nous placer dans un espace de paix, de sagesse, de sérénité. Ce que nous demandons s'harmonise alors avec un niveau plus profond de réalité.

Une méthode pour cela consiste à nous projeter dans l'avenir en imaginant que ce que nous désirons – maintenant – est déjà réalisé et accompli, à le voir vivre, puis à revenir dans l'instant présent – par exemple en claquant des mains très fort pour revenir instantanément à « ici et maintenant ».

✴ CRÉATION

Nous pouvons approfondir le schéma de création évoqué précédemment en y apportant une interprétation plus spirituelle.

Figure 21 : le cycle universel de la création ②

Nous disposons de la possibilité de nous reconnecter directement à la Source de toute chose, de laisser émerger notre Divine Présence Je Suis I Am, de nous exprimer en tant qu'être de lumière incarné issu du Tout. C'est une alliance personnelle et directe qui existe avec chacun d'entre nous, auquel nous accédons lorsque nous ressentons en nous la perfection de la Création.

Avant même l'intention de créer la vie, existe la Source de toutes choses en un état diffus, conscient, une Existence pure, un océan de béatitude. Il/Elle Est. אל שדי

L'attention n'est posée sur rien.

L'expérience de l'Amour consiste à passer d'un état diffus à un état concentré et densifié pour créer la Vie.
L'acte de création est un acte d'Amour inouï qui fait exploser la Lumière en une infinité d'éclats, qui diffracte l'unité en une myriade de fractales, et qui compresse et densifie ces éclats merveilleux pour créer les différents niveaux de réalité et les multiples dimensions dans lesquels la vie va se manifester dans tous ses états.
L'acte de division de l'Un crée le fractionnement, la relativité, la multiplicité, la forme, l'individualisation, le chaos et l'organisation, la temporalité, l'espace, la matière sous toutes ses formes et toutes ses densités… toutes créations vivantes inter-reliées entre elles par une trame de circuits énergétiques parcourus d'ondes transportant l'information dans le vide.

Chaque niveau crée une infinité de diffractions pour vivre l'expérience :
   – Source Une : création d'une multitude de Présences Je suis I Am ;

– Âme : création d'une multitude de Consciences Supérieures ;
– Cœur : création d'une multitude d'incarnations et d'incarnations parallèles ;
– Corps : création d'une multitude de cellules.

Le niveau de l'Âme est celui de notre Divine Présence Je Suis I Am.
Le niveau du Cœur est celui de notre Conscience Supérieure.
Le niveau du Corps est celui de notre égo, de cette incarnation, de notre personnage dans une vie.

La création se manifeste par l'information codée issue de la Lumière, l'énergie qui est l'Amour qui prend forme, et la conscience qui est l'Esprit qui guide le processus.

Notre Conscience Supérieure se situe au niveau du Cœur, c'est celui de l'unité de notre être qui détermine toutes nos incarnations. C'est là que nous pouvons accéder à nos mémoires akashiques et à toute l'information.
L'état de maître d'ascension correspond à la fusion de l'incarnation avec la Conscience Supérieure (dans le sens de la remontée), un état de reconnexion totale à la grille de l'univers qui relie chaque création entre elles et au Créateur.

Il est intéressant de réaliser que tout ce qui est matière en nous et autour de nous est en fait de l'Amour densifié, de l'Amour matérialisé…
Tout ce qui nous constitue est également ce qui constitue tout ce qui nous entoure, les pierres comme les végétaux, les animaux comme les hommes, ou même nos réfrigérateurs, nos canapés, nos automobiles ou nos ordinateurs… Cette unité peut être ressentie lors d'élévation de conscience vers le Je Suis I Am.
L'expérience de la vie est une œuvre collective que réalise chaque éclat du soleil central que nous sommes, afin que la multiplicité

vive l'ensemble de l'expérience, pour le bénéfice de l'ensemble qui est le tout.

C'est en cela que nous sommes Dieu.

Le cycle de la création permet à l'Un de se déployer pour explorer la manifestation dans tous ses états et de se rassembler pour collecter l'information et se connaître parfaitement.

Ce schéma peut sembler très intellectuel, mais il est porteur de vibrations codées que vous percevez sans doute.

Ce schéma est une représentation perçue en un temps et une époque. Il tient compte de nos modes de pensée pour nous permettre de comprendre et nous initier.

Il n'est qu'une maigre représentation de la magnificence de la Création mais a pour objectif de vous fournir des réponses à des questions que vous vous posez – ou que vous ne vous posez pas, ou pas encore – et de vous aider à progresser vers votre état de maîtrise.

Il n'est pas ce qui importe : ce qui compte vraiment, c'est vous, c'est votre capacité à laisser émerger l'être de lumière qui est en vous, pour votre plus grand bonheur et le bénéfice de nous tous.

Toutefois…

En dehors de la forme, nous n'avons pas besoin de réponse.

Les questions n'existent que dans la forme.

Nous avons la capacité d'exister au-delà de la forme.

Augmenter notre taux de conscience, notre fréquence vibratoire, c'est augmenter le niveau de réflexion jusqu'à ce qu'il n'y ait plus de questions.

C'est toucher un état d'être qui ne s'intéresse ni à la question, ni à la réponse.

Tout est parfait.

Nous le comprenons le jour où nous ne nous posons plus de questions.

TROISIÈME PARTIE
LA PLEINE SANTÉ

Guérir suppose qu'on se sent mal ou atteint, et qu'on veut restaurer un état de pleine santé et de plein bien-être.
C'est un état intermédiaire et non un objectif.
Voilà pourquoi plutôt que de parler de guérison, je préfère parler de pleine santé.

LA PLEINE SANTÉ

Lorsqu'on évoque la pleine santé, on parle du niveau du Corps. En effet, nul besoin de soins ou de guérison lorsque notre être revêt sa forme immatérielle, lorsque nous sommes désincarnés. Ces éléments font référence directement à notre personnage incarné et à son état d'alignement ou plutôt de désalignement avec notre être vrai. Ils qualifient notre expérience de vie et la réalisation des étapes que nous nous sommes fixées.

La pleine santé s'applique donc aux différents niveaux du Corps. Elle est l'état originel de nos corps physique, mental et émotionnel. Il s'agit de l'état harmonieux de parfait fonctionnement permettant la pleine circulation de l'énergie, de la lumière et de la conscience en nous.
Cet état est « dégradé », recouvert de couches conditionnantes du fait de notre vécu notamment lors des premières années de notre existence. Nous l'avons vu, ces couches sont placées là par nos peurs, nos conditionnements, nos blessures, nos pensées limitantes, afin de créer notre personnage et nous permettre de vivre les étapes de vie que nous avons voulu expérimenter. Charge à nous par la suite d'épurer ces couches et d'éviter de nouvelles surcouches, en déployant suffisamment d'Amour et de conscience.

Bien que la durée de vie moyenne de notre génération ait largement augmenté comparativement à celle des précédentes générations, du fait notamment de meilleures conditions de vie et d'une meilleure alimentation, nous n'avons pas encore atteint notre plein potentiel. Notre corps physique a la capacité théorique de vivre en bonne santé plus de deux cents ans, voire beaucoup plus.

Mais nous le dégradons et l'agressons continuellement par nos modes de vie, nos pensées, nos comportements et notre manque de conscience.

En effet, nous disposons tous naturellement de la capacité d'autoguérison, de régénération de nos cellules.

Naturellement car cela se fait tout seul : par exemple, si je m'érafle les genoux en tombant, ma peau va s'autoréparer et cicatriser dans un processus normal. Mais si je sature la capacité de mes cellules à se réparer par trop de « négatif » – nous verrons ce que cela signifie plus loin – elles perdront cette possibilité et dégénéreront jusqu'à ne plus pouvoir fonctionner ni produire des cellules de remplacement.

La régénération est cette capacité naturelle dont disposent nos cellules de se réparer ou d'être remplacées par de nouvelles cellules après qu'elles ont été détruites, soit au cours d'un cycle naturel qui les conduit de la vie à la mort selon des rythmes spécifiques à chacune, soit du fait qu'elles ont été endommagées par un accident ou par nos comportements.

Nos cellules n'ont pas besoin de notre intervention directe pour fonctionner. Elles communiquent entre elles par des signaux électriques, chimiques, sonores et lumineux, qui leur permettent de connaître l'état complet de notre corps à tout instant et de s'autoréguler.

Ainsi, nos cellules ont la capacité d'envoyer des cellules-souches – c'est-à-dire neutres, non différenciées, non spécifiques à un organe en particulier, et qui vont évoluer pour se différencier et devenir les cellules distinctives d'un organe en particulier – afin de soutenir la régénération ou la réparation d'un organe en souffrance.

Elles ont même la capacité, lorsque c'est nécessaire, de transformer des cellules déjà différenciées (spécifiques à un organe) en de nouvelles cellules-souches qui vont aller aider l'organe atteint à se réparer.

Lorsqu'elles meurent, nos cellules sont éliminées naturellement.

Tout comme nous, nos milliards de cellules sont animées par la vie, elles sont dotées de la conscience et forment une unité. Eh oui, chacune de nos cellules est consciente et représente un univers en elle-même ! Au-delà de communiquer entre elles, elles communiquent également avec nous par une très grande variété de signaux qu'elles nous envoient. Ce sont des appels que nous devons apprendre à percevoir et à interpréter pour adapter nos comportements, par exemple pour les soulager si elles souffrent, ou pour relayer leur joie si elles vibrent à un niveau élevé. Ces signes peuvent se traduire par un bien-être ou un mal-être, par des sensations de plaisir, par des malaises, par des maladies, par des émotions.

De façon naturelle et hormis certains cas particuliers, notre corps a la pleine capacité de se régénérer et de se réparer. Je parle de la grande majorité d'entre nous, il existe bien sûr toujours des cas particuliers où certaines âmes sont venues expérimenter des vies de limitation et de souffrance dont aucune prise de conscience ne peut les sortir ; c'est le cas notamment pour certaines expériences d'enfermement en soi sans possibilité de communication ou de connexion, ou de lourds handicaps physiques.

Pour l'immense majorité d'entre nous, lorsque nous n'avons pas conscience de notre façon de vivre, lorsque nous abaissons la fréquence vibratoire de notre corps qui est une structure énergétique, nous quittons notre état naturel de pleine santé. C'est-à-dire que d'une part, nos cellules vont dégénérer plus rapidement que leur cycle naturel et raccourcir leur espérance de vie ; et d'autre part, elles ne seront pas remplacées aussi rapidement que selon le « plan d'origine ». Elles risquent également de s'éloigner de leur programmation originelle pour dégénérer et muter. Ou encore, les cellules mortes pourront être mal ou pas totalement éliminées de nos cellules saines, les encombrant dans leurs fonctions et ralentissant leur métabolisme.

Cela signifie que notre manque de conscience peut significativement accélérer le rythme de détérioration naturelle de nos cellules, et provoquer en nous un vieillissement accéléré, des malaises et des maladies.

L'hygiène de vie est importante en toutes choses car elle nous apporte un équilibre général physique et psychique qui nous permet de nous régénérer et de vivre heureux dans un environnement harmonieux. Cycles de sommeil respectés, alimentation saine, vivante, équilibrée et peu copieuse, activités physiques et créatives régulières, périodes de tranquillité et de récupération, interactions sociales et communication, temps de divertissement et de détente, contacts fréquents avec la nature et les autres règnes contribuent à potentialiser notre état de pleine santé.

Nous sommes le premier médecin de notre corps. Nous l'avons vu, nous avons la capacité de transformer tous les aspects de notre vie qui nous alourdissent. C'est ainsi que nous pouvons stimuler le processus de vie, de guérison, de régénération physique, psychique, émotionnelle, par notre amour de la vie, en œuvrant dans une joie profonde, en nous éloignant de notre personnage et en nous approchant de notre être, en le laissant émerger au quotidien.

À l'inverse, il existe de très nombreux facteurs qui peuvent affecter notre état de pleine santé, abaisser notre état vibratoire, densifier nos corps donc abaisser notre immunité, citons les principaux – ils ne vous sont pas inconnus :

– Le stress et le rythme de vie

Le stress est un facteur majeur de dégénérescence cellulaire, provoquant à la fois des dysfonctionnements, des dégradations, et progressivement une incapacité à régénérer de nouvelles cellules saines. Autrement dit, il provoque maladies, malaises et vieillissement prématuré.

– L'alimentation et les traitements

Ce que nous avalons emplit notre corps de l'information qui compose les aliments que nous consommons. Il est dommageable pour notre santé de croire qu'un aliment n'est qu'un amas de matière : il contient à la fois l'information, la conscience et l'énergie de tous les éléments naturels et synthétiques qui le constituent, ainsi que celles des personnes qui l'ont fabriqué et préparé, voire même acheminé jusqu'à nous.

L'eau dispose également d'une « mémoire » : contenue à la fois dans nos aliments mais également dans les liquides que nous buvons, elle est un vecteur très fort de transfert d'information, d'énergie et de conscience.

Les additifs, les médicaments, les vaccins et toutes les autres substances que nous faisons pénétrer dans notre corps délivrent également des informations, des énergies et une conscience, bien au-delà de la simple information biochimique qu'ils sont censés apporter.

Étendons le sujet jusqu'aux crèmes que nous appliquons sur notre corps, l'alcool, le tabac, les drogues et substances hallucinogènes…

– La respiration

La respiration est l'expression de la vie en nous. En naissant, nous prenons notre premier souffle, et nous rendons notre dernier souffle en mourant. Nous inspirons la vie, nous expirons la vie. Nous ne possédons pas le souffle, il nous traverse. Nous communiquons grâce au souffle. Le souffle est un don. Il est symbole de liberté et d'universalité, d'amplitude, d'expansion.

Nous plaçons habituellement énormément de contraintes sur notre respiration, qui nous empêchent de profiter pleinement de notre joie de vivre en toute dilatation.

Il est important de replacer sa conscience sur la respiration et de faire circuler l'air en nous, notamment dans les lieux où l'air est pur et la nature puissante et vivante, dans la forêt, à la campagne, à la montagne, au bord de la mer…

– Les comportements

Nous l'avons vu, les peurs, les pensées limitantes, les croyances, les comportements négatifs, les attaches, les attentes, les désirs génèrent des ondes négatives qui abaissent notre fréquence vibratoire et peuvent impacter nos fonctions vitales. Chaque pensée négative affecte instantanément notre état général. Cela ne se voit pas tout de suite, car notre corps est résilient et a la capacité d'absorber un grand nombre d'agressions avant de manifester une maladie ou un malaise. Mais il arrive un stade où l'accumulation peut provoquer l'altération de nos organes et de nos fonctions vitales.

Nous verrons plus loin que chacun de nos organes est en correspondance plus particulièrement avec une émotion qui, selon qu'elle s'exprime positivement ou négativement, va soutenir ou détériorer cet organe en particulier.

Cette correspondance entre nos organes et nos comportements est extrêmement utile à connaître[31] pour décrypter les signes de détresse de notre corps et modifier notre approche de la vie avant d'arriver à un point de rupture, de tomber malade par exemple.

– Les facteurs environnementaux

Dans notre quotidien, nous sommes entourés de facteurs agressifs, surtout dans les grandes villes. Les ondes émises autour de nous, certains points telluriques, les pollutions de l'eau, de l'air et du sol, les radiations, peuvent nous affecter directement. Nous pouvons même être affectés par l'aspect dégradé de notre environnement ou la bétonnisation, car en tant qu'être naturel, c'est-à-dire de la nature, nous percevons en nous l'écho de cette dégradation lorsqu'un écosystème naturel est détruit. Plus récemment, nombre d'entre nous ont commencé à développer des réactions allergiques à certaines plantes, manifestation de ce dérèglement écosystémique et de notre défaut d'adaptation.

– Les rythmes et la qualité de vie

Nous souffrons souvent d'un manque de temps de repos dans la journée, et de temps de sommeil la nuit. Or le repos et le sommeil contribuent au mieux-être de nos cellules et de nos organes.

Nous devons aussi, de plus en plus souvent et dès le plus jeune âge, compenser le temps passé devant des écrans, nous protéger de l'aspect invasif de la publicité, de l'information négative issue des médias.

Nous avons un besoin vital, dans le sens littéral, c'est-à-dire besoin pour vivre sereinement, d'interactions sociales avec d'autres personnes ou avec des animaux, et des interactions naturelles avec la nature. Nous sommes une partie de l'unité et nous avons

---

[31] Voir par exemple *Le grand dictionnaire des malaises & maladies* (2e Ed.) de Jacques Martel, Éditions Atma.

besoin pour vivre des énergies qui se développent lors de ces interactions.

Il est utile de réaliser qu'une grande partie de notre alimentation n'est pas uniquement physique (particules) et requiert pour pouvoir nous en nourrir que nous soyons dans un état d'apaisement et de conscience.

– Le niveau de conscience et l'amour de soi

Nos cellules et nos organes vivent leur vie sans notre intervention consciente, et c'est tant mieux, car autrement, nous ne saurions survivre. Toutefois, la prise de conscience que chacune de nos cellules est vivante et consciente, et nos transformations successives pour révéler notre être sur notre chemin de vie, peuvent grandement les aider à prolonger leur état de bonne santé, leur durée de vie, leur cycle de vie et de mort harmonieux, leur renouvellement.

En revanche, nos difficultés de la vie, nos peurs, nos renoncements et notre aveuglement vont venir solliciter ardemment nos cellules et nos organes, abaisser leur rythme vibratoire, estomper notre immunité, et mettre à l'épreuve notre état de pleine santé.

DÉCRYPTER L'INFORMATION

Quand tout va bien, nous ne nous posons en général pas trop de questions et continuons tranquillement à dérouler notre vie heureuse, et c'est tant mieux. C'est l'indice d'une harmonie d'ensemble, entre ce que nous vivons et ce que nous sommes appelés à vivre. Les évolutions sont paisibles et à notre convenance, selon la volonté que nous en avons.

En revanche, il n'est pas une maladie, pas un incident, pas un événement désagréable qui ne soit provoqué par notre manque de conscience. Aucun hasard en cela. Dès lors que ces aléas nous touchent et nous font souffrir, ils sont irrémédiablement l'indice d'une déformation du regard que nous portons sur notre réalité et d'une altération de comportement. Notre être nous engage à nous transformer et nous le fait savoir.

Nous pouvons même en faire un véritable « jeu » : dès lors que je ressens une douleur, un mal-être, que je réalise que mon humeur n'est pas au beau fixe, cela doit faire sonner une alarme en moi, déclencher un « red flag ». Que se passe-t-il ? Je prends aussitôt un pas de recul pour me désidentifier et examiner la situation comme de l'extérieur : qu'est-ce qui a provoqué cela ? En qui me suis-je désaligné de qui je suis ? Quel défi d'Amour m'est proposé ici ? Quels sont les éléments perturbateurs, et pourquoi et comment ont-ils résonné en moi ?
Si vous prenez l'habitude d'appliquer systématiquement ce questionnement à ce qui vous dérange ou vous touche, à ce qui vous fait mal ou vous est désagréable, en l'appliquant au départ aux petites choses du quotidien pour vous entraîner sans que ce soit trop engageant, puis par la suite en vous questionnant en profondeur quand vous aurez bien maîtrisé le processus, vous verrez votre vie changer radicalement.

Bien sûr, vous pouvez arguer que nous ne contrôlons pas le niveau des ondes qui nous assaillent, la pollution de l'air que nous respirons ou l'élévation de température que nous subissons. Certes. Toutefois, il est éventuellement dans notre pouvoir d'augmenter notre résistance à ces agressions extérieures, en élevant notre fréquence vibratoire notamment, ou en accédant à la codification de notre ADN[32], afin de nous adapter et d'adapter notre corps. Cela est difficile, mais possible. La pression mise sur notre Corps est un élément déclencheur de notre évolution.

---

[32] 98 % des codons de notre ADN sont inactifs, considérés comme de « l'ADN-poubelle » par la science – Elgar G, Vavouri T, « Tuning into the Signals: Noncoding Sequence Conservation in Vertebrate Genomes », Trends Genet., vol. 24, n⁰ 7, juillet 2008, p. 344-52.

✳ L'univers est constitué d'information de lumière assemblée sous la forme d'unités codantes, transcrites par l'Amour qui crée sous l'égide de la conscience qui dirige et organise le processus de matérialisation. Il en est de même pour notre ADN.

Certaines agressions sont létales, tant la guerre que le nuage chargé de particules radioactives à Tchernobyl ou l'usage d'eaux polluées entraînant des maladies diarrhéiques extrêmes, par exemple. Mais notre mort n'est-elle pas ce que nous avions prévu justement ? Elle peut aussi être un raccourci que nous prenons sur notre chemin lorsque nous nous laissons décourager par les épreuves – ce qui ne résout rien, nous avons déjà abordé le sujet, car il nous sera nécessaire de « revenir » nous incarner pour compléter l'expérience.
Il existe aussi un jeu plus grand que celui de nos enjeux individuels, et qui concerne les enjeux collectifs de la race humaine sur Terre. Nous en reparlerons dans le Tome 3 lorsque nous parlerons de notre monde rêvé.

Revenons à nos maladies.
Nous pouvons « soigner » nos maladies par des traitements allopathiques ou des chirurgies ablatives ou réparatrices, mais ce n'est pas ainsi que nous les guérirons véritablement. Nous ferons en cela disparaître les symptômes et non les causes de la maladie. N'oublions pas que maladie signifie « mal-dit ».

Plus compliqués à « soigner » s'avèrent les accidents et événements désagréables de notre vie, puisque leur survenue nous semble encore plus aléatoire et extérieure à nous que nos maladies. Nous pouvons affronter ces événements agressifs en maudissant le sort et la malchance que nous penserons s'acharner sur nous, mais si nous n'avons pas compris le sens et le pourquoi de leur survenue, ils se représenteront encore et encore à nous sous une forme ou une autre, nous l'avons vu.

Alors finalement, qu'est-ce que guérir ?

Est-ce sortir d'une situation ? Est-ce la faire disparaître ? Est-ce l'ignorer, la nier ?

Ou ne serait-ce pas plutôt ne plus nous laisser atteindre par cette situation, la laisser nous traverser sans aucune accroche et continuer à nous sentir bien, quelle que soit la situation vécue ?

La distinction est importante, car dans le cas où nous repoussons ou nions la situation, nous nous plaçons dans une attitude de défense vis-à-vis de la vie, de résistance, nous cherchons à nous protéger d'agressions extérieures. Dans l'autre cas, nous sommes conscients de ce qu'il se passe et n'éprouvons pas le besoin de nous protéger car nous savons que si nous nous plaçons au niveau adéquat, la situation ne pourra ni nous atteindre ni nous faire souffrir. Cela nous permet de rester dans une attitude d'ouverture et de paix face à ce que la vie nous propose, d'accepter la fluidité de l'existence comme c'est le cas lorsque nous ne sommes pas incarnés.

Charge à nous d'atteindre ce fameux niveau où les aléas pourront couler librement sur nous et autour de nous sans nous toucher.

Donc, en fin de compte, est-ce que guérir, c'est modifier le monde, ou modifier notre perception du monde ?

Selon moi, ce n'est pas tant la maladie, l'incident, l'accident qui comptent, que notre façon de les vivre, car si cette expérience est programmée dans notre parcours de vie, nous devrons la traverser de toute façon, quelle que soit notre volonté de l'éviter ou de l'ignorer.

En revanche, notre libre arbitre et notre pouvoir créateur, que nous acquérons lorsque nous ne sommes plus victime, lorsque nous ne nous identifions plus au personnage, vont nous permettre soit d'atténuer considérablement la survenue et la gravité de cet événement, soit de traverser cette expérience en la sublimant de telle façon que dans tous les cas, nous l'expérimenterons en conservant notre joie de vivre et notre bonheur d'exister.

Si j'ai un accident de voiture et me retrouve en fauteuil roulant, dois-je pour autant renoncer à être heureux ? Si je me sépare de mon conjoint et vis seul désormais, dois-je pour autant être malheureux ? Si je me dispute avec ma famille, dois-je me sentir coupable et rejeté ? Si je perds mon emploi, dois-je me déprécier et déprimer pour autant ?
La réponse est NON, bien entendu, dans tous les cas.

QUEL BIEN-ÊTRE ? QUEL BONHEUR ?

Vous êtes-vous déjà posé la question de savoir ce qui compte vraiment pour vous ?

Est-il important pour vous de posséder un nouveau smartphone, des vêtements à la mode, une voiture, un canapé, une maison, un bateau ?
De posséder la santé, la forme, un physique agréable ?
Un conjoint, des amis, des enfants ?
Un travail, des activités, des loisirs, des voyages ?
Serez-vous malheureux si vous n'avez pas ou plus tout cela ? Si vous restez là où vous êtes alors que vous rêvez d'être ailleurs ? Si personne ne vous voit tel que vous aimeriez être vu ?

Ou pensez-vous que l'important pour vous est de vous sentir bien dans votre peau et heureux d'exister, là, ici, maintenant, quelle que soit l'expérience vécue ? Que ce qui compte vraiment en définitive pour vous, ce n'est pas tant ce que vous *aimeriez vivre* que ce que vous *vivez*, que ce n'est pas tant la *façon* de parvenir au bonheur que d'y accéder, et peu importe la forme que cela prendra pour y arriver ?

Nous confondons très fréquemment l'objectif, notre bonheur, et les moyens pour l'atteindre.

Tout ce que nous conjuguons avec le verbe « avoir » ou le verbe « faire » correspond à un moyen, une possession, un acquis, une activité, quelque chose d'extérieur à nous ; nous soumettons notre bien-être et notre satisfaction à des éléments hors de nous que, par définition, nous ne pouvons pas véritablement maîtriser, quels que soient notre volonté et notre pouvoir.

Quand nous conditionnons notre bien-être à une circonstance, « je serais heureux si… » (si je possède une maison, si quelqu'un m'aime, si j'ai des enfants, si la guerre s'arrête…), « je serai heureux quand… » (quand je serai riche, quand je serai grand, quand je serai guéri, quand j'aurai un travail, quand j'aurai gagné ce procès, quand j'aurai remporté ce contrat, quand je serai à la retraite, quand je voyagerai, quand mon ennemi ou l'adversité disparaîtra…), nous soumettons volontairement notre façon de ressentir le bonheur à des facteurs extérieurs, nous nous empêchons d'être heureux là, tout de suite, maintenant, à l'instant même, et reportons cela à un « plus tard » ou à un « ailleurs » conditionnels. Et nous continuons pendant ce temps à nous sentir mal, incomplet, vide ou inachevé. Nous vivons en nous projetant dans le temps ou dans l'espace, en nous identifiant à cette autre version de nous-même qui n'existera qu'une fois la condition remplie, si elle s'accomplit – c'est bien sûr une utopie et une occasion manquée d'épanouissement immédiat.

De plus, si nous déterminons avec plus ou moins de précision la *forme* que devra revêtir cette circonstance, alors nous limitons encore plus drastiquement notre capacité à atteindre notre bonheur. « Je veux rencontrer un homme grand, brun, beau, gentil, intelligent, cultivé, attentif, aimant tel sport, ayant telle passion… » ou l'équivalent pour un femme ; « je veux un travail en

tant que… qui soit intéressant, rémunérateur, pas stressant, évolutif, avec des collègues agréables et une hiérarchie respectueuse,
à tel endroit, qui me permette de voyager… », ces précisions res-
treignent considérablement notre champ des possibles. Le
besoin ne serait-il pas plutôt de trouver une compagne ou un
compagnon avec lequel/laquelle nous nous sentirons parfaitement bien et heureux, en harmonie, même s'il/elle n'est pas
notre type au départ ou n'a pas tous les attributs requis ? De
trouver un travail qui nous comble, même s'il ne correspond
pas à notre métier actuel ou à notre attente salariale, ou s'il nous
fait découvrir de nouveaux aspects jusqu'alors inconnus ?
Que cherchons-nous au fond, le bonheur vrai ou le moyen fan-
tasmé et idéalisé d'y parvenir ?

Il importe dans un premier temps d'ouvrir nos options : con-
centrons-nous sur le but recherché et non sur l'objet possédé,
le sujet ou l'activité, le moyen qui me permettrait d'y parvenir.
Pour cela, je vais devoir m'interroger sur le fond de mes désirs,
mes vraies motivations, mes envies vraies, et identifier les freins
en moi qui m'empêchent de satisfaire mes besoins.
Dans notre exemple de la recherche d'une nouvelle maison,
quel est mon vrai besoin ? Pourquoi suis-je en recherche d'une
maison ? Qu'est-ce que j'y vois, quelles valeurs est-ce que j'y attache ? Quels besoins ou insatisfactions cette maison va-t-elle
combler ? Suis-je à la recherche d'une maison, ou simplement
d'un abri, un endroit où je me sentirai bien, accueilli, protégé,
inséré, heureux ? Ai-je besoin de le posséder pour en profiter ?
Qu'est-ce que la maison évoque pour moi ? Quels souvenirs,
quels conditionnements, quelles peurs, quelles pensées limitantes ou agréables est-ce que j'attache au concept de maison ?
Suis-je guidé par la perception idéalisée d'une mère ou d'une
famille, heureuse ou malheureuse, pour reproduire un foyer de
façon identique, ou au contraire pour contrer des souvenirs
d'enfance ? Est-ce que j'attache à la maison l'image d'un stan-

ding social ou d'un statut à atteindre à un certain stade de la vie personnelle ou d'une carrière professionnelle ? Est-ce que cette recherche résulte de ma volonté, ou est-ce que j'exprime le désir d'un conjoint d'accéder à la propriété ou à l'image idéale d'une famille heureuse ? Est-ce que j'y associe la projection mentale d'un lieu idyllique qui permettrait de rassembler, de recomposer ma famille éparpillée ? Etc., etc.

Il est important que j'identifie les vrais motifs, les intentions sous-jacentes à mes besoins. Il n'y a pas de faute en cela, notre personnage est au départ le fruit de nos expériences et il se débat comme il peut dans ses conditionnements. La culpabilité n'existe pas, nous sommes innocents par essence. Mais si je cherche une maison pour le « mauvais » motif, je risque d'avoir des difficultés à trouver le lieu où je me sentirai bien, et il est probable que je ne trouve pas dans cette expérience la satisfaction profonde que j'y recherche.

Dans un second temps, il s'agit de ne pas détailler trop précisément mes attentes et de ne rien figer. Les solutions que je peux imaginer sont très limitées par rapport aux possibilités infinies que peut m'offrir l'univers, alors il est important de laisser à la vie toute latitude pour m'apporter des issues que je n'envisageais pas, même les plus créatives et les plus inattendues. « Je veux rencontrer quelqu'un qui me comblera et participera à mon bonheur » est très différent de « je veux une femme belle, intelligente, douce, compréhensive, bonne cuisinière », etc. Ma recherche d'une maison pourrait me conduire par un concours heureux de circonstances à partager une demeure avec d'autres personnes, ou à me voir confier les clés d'une maison qui ne m'appartient pas, à rejoindre la résidence d'un conjoint, à partir vivre à l'étranger… les options sont nombreuses. Peu importe. La forme n'aura pas été prédéterminée et le besoin final sera comblé.

Allons plus loin dans cette voie.

Lorsque je me fixe un objectif, un horizon de vie, j'ai la pleine capacité de le figer ou de le laisser ouvert. Le figer signifie que j'en projette une représentation précise. Le laisser ouvert veut dire que je fixe une direction, un principe, sans en identifier précisément la forme. Vouloir se diriger vers un avenir heureux et lumineux est fort différent de vouloir posséder une maison un jour, par exemple. L'objectif est avant tout une intention, une direction. Si nous le restreignons à un objet ou une action, nous nous handicapons nous-même.

De même, l'expérience heureuse se construit en chemin. L'expérience de vie est pratiquement le contraire de ce que nous avons appris en matière de stratégie et de développement de marché, la construction en « chaînage arrière » : nous nous fixons un but, un objectif, et définissons en rétroaction les étapes à réaliser pour l'atteindre. Cette voie d'expérimentation, régie par le mental et un certain désir de pouvoir et de maîtrise sur la matière, est très restrictive. Elle nous empêche de profiter des mille chemins de traverses et de leurs merveilles, de la myriade d'expériences enrichissantes et impromptues que nous aurions pu vivre en chemin si nous nous laissions guider par notre intuition. Elle bloque la circulation énergétique autour de nous et en nous et nous contraint à des expériences linéaires et restrictives.

Un chemin intéressant est celui de la construction en « chaînage avant » : fort de nos connaissances, de nos compétences et du désir de réaliser selon nos propres centres d'intérêt, nous pouvons nous mettre à l'écoute des « signaux faibles », ces informations et synchronicités disséminées autour de nous pour nous guider dans la réalisation de notre vie et de nos projets. Lorsque nous suivons ces indices, des routes s'ouvrent, d'autres s'écartent de nous, nous faisons des rencontres, décelons des opportunités, prenons plaisir à cheminer.

Quand nous nous plaçons dans une ouverture totale, prêt à accueillir l'expérience quelle qu'elle soit, dans une non-attente et une acceptation de ce qui vient – ce que, de toute façon, nous ne pourrons éviter puisque cela fait partie de notre chemin de vie – en ne visant que l'objectif général, qui est de nous sentir plein, heureux, vivant, vibrant, empli de bien-être et de reconnaissance face à la vie, nous générons et attirons à nous des expériences qui nous conduisent au bien-être et au bonheur que nous recherchons tous.

Et cela au-delà même des expériences rencontrées, puisque ce qui compte vraiment, c'est le sens de ce que ces expériences nous apportent, l'énergie dégagée par la progression vers la conscience de soi, l'élévation de notre niveau vibratoire.

Tel est donc le secret du bonheur et de la pleine santé : accueillir l'expérience, la traverser sans résistance, sans en souffrir, en nous libérant progressivement de toutes nos peurs et de toutes nos restrictions, en dégageant le sens profond de ce que nous expérimentons, en nous emplissant de gratitude et de bonheur en vivant ces événements avec amour, en sortant grandi de chaque épreuve/portail pour continuer notre vie avec un niveau de conscience accru et une énergie démultipliée.

QU'EST-CE QUE GUÉRIR ?

Ainsi, on comprend de ce qui précède que guérir n'est pas se soigner.

Se soigner signifie traiter les effets d'un mal pour en atténuer l'effet indésirable ou l'intensité. C'est oublier le mal dit (maladie), c'est effacer le signal d'alerte causé par notre non-alignement.

Guérir, en revanche, est traiter la cause. C'est nous réaligner avec nous-même. C'est retrouver l'état de notre corps parfait, retourner à l'état de notre être originel. C'est vivre l'expérience en l'acceptant et en la comprenant, puis en s'en servant comme d'un tremplin pour gravir des échelons et progresser. C'est élever notre fréquence vibratoire pour nourrir nos corps d'énergies lumineuses et éthérées en nous libérant des énergies plus denses, plus lourdes.

Pour guérir vraiment et complètement, on ne peut guérir un « morceau » de nous comme si nous étions un assemblage de pièces détachées. Nous sommes une unité, un être entier, une âme habitant un corps de matière. L'approche de soi est forcément holistique. C'est une grande lacune de vision de la médecine allopathique, tellement préoccupée par une approche fractionnée hyperspécialisée de chaque part de nous qu'elle ne perçoit plus l'entièreté de l'être humain qu'elle traite, et en arrive souvent à négliger les « effets indésirables » qu'elle peut provoquer sur l'ensemble de l'organisme en ne considérant que ce qu'elle traite.

Nous l'avons vu, toute maladie, tout mal-être, tout incident, tout événement ou accident tire son origine dans notre parcours de vie. Celui-ci est parsemé de moments forts, d'étapes durant lesquelles nous est donnée l'occasion de « changer de niveau », d'augmenter notre fréquence vibratoire, de comprendre et de surpasser une épreuve, en vivant une expérience et en la transformant dans l'Amour.
Car c'est bien cela guérir : c'est *guérir ses circonstances de vie*, c'est se réaligner avec qui nous sommes vraiment. C'est comprendre les causes qui ont généré la distorsion et l'éloignement d'avec qui nous sommes, et y remédier. C'est se transformer pour rejoindre la meilleure version de nous-même, c'est aligner notre vécu sur notre intention profonde.

Guérir, c'est modifier l'information.
C'est rétablir l'information vraie dans un monde faux.
La loi de l'univers est la perfection.

La loi de l'homme est basée sur la dualité vrai/faux, possible/pas possible, bien/mal, juste/injuste…

Pour retrouver la perfection de mon être, je dois élever le seuil de résolution de mes difficultés.

Je ne peux pas guérir en me plaçant au même niveau que ma maladie, en m'identifiant à elle, en me reconnaissant en elle, en lui donnant une réalité, en la renforçant par-là même.

En revanche, je peux guérir en élevant la conscience que j'en ai, en élevant mon rythme vibratoire en me délestant de mes peurs et de mes limitations, en identifiant le sens de ce que je vis et la valeur de cette expérience dans mon parcours de vie. Ce sont les éléments qui vont me permettre de modifier cet aspect de mon personnage, de créer une autre réalité par amour pour moi.

✻ Vous êtes-vous jamais arrêté sur ces mots, « l'amour est créateur », qu'on retrouve dans tous les mythes de l'origine du monde et les philosophies sur toute la planète ? Avez-vous déjà ressenti qu'il s'agissait plus que d'un concept ou d'une bonne volonté ? Car c'est là l'un des plus grands secrets de l'univers exposé aux yeux de tous et accessible à tous ceux qui souhaitent s'en saisir. L'amour est véritablement l'énergie de création, celle qui se densifie pour créer la matière.

Nous aussi y avons accès car nous sommes ces êtres créateurs issus du Créateur. Certes, si nous souhaitons modifier l'information ou créer une forme à partir du néant, il nous faut déployer une puissance d'amour et un niveau de conscience considérables. C'est difficile, mais c'est possible.

Nous avons tous la capacité de créer l'immatériel et le matériel, les événements et les objets. Certes, il nous faut pour cela rejoindre un état de très haute fréquence vibratoire et devenir des Maîtres incarnés, mais n'est-ce pas notre destinée à tous ?

La divinité qui est la mienne s'exprime à travers chaque événement, épreuve comme réjouissance. Et si je cessais de voir trop de négation, de porter mon regard sur ce qui va mal, si j'évitais de lui donner de la réalité par mes paroles, par mes pensées, par mes croyances, pour me concentrer sur ce qui va bien et me réjouit, m'élève, m'amplifie ?

Et si, au lieu de créer des maladies, je créais des univers d'amour ?

Suis-je prêt à faire des miracles ?

Souvenons-nous que tout est code d'information lumineuse dans l'univers. Ainsi, nous disposons tous en nous-mêmes de la codification de notre corps parfait. Cette information primordiale est inscrite dans notre 1ère cellule, notre cellule originelle, celle qui résulte de la fusion des gamètes de nos parents. Nous sommes parfaits au-delà du matériel génétique mis à notre disposition pour cette incarnation. Pour ceux d'entre nous qui avons développé notre ressenti et notre expérience de la conscience et de l'amour, nous pouvons retrouver en nous la sensation de cette première cellule et y accéder, pour réguler les atteintes à l'intégrité de notre corps physique, en réharmonisant nos organes et nos tissus sur cette fréquence fondamentale.

C'est ce que font certains guérisseurs et magnétiseurs lorsqu'ils pratiquent des soins, parfois même sans connaître le processus qu'ils enclenchent.

La qualité et la puissance de leur soin dépend évidemment de la pureté de leur prisme intérieur, rendu transparent par le travail personnel réalisé en amont. C'est ce qui leur permet d'accéder à la partie la plus lumineuse d'eux-mêmes et de ne pas transférer leurs problématiques sur leurs patients durant le processus de soin.

Retenons toutefois qu'en aucun cas ces soins ne peuvent résoudre les causes mais qu'ils peuvent soulager les effets. De plus, ces soins ne peuvent que soulager *momentanément* la difficulté afin de permettre à celui qui les reçoit de souffler un moment, le temps de récupérer suffisamment d'énergie pour travailler sur lui et résoudre les causes du problème.

L'AIDE DES AUTRES RÈGNES ET DES ÉLÉMENTS

En tant qu'être naturel interrelié, nous pouvons nous aider des autres règnes dans notre processus de guérison.

En effet, nous les intégrons tous en nous, et eux n'ont pas été éloignés de l'amour de leur être premier par un mental perturbant – bien que l'émotion puisse aussi créer des facteurs limitants chez les règnes animal et végétal.

Ils vibrent les fréquences fondamentales de la création, chacun avec ses particularités, sa « personnalité » pourrait-on dire. Ainsi, ce que peut nous apporter l'artémise est fort différent de la contribution du thym, qui se distingue de ce que peut nous procurer l'améthyste ou le jade, qui est différent de ce que nous communique un chat ou un chien. Nous pouvons ressentir les bienfaits qu'ils nous transmettent et composer une symphonie de nuances complémentaires, un « remède », pour soutenir et renforcer notre propre fréquence vibratoire. Plus nous y adjoindrons de reconnaissance, d'amour et de conscience, plus ces remèdes seront efficaces. C'est ce qu'on appelle la *présence*. Car c'est là l'un des secrets de notre interaction avec notre univers – celui à l'intérieur comme à l'extérieur de nous – : nous n'y avons pleinement accès qu'à partir du moment où nous en avons conscience, où nous développons notre présence, notre capacité à le percevoir, à le reconnaître et à y être attentif. L'intensité de cette présence et l'attention que nous posons sur la vie détermine absolument notre capacité à nous ressourcer aux éléments premiers, aux énergies choisies et à la vie elle-même.

Nous pouvons nous aider des plantes et des végétaux pour nous soigner ou maintenir notre pleine santé, selon leur essence, en les consommant crus, en tisanes ou en infusions, sous forme d'extraits, de teintures mères, d'huiles essentielles, voire même en n'utilisant que la mémoire de ce qu'ils sont avec l'homéopathie.

Nous pouvons aussi utiliser les pierres qui elles aussi sont vivantes – dans une temporalité et un rythme différents des nôtres. Selon que ces pierres sont brutes ou taillées, elles n'auront pas le même effet sur nous car elles auront revêtu une onde de forme particulière et seront empreintes de l'influence de celui qui les aura façonnées.
Les cristaux jouent un rôle particulier dans ce règne, en tant que support de mémorisation d'une quantité immense d'information codifiée et d'amplificateur de certaines capacités cognitives.

Nous pouvons aussi bien sûr nous appuyer sur le règne animal pour soulager nos maux et nous apaiser. L'amour que nous communiquent nos animaux familiers, par exemple, est pur et sans détour. Certaines personnes ont un rapport particulier avec le règne animal et disposent d'une capacité accrue de communication liée à leur empathie et leur amour pour ce règne.

Les éléments sont également très importants pour notre plénitude de vie. Ils sont présents plus particulièrement dans la nature et contribuent parfaitement à notre équilibre et à notre bonheur, dès lors que nous y sommes attentifs.
Je vais parler ici des éléments qui s'expriment en harmonie avec l'être humain, et non de leur aspect déchaîné comme cela arrive fréquemment sur la planète – je m'étendrai davantage sur le sujet dans le Tome 3 lorsque j'aborderai notre monde.
Notre capacité à nous relier aux éléments avec joie et confiance va déterminer notre capacité à nous sentir complet. Par exemple, une personne qui a peur de l'eau se coupe d'une partie d'elle-même et aurait intérêt à travailler sur ce facteur limitant de son expression.

Une balade en forêt, à la campagne, à la montagne peut nous permettre de nous connecter à la Terre et nous ressourcer, renforcer notre ancrage, notre sens du concret et de la réalité, stabiliser nos errances, épanouir notre côté physique. Il est indispensable à la bonne insertion dans notre quotidien et à notre stabilité. Cet aspect est également lié à l'exercice physique qui contribue au bon équilibre de notre Corps. La Terre nous connecte à notre force de vie, à notre goût de la vie.

De façon extrêmement sommaire :
La Terre est en lien avec le bas du corps (pieds, jambes, hanches), avec le sens du goût (utérus/prostate et langue), ainsi qu'avec le couple estomac/rate (volonté – fin de l'été).
Au niveau des mains, c'est l'auriculaire qui représente la Terre. Elle est généralement en lien avec la mère, le foyer, le lieu d'attache. La Terre évoque la sécurité.
Je vous donne ces quelques précisions – vous trouverez des ouvrages entiers qui y sont consacrés – afin de vous guider dans l'interprétation des signes. C'est ainsi par exemple qu'une simple éraflure à l'auriculaire gauche peut vous permettre de détecter une difficulté en rapport avec votre mère. À vous de ressentir laquelle à la suite. Ces petits signes décryptés nous évitent les plus gros signes malaisants ou douloureux.

L'Eau courante et vivante des fleuves, des lacs, des mers et des océans nous purifie et active la circulation des flux en nous. Elle nous accueille et nous berce comme un liquide maternel, matriciel. Elle nous nettoie avec amour de tous les miasmes et saletés qui se sont accumulés sur nous et en nous.
L'Eau dispose d'une mémoire dont nous commençons tout juste à comprendre la portée[33]. Notre corps est composé en majorité d'eau (entre 50 % et 80 % du corps, ce qui correspond en

---

[33] Voir les nombreux travaux partout dans le monde sur la mémoire de l'eau.

moyenne à 40 à 50 litres pour un adulte) et cette eau est imprégnée de la mémoire vibratoire de nos aventures. Notre *présence*, l'attention et la conscience que nous portons à l'épurer va nous permettre de nous nettoyer des basses fréquences lorsque nous prenons une douche, un bain, lorsque nous nageons – momentanément, jusqu'à ce que nous en ayons éliminé la cause inductrice. L'Eau est en rapport avec le bas-ventre, le couple rein/vessie (écoute – hiver), le sens de l'ouïe (ovaires/testicules et oreilles) et l'annulaire.
L'Eau évoque le confort.

L'Air – le grand air – éveille en nous un sentiment de liberté et nous donne envie de nous envoler dans le vent. Il évoque la légèreté et la dilatation, il nous extrait des contraintes que nous nous sommes imposées. Nul ne peut saisir le vent. L'air pur nous vivifie, nous permet de déployer notre être de façon immense et nous ouvre à nos intuitions et au cosmos.
Nous consommons chaque jour près de 12 000 litres d'air. Nous prenons notre premier souffle, nous rendons notre dernier souffle. L'air nous enseigne que nous ne possédons rien, que nous pouvons juste nous laisser traverser par le don de vie qui nous est offert.
L'Air est en lien avec le haut du buste, le couple poumon/colon (inspiration – automne), le sens de l'odorat (vagin/pénis et nez) et le majeur.
L'Air évoque la joie.

Le Feu est représenté par le soleil qui rend toute vie possible sur notre planète, et nous dispense bien plus que les rayonnements que nous percevons. Nous avons un besoin vital de la lumière, et déprimons davantage lorsque le temps est mauvais, lorsque les jours sont courts ou inexistants.

Le feu s'applique à la vision, à la perception, au discernement, à la connaissance, à l'information pure. Il est le vecteur de la conscience et de l'esprit. Il est transformateur et purificateur, il nous emplit de force et de détermination.

Le Feu est en lien avec la tête, le couple cœur/intestin grêle (amour – été), le sens de la vue (clitoris/gland et yeux) et l'index.

Le Feu évoque l'émerveillement.

L'Éther est un élément mystérieux pour beaucoup. Dans le vide, il est la trame qui sert de support à l'information et interrelie tous les êtres et toute la création.

L'Éther est en lien avec l'espace au-dessus de notre tête, le couple foie/vésicule biliaire (création – printemps), le sens de du toucher (peau) et le pouce.

L'Éther évoque l'union, la fusion avec le tout.

Bon, voici quelques indices posés. Toutefois, ce que je vous indique ici est extrêmement schématique, car tous ces règnes et tous ces éléments sont eux-mêmes intimement interconnectés à tous les niveaux, en lien avec les chakras (les nôtres et ceux du monde). Chaque organe présente lui-même différentes zones où s'expriment tous les éléments et contient tous les règnes, et on retrouve à tous les niveaux dans notre corps la représentation de l'ensemble et le détail de chaque partie au niveau fractal – par exemple la zone de l'oreille contient l'intégralité de la représentation du corps, etc.

Et n'oublions pas non plus que notre corps – et l'univers tout entier – est composé à plus de 99,99 % de vide… qui contient l'ensemble de toutes les informations et de toutes les énergies de création, et auquel nous pouvons faire appel pour vivre en pleine santé.

Nous sommes à la fois l'ensemble et chaque détail de l'ensemble.

L'UNIVERS NE NOUS DONNE PAS CE QUE NOUS VOULONS, MAIS CE DONT NOUS AVONS BESOIN

Il ne nous est pas proposé d'échapper à nos épreuves, mais d'amplifier nos capacités pour y répondre le mieux possible.

Si l'on considère ce « mal » comme un indice fort que quelque chose ne va pas, nous pouvons soit essayer de l'oublier – comme lorsqu'on prend un analgésique pour effacer une douleur – soit lui faire face et résoudre la situation l'ayant engendré. Et c'est à ce moment-là que nous recevons de l'aide, immanquablement.

Les prières servent à accélérer un processus existant, ou à le ralentir selon le cas.

Lorsque nous demandons de l'aide, lorsque nous prions ou supplions, les choses ne vont pas forcément aller « mieux ». L'aide du divin, ou de mon âme, quel que soit le nom que nous lui donnions, celle des saints, des maîtres et des guides, des anges ou des archanges, si c'est à eux que nous nous adressons, nous oriente vers une compréhension supérieure, une acceptation profonde de qui nous sommes et de la structure énergétique que nous sommes. Cette aide nous permet d'amplifier notre capacité de transformation, d'harmoniser et de fluidifier l'information en nous et autour de nous pour rendre la modification plus facile. Elle ne réalise pas à notre place ce que nous seuls pouvons résoudre.

M'éloigner du personnage pour aller vers qui je suis n'est pas forcément quelque chose d'agréable au premier abord. C'est un processus qui requiert que nous allions rechercher au fond de nous nos ressources les mieux enfouies, et que nous fassions preuve de courage, de détermination, de foi et de volonté. Il ne s'agit pas de *lutter contre* nos problèmes ou nos « défauts », ce n'est pas une guerre ou un affrontement. Il s'agit avant tout de *voir* nos parts sombres, de les *accepter*, pour pouvoir les transmuter et les transformer en parts lumineuses. Il ne s'agit pas d'ignorer l'ombre ou de la nier, il nous faut l'illuminer. Seul l'Amour permet cela. C'est lui qui va nous permettre de progresser, de transformer et de franchir les étapes.

* Lorsque la Source crée l'univers, elle n'est que pure lumière, c'est l'unité qui se divise pour créer la manifestation. La dualité est issue de l'unité : l'ombre est issue de la lumière et a besoin de l'Amour pour y retourner.

Il nous faut aimer même notre part d'ombre, non pas pour y adhérer ou y sombrer, ni pour en être victime et nous en désoler, mais pour la reconnaître et la transmuter, la transformer en lumière. Si nous l'ignorons, la combattons, la rejetons, elle continuera d'exister en nous et autour de nous.

Et c'est au moment où nous voyons cette part d'ombre qu'il nous faut révéler suffisamment de courage et de lucidité pour regarder les choses en face, sans peur, sans nous effondrer, avec détachement, de façon déterminée. Nous avons *tous* les ressources en nous pour le faire, n'ayons aucune complaisance à notre égard sur ce point. Nous sommes *tous* capables de nous surpasser. C'est l'expérience que nous proposent nos épreuves. Elles sont le moyen merveilleux que nous avons à notre disposition pour déployer un immense amour pour l'entièreté de l'être que nous sommes.

Il s'agit de nous aimer comme on aime un tout, le yin et le yang ensemble, l'ombre et la lumière réunis, nos « qualités » comme nos « défauts », en regardant notre personnage avec bienveillance, en observant ses difficultés comme on regarde un enfant turbulent, en le percevant depuis le point de vue de notre stature d'adulte – tout en lui donnant l'orientation de notre choix, en choisissant ce que nous souhaitons mettre en avant pour le ré-unir.

Ce moment de transformation, qu'il dure des jours ou un instant, peut s'avérer difficile à vivre et c'est en cela que nous pouvons demander de l'aide – non pour éviter d'y faire face, mais pour renforcer notre lucidité et notre courage, pour percevoir les réponses à nos interrogations vraies, pour déceler les solutions à nos difficultés, pour prendre conscience de ce qui nous limite et franchir le portail.

Car lorsque nous demandons de l'aide, nous demandons finalement à l'univers et à nous-même d'être conduit vers notre plus haute évolution, vers la meilleure version de nous-même. Cela ne signifie pas forcément quelque chose qui va nous permettre de nous sentir mieux dans l'instant, d'éviter les choix difficiles, ou de ne plus souffrir maintenant. Cela signifie, traverser les épreuves le mieux possible, faire en sorte qu'elles nous permettent de nous extraire de nos programmations limitantes, pour collecter la puissance de l'énergie transmutée afin de nous forger un avenir plus radieux, dans lequel très probablement nous n'aurons effectivement plus mal, d'où la souffrance aura disparu.

C'est cela, guérir.

Nous ressortirons grandis de cette expérience de métamorphose, nous aurons augmenté notre fréquence vibratoire, nous aurons façonné un autre maintenant – ou, comme l'expliquent certains, nous aurons changé de ligne temporelle.

ARRÊTONS DE NOUS FAIRE DU CINÉMA

Nous nous soumettons au stress, nous nous créons des obligations. Nous acceptons les contraintes, qu'elles soient personnelles ou professionnelles, nous renonçons à ce qui est important pour nous, nous négligeons nos valeurs, et laissons ces aléas nous mener parfois jusqu'à la dépression et au burn-out. Nous provoquons en nous des maladies, parfois graves. Nous acceptons de nous soumettre à un rythme de vie bien peu « humain ». Nous pensons en cela ne pas avoir le choix et devoir continuer à vivre ainsi.

C'est FAUX.

Archi-FAUX.

Nous ne sommes pas indispensables.

Et ce que nous nous imposons ne l'est pas non plus.

Et ce n'est pas parce que les autres agissent de la sorte et le supportent avec plus ou moins de succès que cela devrait nous convenir.

Il n'est pas vrai que nous n'avons pas le choix.

C'est notre orgueil qui nous impose cette vision, ce sont nos limitations, nos peurs, nos habitudes et nos conditionnements qui nous font croire cela.

Si nous sommes réellement obligés de nous absenter ou de faire défaut à nos obligations oppressantes, par maladie, ou à l'extrême limite parce que nous décédons, eh bien oui, le monde va continuer à tourner sans nous ! Si nous renonçons à renoncer à nous pour repartir sur des bases qui nous épanouissent, des solutions seront trouvées. Pas les mêmes qu'actuellement, pas forcément celles que nous aurions appréciées, mais d'autres alternatives vont apparaître, c'est inéluctable.

Il existe toujours des solutions conçues par l'amour, mais elles ne nous seront accessibles que si nous ouvrons la voie des possibles.

Elles resteront bouchées tant que nous refuserons de les voir.

Et croyez-moi, l'univers a plus d'un tour dans son sac ! Bien plus de solutions que nous ne pourrons jamais l'imaginer ou l'envisager.

Imaginez un tronc d'arbre tombant au milieu d'un ruisseau et obstruant son lit. Le courant ne va pas s'arrêter de couler pour autant. Il trouvera des solutions de contournement, en fonction du terrain : passer par-dessus l'arbre, creuser un lit plus profond dessous, couler sur le côté, emporter le tronc…

Pour la vie, c'est pareil.

Face à l'obstacle, face à l'épreuve, nous pouvons toujours trouver des solutions forgées dans l'amour. Il nous faut juste le vouloir et être créatif.
Et écouter, s'ouvrir, accepter.
Vous n'imaginez pas le cours d'eau se mettre à protester, à hurler que ce qui lui arrive est injuste, que cela ne peut pas être, à prendre la nature à témoin de sa disgrâce, à solliciter une intervention divine pour enlever ce tronc d'arbre, à refuser de couler…

Rappelons-nous que chaque fois que nous stressons, ou que nous avons peur, que nous vivons mal une situation, nous envoyons des signaux de détresse à notre organisme et le surchargeons de négatif, des hormones (cortisol par exemple) sont sécrétées, nous altérons notre pleine santé, nous affectons notre longévité. Cela peut avoir d'autres impacts sur notre vie : détérioration de nos interactions sociales, mauvais comportements avec nos collègues de travail, dégradation de la qualité de notre travail, dépréciation de l'estime de soi, critiques par l'extérieur etc. C'est la double peine : non seulement nous ne nous sentons pas bien, mais de plus, c'est toute notre vie qui se détériore.
Et nous en sommes les seuls responsables.

Nos épreuves sont ce qu'elles sont et elles nous conduisent à trouver des solutions nouvelles, à innover, à changer, à nous transformer. Toute l'aide que nous pouvons solliciter ne consistera pas à faire disparaître l'obstacle, mais bien à nous aider à y trouver des remèdes pour mieux dépasser l'obstacle, traverser l'épreuve et nous conduire en lieu sûr.

Nous ne pouvons pas changer la vision qu'a le monde sur nous ; mais nous avons le choix de modifier notre vision sur le monde. Même une contrainte de corps ne peut changer cela : regardez la liberté d'esprit acquise par Nelson Mandela durant ses 20 années d’emprisonnement, ou encore la joie que savent exprimer certaines personnes gravement malades malgré leurs grandes souffrances.

Ce n’est pas le monde qui va changer pour s’adapter à nos désirs : c’est nous qui allons changer notre façon de le voir, de le comprendre, de l’aborder, afin d’acquérir la paix de l’esprit, la joie et l’amour dans notre cœur. C’est ainsi que nous nous éloignons de toute situation de victime et que nous reprenons notre vie en main. Nous l’avons vu, c’est en cela que nous disposons du libre arbitre et que nous sommes les acteurs de notre vie. C’est aussi en cela que nous allons modifier nos circonstances de vie, car une leçon apprise n’a pas besoin de continuer à se manifester.

Nous ne pouvons pas éliminer les épreuves.
En revanche, nous pouvons fondamentalement modifier notre perception de ces épreuves, notre façon de les aborder, et les vivre sans les subir en les utilisant comme le moyen de nous transformer et de progresser vers la meilleure version de nous-même.
C’est cela, guérir.

SAVOIR ÉCOUTER LES SIGNES

Lorsque notre vision de la vie est vraiment erronée, c’est-à-dire lorsqu’elle ne nous permet plus de discerner ce qui est bon pour nous, de traverser des expériences qui nous emplissent d’amour, de bénéficier d’espaces de paix et d’harmonie, bref, de vivre aligné avec celui ou celle que nous sommes vraiment au fond de nous, notre Âme, notre Cœur et notre Corps vont nous envoyer des signaux d’alerte.
Souvenons-nous que ces signes sont bienveillants, ils ont pour objectif de nous mettre en garde sur nos choix erronés, comme pour nous dire : « Oh là ! Stop ! Arrête-toi ! Tu pars dans la mau-

vaise direction ! Tu vas te faire du mal ! Ce n'est pas le bon chemin pour ton épanouissement ! »

Mais comme personne ne nous a jamais appris à remarquer ces signes ou à les interpréter… eh bien, nous avons largement tendance à les négliger, à les sous-estimer et à ne pas en tenir compte. Attention, lorsque j'évoque l'écoute de soi et des signes, je ne parle pas des personnes hypocondriaques qui sont animées par la peur et non par la conscience de soi. Je parle d'écoute bienveillante de soi, de proximité, d'intimité avec nos cellules s'il s'agit de signaux envoyés par notre corps.

Les premiers signes sont en général très légers et presque indiscernables pour ceux qui n'y sont pas attentifs ou qui n'y prennent pas garde.
Il peut s'agir d'un éternuement – qui n'arrive *jamais* par hasard, sauf si nous sommes déjà souffrant – d'une égratignure, d'un faux pas, d'un oiseau volant bizarrement, d'un mouvement étrange du vent, d'une forme dessinée dans la terre, d'une allergie spontanée, d'une synchronicité, d'une rencontre étonnante… Vous en avez sûrement déjà remarqué des centaines. Ce peut être aussi un signal du corps, une fatigue, une digestion difficile, une légère migraine… Tous ces petits malaises corporels qui précèdent les maladies.

Il est assez amusant de discerner ces signes et de les interpréter : par exemple, un éternuement peut vouloir dire que je viens de dire à haute voix quelque chose qui n'est pas vrai, ou que je viens de penser à quelque chose qui « me gonfle », une raideur subite dans une hanche alors que je marche peut signifier qu'il faut que je me détende et que j'aborde avec recul les choses auxquelles je suis en train de penser, de manière différente et plus souple, un mal de dos peut signifier que j'en ai « plein le dos », une douleur au pied que ce que je fais me « casse les pieds » (la langue française est très bien faite pour décrypter les signes) et donc qu'il faut que je m'arrête avant de me faire vraiment mal, une coupure à l'index de la main droite peut évoquer le fait que je copie la vision de mon père et que je dois m'en détacher, etc.

Je n'ai pas l'intention de vous fournir ici un manuel d'interprétation des signes, il existe des ouvrages qui y sont consacrés.
Mais je peux vous affirmer, pour n'en avoir lu aucun, que chacun d'entre nous dispose en soi de toutes les grilles de traduction.
Notre Corps, notre Cœur et notre Âme ne s'adressent pas à nous en faisant en sorte que nous ne puissions pas les comprendre. Ils nous envoient les signes qui correspondent à notre vécu, à notre référentiel de vie, à ce que nous connaissons et qui nous est familier.
Et comme il se trouve que nous n'avons pas d'autre choix que d'évoluer lorsque nous faisons fausse route, ils vont nous envoyer progressivement des signaux de plus en plus puissants pour capter notre attention, si nous ne les écoutons pas ou n'en tenons pas compte.
Un événement « grave » ou une maladie n'arrive jamais directement.
Il est de notre libre arbitre de décider si nous souhaitons interpréter les signes ou pas, et il est aussi de notre libre arbitre de nous laisser impacter par notre manque de conscience. C'est notre choix, celui de personne d'autre.

Par exemple, si je bois de l'alcool et que j'ai le foie chargé le lendemain, que je ressens un écœurement et une envie de vomir, je peux comprendre facilement ce signe et décider d'arrêter ou de continuer à boire.
De même lorsque nous vivons un événement désagréable, il importe de savoir nous écouter, et de tenter de déceler en arrière-plan les vrais motifs de nos maux. Le fait de leur fournir une explication rationnelle d'évidence ne nous permet pas de nous

en sortir. Certes, il peut exister une cause « matérielle » à notre difficulté ou à notre douleur, mais qu'y a-t-il derrière ? Pourquoi avons-nous mal à un endroit précis plutôt qu'à un autre, pourquoi à droite plutôt qu'à gauche, pourquoi notre immunité est-elle défaillante, pourquoi subissons-nous des chocs à répétition, pourquoi sommes-nous maladroits ? etc.

Ainsi, nous pouvons expliquer un mal de dos par le fait d'avoir porté un objet lourd. Mais nous pouvons aussi comprendre, par exemple, que nous en avons plein le dos de faire des choses qui nous indisposent et qu'il est temps de changer avant de nous faire vraiment mal.

On n'échappe pas à son destin. Aucune épreuve ne peut être évitée. En revanche, elle peut être vécue de milliers de façons différentes.

Ainsi, s'il est programmé dans notre plan de vie que nous allons vivre un accident de la route, cet événement interviendra dans tous les cas, mais de façon différente selon la conscience que nous en avons. Peut-être que si notre conscience est très ouverte, cela résultera dans le fait que nous réussirons à freiner à temps pour éviter l'obstacle, et cet incident en soi sera suffisant pour que nous réalisions la cascade d'événements qui seraient survenus si nous n'avions pas freiné à temps. Il nous permettra de réaliser ce qu'un tel événement nous aurait fait vivre et expérimenter : arrêt de la vie telle qu'on la connaît, douleur, handicap, changement forcé d'orientation professionnelle, modifications des relations personnelles, etc. Ou pas : si nous vivons au plus bas niveau de nous-même, au niveau du Corps, le plus matériel, au rythme vibratoire le plus dense, nous subirons cet accident de plein fouet et traverserons toutes les situations évoquées plus haut, afin de transcender et de comprendre dans la douleur et la souffrance le sens de l'épreuve traversée.

Dans cet exemple, notre manque d'alignement d'avec nous-même aura provoqué un arrêt important de la vie telle que nous la connaissions, pour en rectifier le cours et faire comprendre le chemin et, en définitive, enrichir notre vie.

Mais si un tel type d'événement vous est arrivé, surtout ne culpabilisez pas et ne regrettez rien. Il n'y a aucune faute commise. Soyez bienveillant avec vous-même, ne vous adressez aucun reproche et soyez en paix. Chaque chemin de vie est différent et correspond à la conscience d'un moment. Ces événements difficiles sont sans doute le meilleur moyen de parvenir là où nous devons aller. L'important est de réussir à transcender la difficulté traversée pour vivre pleinement et heureusement ce qu'il nous est donné de vivre, quoi que ce soit.

NE PAS S'AUTO-IMMUNISER À LA VIE

Il est important de s'arrêter un instant sur les maladies auto-immunes. Celles-ci sont immanquablement le signe que nous nous identifions tellement à la situation vécue, ou que notre peur d'affronter la réalité de nos blocages est tellement grande, que nous nous sommes « immunisés » contre toute solution possible, contre toute issue possible. Nous avons dressé des murs infranchissables pour éviter que tout autre réalité que celle que nous subissons ne vienne perturber nos croyances. Nous préférons avoir mal qu'avoir peur.

Bien sûr, cela se passe au niveau de notre inconscient, car intellectuellement, nous préférerions nous en sortir et ne plus vivre ces situations qui sont souvent des calvaires, tant au niveau de la souffrance subie que de l'incompréhension qu'ont les autres de ce que nous vivons.

Nous avons fait de nous des victimes à double titre : en premier lieu, car nous souffrons terriblement de ce déracinement de soi qui nous éloigne de notre être profond, de ce désalignement profond entre le personnage que nous jouons et cet être vrai que nous sommes en réalité. D'autre part, car ce n'est pas parce que nous ne voulons pas voir, sentir et entendre que notre être ne va pas nous placer malgré tout face à des situations qui ont pour objectif de nous permettre de comprendre et d'évoluer.

Circonstances douloureuses à vivre… D'autant que les personnes vivant ces situations ont tendance à se refermer de plus en plus sur elles-mêmes lorsqu'elles se retrouvent confrontées aux signes, peu importe leur ampleur, à tout faire pour prouver qu'elles ont raison de penser ou d'agir de la sorte…
Tenter en permanence de ne pas plier devant la réalité et de prouver que sa vision du monde est la bonne, peut susciter des souffrances indicibles et de bien grands découragements. Leur Corps va manifester des maux « incurables » sinon par eux-mêmes.

La solution est bien entendu de lâcher prise, d'accepter qu'on ait pu « se tromper », d'abandonner l'idée de vouloir prouver à tout prix que nous avons raison, de retrouver l'ouverture à d'autres solutions, l'écoute, l'humilité. C'est se faire suffisamment confiance, ou faire suffisamment confiance à un autre — qui apparaîtra forcément sur notre chemin lorsque nous serons vraiment prêt à nous faire aider — pour confronter nos peurs les plus profondes, et nous apercevoir en définitive qu'elles étaient vaines et sans fondement.
Et c'est le faire suffisamment tôt pour ne pas rompre face à la vie, ne pas casser, pour au contraire profiter au plus vite de cette merveille qu'elle peut être à chaque instant et en toute expérience.

AIDE-TOI, ET LE CIEL T'AIDERA

Soyons attentifs à ces signes. Exerçons notre libre arbitre.
Souvenez-vous de l'histoire de ce prêtre en train de s'enfoncer dans des sables mouvants.
Il prie Dieu et lui demande de l'aider à se sortir de là.

Alors qu'il s'enfonce jusqu'aux cuisses, un camion de pompiers passe par là.

— Vous avez besoin d'aide ?

— Ce n'est pas nécessaire, le Seigneur me viendra en aide !

Alors que le prêtre s'enfonce jusqu'à la poitrine, le camion repasse et les pompiers lui reposent la question.

— Vous avez besoin d'aide ?

— Ce n'est pas nécessaire, le Seigneur me viendra en aide !

Lorsque le prêtre n'a plus que la tête hors du sable, les pompiers passent une troisième fois.

— Vous n'avez toujours pas besoin d'aide ?

— Ce n'est pas nécessaire, le Seigneur me viendra en aide.

Alors le curé s'enfonce complètement dans les sables mouvants, et il meurt.

Arrivant au paradis, il dit à Dieu :

— Je suis vraiment déçu, je ne comprends pas, je t'ai prié, je pensais vraiment que tu me viendrais en aide, et tu m'as abandonné !

Et Dieu de lui répondre :

— Je t'ai envoyé les pompiers trois fois, que te fallait-il de plus ? C'est toi qui as refusé de te faire aider !

Cette histoire est intéressante car elle illustre bien ce que notre déterminisme nous interdit souvent de voir et de comprendre l'évidence.

Les signes et les aides sont à portée de main, mais les issues que nous imaginons pour nous extraire d'une situation – qu'il s'agisse d'une difficulté, souffrance, maladie, peur, vécu inextricable… – sont la plupart du temps limitées et « linéaires ». Nous recherchons ce que nous nous attendons à trouver.

Nous savons et pouvons imaginer seulement des solutions connues et planifiées, alors que l'extraordinaire est à notre portée (même si, dans notre histoire, c'est l'ordinaire qui est extraordinaire), les solutions inattendues surgissent et peuvent nous permettre de gravir des marches, de nous transformer, pour accéder à une réalité plus agréable et amplifiée de nous-même. Nous devons pour cela laisser aller notre mental, nos émotions, notre ego afin qu'ils cessent de contrôler et de bloquer ces manifestations et ouvrir la voie à l'exceptionnel.

Et vous remarquerez bientôt que cette progression s'amplifiera de façon exponentielle : plus nous savons interpréter les signes, et plus nous y sommes attentifs, et plus les étapes sont rapidement assimilées, et plus nous nous transformons rapidement et facilement.

Plus nous sommes connectés à notre être, et moins nous avons d'efforts à fournir pour accéder au meilleur de notre vie.

En lâchant prise, en ayant confiance, nous prenons conscience que nous n'avons aucun effort à faire pour accéder aux événements de notre parcours, qui viendront forcément nous rejoindre même si nous ne faisons rien. Nous ne ratons plus rien, aucun événement, tout prend un sens. Nous n'avons rien à chercher, ni à créer des occasions – hormis le fait de rester alerte, ouvert d'esprit, disponible, à l'écoute des opportunités.

Nous sommes toujours au bon endroit, au bon moment.

L'EXPRESSION DE LA MALADIE (CE QUI EST MAL DIT)

Chaque partie de notre corps, chaque organe exprime des caractéristiques qui lui sont propres : par exemple, le côté droit est le côté yang, masculin, celui de l'action, active et décisive, et le côté gauche est le côté yin, féminin, celui du ressenti, de la subtilité, de la création. L'homme comme la femme possèdent tous deux ces caractéristiques, bien entendu.

Voilà 30 ans que je me soigne – et que je guéris – en écoutant les expressions de mon corps.

Ma connaissance est empirique, s'inspire partiellement de la médecine chinoise et de la médecine énergétique, et s'accroît par l'expérience que j'en ai.

Chacun de nos organes est en correspondance plus particulièrement avec une émotion qui, selon qu'elle s'exprime positivement ou négativement, dans l'amour ou sans amour, va soutenir ou détériorer l'organe.

Par exemple, le cœur permet d'exprimer l'amour, l'estomac le courage, le poumon le souffle et la liberté, etc.

Lorsqu'ils sont exprimés « sans amour », contrits par des difficultés liées à notre vécu, les mêmes organes seront le support de nos émotions négatives, c'est ainsi que le foie exprimera la colère et la rancœur, les reins la peur, la vessie la tristesse et le manque de clairvoyance, le colon le perfectionnisme, les poumons l'idéal, l'intestin grêle l'affect, etc.

Par ailleurs, nos organes sont associés en couples (foie-vésicule biliaire, cœur-intestin grêle, estomac-rate, poumon-colon, rein-vessie, maître du cœur-triple réchauffeur), ce qui peut également nous permettre de décrypter nos blocages pour nous en débarrasser. Par exemple, le couple poumons-colon révèle des difficultés liées à l'idéal, ce qui provoque la rétention – voir l'exemple plus bas.

Chaque couple d'organes est associé à une saison (dans le même ordre : printemps, été, fin de l'été, automne, hiver) qui vient l'activer particulièrement et qui conditionnera notre vécu pour l'année en cours. Chaque saison est donc l'occasion de travailler plus particulièrement sur l'expression positive d'un couple d'organes.

Dans chaque couple, on distingue également les organes de la partie supérieure du corps (actions plus conscientes) de ceux de la partie inférieure (plus instinctives).

Les 5 sens sont également fondamentaux et sont en correspondance avec les 5 éléments : le goût à la terre, l'ouïe à l'eau, l'odorat à l'air, la vue au feu, le toucher à l'éther. Ils sont en correspondance avec les doigts.

LIEN ENTRE UN COMPORTEMENT ET UN ORGANE

Prenons l'exemple des poumons, qui en positif expriment la liberté, le souffle, l'expansion, la fluidité, et qui en négatif peuvent exprimer l'idéal, la rigidité, la contrainte, la privation.
Imaginons une personne animée d'un idéal. Celui-ci est issu d'une peur, disons celle de manquer, ou d'être négligé ou mal-aimé, ce qui provoque une rigidité du comportement pour conserver et maîtriser cela, pour pouvoir se rassurer dans un monde que nous construisons pour compenser, ce qui à son tour mène à la rétention pour pouvoir conserver pour soi ou les siens. Ce cycle involutif peut mener à des problèmes de colon (transit) et de poumons (bronchites), à des surpoids (stockage), et s'auto-renforce au fil du temps.

Par exemple, une personne de ma connaissance a été séparée de son père dans ses toutes premières années, puis a vécu la guerre étant enfant. Elle a subi la fuite et l'exode pour se cacher, a été séparée de sa mère et de sa grand-mère qui étaient tout son univers pour être hébergée seule dans un couvent, où elle a été victime d'actes malveillants. Elle a été dépossédée de tout ce qu'elle connaissait, son père, son foyer, sa famille, elle s'est sentie négligée et impuissante. Cela a eu pour conséquence qu'une fois adulte, cette personne n'a eu de cesse de vouloir construire un foyer idéal, obéissant à ses règles de perfection destinées entre autres à lui permettre de lutter contre ses peurs, et emprisonnant tous ses proches dans son système de valeurs. La vie lui a pourtant envoyé de nombreux signes pour lui signaler le manque de fluidité de son approche ; au niveau physique : problèmes de colon, constipation chronique parfois grave, formation continuelle de glaires. Pour ce qui est de ses circonstances de vie, elle a dû affronter des procès à répétition de la part de ses voisins contestant ses limites de propriété, et ce durant plusieurs décennies – malgré la succession de voisins différents au fil du temps.

Cette approche de fermeture et de rétention, de possession, est le contraire d'un système de fluidité dans lequel nous recevons avec gratitude ce que la vie nous donne, où nous laissons l'abondance circuler en nous, nous nourrir et nous combler, et où à la suite nous restituons sans retenue ce qui a été reçu pour laisser la place à ce qui vient ensuite, en toute confiance.

En définitive, notre corps est le support d'une gigantesque et subtile palette d'expressions qui vont induire des comportements, positifs comme négatifs, comportements qui vont alimenter notre corps en retour, et qu'il peut également nous envoyer des signes de joie comme de détresse pour nous permettre de déceler les attitudes qui perturbent ou alimentent son parfait fonctionnement.

Nous l'avons vu plus haut : nos pensées affectent nos états, nos états affectent nos attitudes, nos attitudes affectent nos comportements et nos émotions, qui affectent notre corps, qui nous affecte en retour.
Tout est lié et suscite la régénération ou la dégénérescence de l'état de notre santé parfaite que nous avons évoquée plus haut.

Il est important pour retrouver la pleine santé de revenir à notre état originel, de nous décrasser de nos programmations.

GUÉRIR NOS CIRCONSTANCES DE VIE

Lorsque j'aide des personnes qui me le demandent, il arrive qu'elles reviennent vers moi avec deux affirmations :

– « Je n'ai rien senti, je ne vois pas de différence » (je ne suis ni magnétiseuse ni guérisseuse, mon intervention ne se situe pas au niveau du Corps) ;

– « Tout va bien en ce moment, je viens justement de trouver le thérapeute dont j'avais besoin alors que j'en cherche un depuis des années » ;

– Ou encore : « Il m'est arrivé un truc incroyable, je viens de recevoir une proposition de travail qui va me permettre de faire ce que je voulais » ;

– Ou encore : « Je viens de tomber par hasard sur une personne qui correspond exactement à ce que je recherchais », etc.

Les personnes aidées n'établissent en général aucune corrélation entre ces deux phrases. Or c'est cela véritablement aller mieux : guérir les circonstances de vie, générer de l'harmonie, créer des ouvertures, faire apparaître des synchronicités qui vont permettre de se réaligner avec soi-même avec plus de facilité. En somme, guérir la cause et non l'effet.

On ne peut se guérir sans considérer notre être de façon holistique, sans stopper l'induction de ce qui l'a perturbé.

AIDER LES AUTRES

Il existe des manières infinies d'aider les autres.

Dans la matière au niveau du Corps, nous pouvons les soigner, prendre soin d'eux, les accompagner, les enseigner, les soutenir, entreprendre des actions pour collectiviser l'effort. Nous pouvons leur dispenser du temps, de l'attention, les respecter, leur rendre leur dignité, les faire rire.

Nous avons déjà évoqué le don en début d'ouvrage à son rythme et selon sa possibilité de perception, qui provoque en nous un sentiment intense de satisfaction.

Nous pouvons aussi accompagner leur évolution de conscience, pour laquelle il existe plusieurs règles fondamentales dans notre rapport à celle ou celui que nous voulons aider.

La première règle est que nous ne pouvons pas aider quelqu'un qui ne veut pas être aidé.
Je ne peux pas le changer, mais je peux lui montrer l'intérêt qu'il a à changer. Un vieux proverbe anglais dit qu'on peut amener un cheval à l'abreuvoir, mais qu'on ne peut pas le forcer à boire.
Il en est de même de ceux qu'on veut aider : on peut leur proposer de l'aide, une information, un soutien, un apprentissage, mais nous ne pouvons pas « boire à leur place ». On ne peut ni les convaincre ni les forcer, ce serait une prise de pouvoir de notre part, détruisant en soi notre intention première d'apporter notre aide.

Ce qui amène directement à la seconde règle : nous ne pouvons rien entreprendre à la place de l'autre dans son parcours d'évolution. Lui seul dispose de ce pouvoir pour lui-même. C'est son libre arbitre que de choisir de progresser ou pas. Vous pouvez être la rencontre sur son chemin de vie qui lui donnera l'opportunité de se transformer. Mais le choix lui appartient.

La troisième règle fait appel à notre plus haute conscience : si l'occasion nous est donnée de lui proposer notre aide ou de l'aider, nous n'avons d'autre choix que de le faire dans le plus grand respect de lui-même. Le « lui-même » est un peu compliqué à définir : c'est quelque chose qui ressemble un peu à son personnage, que nous ne voulons pas brusquer si nous souhaitons qu'il reste ouvert et à l'écoute. C'est aussi son être vrai, qui lui ne demande qu'à émerger et rayonner. À nous de savoir écouter notre intuition et les signes pour composer au mieux, et de transmettre notre aide à son rythme et selon sa possibilité de perception.

La quatrième règle est que nous ne savons rien et que nous n'avons jamais raison. Ce qui est vrai pour nous ici et maintenant ne l'est pas pour l'autre. Qui suis-je pour enseigner à l'autre ? Quelle est la valeur de ce que je peux lui transmettre ? Mon prisme, ma perception, ma compréhension du monde ne vont-ils pas déformer le message ?
Déployons notre humilité la plus intense pour l'entreprendre sur des sujets d'évolution. Soyons inspirés.

La cinquième règle est que l'évolution est thématique et non linéaire. Cela signifie que l'autre sera peut-être plus ouvert à certains sujets qu'à d'autres, et qu'il nous faut explorer les options pouvant l'intéresser avant de foncer tête baissée. Soit dit en passant, c'est cette évolution thématique qui explique que certains grands sages puissent avoir par ailleurs des pratiques dévoyées.

La sixième règle est d'être à l'écoute de l'autre et de lui transmettre notre connaissance plutôt que notre savoir. Cela signifie que nous serons plus authentiques et légitimes lorsque nous partagerons des expériences vécues et des ressentis personnels plutôt que des choses enseignées par d'autres ou lues dans des ouvrages (oui, oui, même celui-ci !).

Et la septième règle est qu'il n'y a pas de règles, juste des éléments de conscience et d'amour à faire fructifier et partager.

L'important est le mouvement de fraternité, de solidarité et de compassion que nous pouvons développer à l'égard de celle et celui que la Bible désigne comme « mon prochain ». Aime ton prochain comme toi-même… car il est toi.

Aider l'autre fait partie à un moment ou un autre de notre parcours de vie, car le travail sur soi mène irrémédiablement au nous. L'autre peut être celui qui chemine à mon côté, comme celui qui s'écarte de la lumière. Nous l'avons évoqué, il n'y a pas de victoire sur l'ombre en l'écartant ou en tentant de la détruire, en croyant pouvoir l'humilier. La seule victoire possible sur l'ombre est de l'illuminer pour qu'elle retourne à la lumière dont elle est issue. Le support utilisé pour faire cela est tout aussi important que l'action elle-même (voir plus haut), cela ne peut être fait que par une action d'amour et de conscience – rien à voir avec les églises évangélisantes.

Il n'y a aucune victoire à voir tomber ceux dont les choix sont sombres, car cela signifie qu'aucun de ses frères et aucune de ses sœurs n'est venu les aider, les éveiller, les assister.

Il n'y a pas de victoire à voir partir l'ombre. La seule victoire, c'est quand l'ombre devient Lumière et retourne à l'unité.

En cherchant à aider les autres, je cherche à redevenir Un.

TROIS MÉTHODES POUR SE TRANSFORMER

En fonction de notre niveau de conscience, nous pouvons emprunter différentes voies pour évoluer et nous transformer, relatives à notre niveau d'ouverture, d'écoute et d'alignement avec notre être.

Lorsque nous prenons peu de recul sur notre personnage et plaçons notre conscience au niveau de notre Corps, qui est le niveau le plus dense, à la fréquence vibratoire basse, la transformation se fait généralement dans la confrontation frontale avec l'épreuve, elle nous est imposée, nous la subissons et souffrons. Le processus de transformation passe souvent par la contrition et la culpabilité, et l'issue se situe dans le dépassement et le pardon.

Si nous plaçons notre conscience à un niveau plus élevé, proche de notre Cœur, à la fréquence vibratoire plus élevée, notre transformation n'est plus subie mais recherchée et approche l'émanence de l'être. La prise de conscience est profonde, ample et éclairée, elle est inondée de reconnaissance et de gratitude. Il n'y a pas souffrance mais absolue humilité en réalisant l'insignifiance et simultanément la splendeur de notre être face à l'immensité de l'univers, en ressentant la parfaite harmonie régissant l'ensemble des plans de réalité.

Nos expériences de transformation se déroulent généralement entre ces deux voies extrêmes.
C'est pour faciliter le processus de transformation que je vous propose la méthode qui suit.

Je n'aime pas vraiment les méthodes et les techniques car je pense qu'elles ne s'appliquent pas à tous, pas à tous les niveaux, et que chacun doit trouver la sienne en fonction de ce qui le motive et l'intéresse, selon l'étape de vie à laquelle il se trouve.
Pour ma part, je préfère progresser de façon plus intuitive et cherche à demeurer à l'écoute des signes et des événements.

Toutefois, la « théorie » que je vous ai proposée dans ce livre ne serait rien si vous ne pouviez pas la mettre en application dans votre vie de tous les jours.
Voilà pourquoi je vous propose ici trois méthodes de transformation, chacune en 7 étapes :
   – une méthode du Corps : l'observation en situation
   – une méthode du Cœur : la transformation consciente
   – ✳ une méthode de l'Âme : la transformation par la foi
Ces trois méthodes devraient vous permettre de confirmer vos choix et votre progression sur votre chemin de vie.

La base de ces méthodes est universelle. Vous pouvez appliquer l'une ou l'autre de ces approches selon la situation.

Vous pouvez aussi vous les approprier, les faire vôtres, en prolonger des étapes, en ajouter d'autres, en fonction de ce que vous ressentez et de ce qui vous convient le mieux.

La progression est commune à ces trois approches : ne pas nier la situation, s'en détacher, l'accepter, puis la transformer et agir.

Abordez votre transformation tranquillement, paisiblement, sans vouloir rien forcer. Recherchez l'attitude du vieux sage en vous. Se transformer est un processus paradoxal : d'un côté, on ne peut pas aller vite, il faut laisser du temps au temps ; de l'autre, au juste moment, la compréhension – la transfiguration pourrait-on dire, tant elle peut être intense, fulgurante et complète – est instantanée et immédiate.

Soyez simplement absolument convaincu, au moment où vous faites le choix de vous transformer, qu'il est temps pour vous de faire ce pas vers votre pleine conscience, et que cette avancée est là pour votre plus grand bien. Si vous n'en êtes pas sûr, si vous hésitez encore, c'est sans doute que ce n'est pas le bon moment, ou que vous n'êtes pas prêt. Ne tardez pas trop cependant, agissez de façon volontaire, de votre plein choix, avant que la vie ne vous rattrape et ne vous impose une transformation forcée.

Et au moment où vous vous lancerez, ne laissez aucune peur vous faire douter de vous ou de votre jugement : ce qui est bon pour vous en conscience est toujours juste.

Un dernier conseil avant de vous lancer : n'hésitez pas à demander humblement de l'aide à votre âme pour le travail que vous allez faire.

✱ S'ils font partie de vos ressentis, sollicitez les saints, les guides, les maîtres, les anges et les archanges : ils sont là pour vous, constamment, prêts à intervenir à la moindre occasion, même la plus anodine, vous ne les dérangerez jamais. C'est leur job, après tout !

Imaginez-les comme faisant partie de votre équipe : vous sur le terrain et eux sur le banc des entraîneurs.

Et n'ayez jamais la sensation culpabilisante que vous leur prenez plus que vous ne leur donnez en retour ; ce n'est pas ainsi que ça se passe dans l'univers. Tout est toujours harmonieux et équilibré. En les laissant vous aider, en vous ouvrant à eux, en leur faisant confiance, vous leur procurez une joie et un bonheur indicibles. C'est le principe du don : plus il est activé, et plus il est rayonnant. C'est aussi ce que vous pouvez ressentir lorsque vous aidez d'autres êtres, qu'il s'agisse de nos frères humains ou de ceux des autres règnes.

Si votre demande est sincère, si elle vient du cœur, elle sera *toujours* entendue, aidée et soutenue, soyez-en certain.

LA MÉTHODE DU CORPS : L'OBSERVATION EN SITUATION

C'est la méthode qui consiste à évoluer tout en vivant une situation :

1 – Identifier qu'il existe un problème : « *Y a un truc qui ne va pas* »… *J'ai un mal-vécu, je me sens mal, ou épuisé, je ressens de la souffrance, un sentiment de limitation, une peur, une incertitude, une culpabilité, une vexation, une frustration… Je ne suis pas en paix ni dans la joie, je souffre, je suis malade, je me sens mal ou mal à l'aise.*

« Drapeau rouge » ! Ce mal-être doit déclencher automatiquement un signal d'alerte en vous. Il n'est pas « normal » de vous sentir mal.

Apprenez à le remarquer, ne compensez pas, n'intériorisez pas, ne déchargez pas votre mal-être sur un autre, faites un stop. Remarquez.

Acceptez que ce qui arrive est un trait de votre personnage, et que ce n'est pas vous.

2 – Décider que cela ne nous convient pas, qu'on n'a plus envie de vivre ça, ne plus subir, et ne pas culpabiliser.

La décision doit être ferme, il s'agit d'un acte volontaire. « *Ça suffit, j'en ai assez de subir cette situation et de vivre tout le temps la même chose.* »

Notez le schéma répétitif, comment et quand cela survient, ou avec qui, ce que ça déclenche en vous et auprès de chacun des personnages, etc. Car oui, vous jouez tous ensemble le même scénario dans la même pièce.

3 – Remarquer après : se faire prendre, s'en rendre compte après la situation.

« *Ok, je me suis fait prendre, j'ai même plongé dedans, mais je m'en suis rendu compte – après, en analysant la situation désagréable que je viens de vivre. J'ai noté le schéma répétitif et les éléments déclencheurs.* »

4 – Remarquer après, plus rapidement : s'observer dans la situation, se faire prendre, s'en rendre compte après la situation – bilan plus clair, plus rapidement.

« *Ok, je me suis encore fait prendre, mais là je m'en rends compte de mieux en mieux, assez rapidement, je commence à voir comment ça fonctionne – après, en rétrospective de la situation.* »

5 – Remarquer juste après : s'observer dans la situation, se faire prendre, s'en rendre compte juste après la situation – bilan encore plus clair, à l'issue de la situation.

« *Bon, là, c'est de plus en plus clair, je réagis encore à la situation mais je m'en aperçois aussitôt. J'essaie de ne pas m'énerver contre moi-même et de ne pas m'en vouloir… j'admire ma progression !* »

6 – Remarquer pendant : s'observer durant la situation, se faire prendre, s'en rendre compte durant la situation, sans pouvoir changer – bilan ensuite.

« Oui ça y est, je m'en rends compte pendant que ça arrive – ok je bascule encore dedans, mais j'y suis presque ! La prochaine fois sera la bonne. »

7 – Agir pendant : s'observer durant la situation, se faire prendre, s'en rendre compte durant la situation, agir librement dans la situation – ne plus subir la situation et modifier les augures.

« Bon là ça suffit, j'ai compris, basta, je ne rentre plus dans le schéma, je fais ce que je veux, comme je veux, quand je veux. Je m'exprime librement de façon assertive, sans agressivité. À partir de maintenant, c'est terminé. »

Cette méthode est simple et fonctionne bien. Elle nous enseigne à devenir l'observateur de nous-même, ou plutôt de notre personnage. Elle permet de nous libérer efficacement d'une situation mal vécue.

Elle ne permet pas toutefois d'identifier les origines de la problématique.

LA MÉTHODE DU CŒUR :
LA TRANSFORMATION VOLONTARISTE

Cette méthode permet d'aller identifier les origines d'une problématique, hors de la situation, dans un temps et un espace en retrait.

1 – Vouloir changer

Déceler qu'il y a un problème, et décider qu'il est temps de trouver une solution

Sortir de sa zone de confort et des réponses automatiques ou des réponses toutes faites, s'éloigner de l'opinion des autres, arrêter de se rassurer avec les évidences ou la science, questionner les certitudes.

Ne pas penser qu'il y aurait une fatalité, qu'on est ainsi, qu'on ne peut pas changer : ce n'est pas vrai, nous ne sommes pas ce personnage. Il n'existe aucune injustice, simplement des étapes à franchir qui nous sont individuelles.

– Vous avez finalement repéré un schéma répétitif dans votre vie, ou encore, vous n'acceptez pas l'image négative que vous renvoie une situation, ou vous ne souhaitez plus souffrir d'un comportement qui vous blesse et vous fait mal, ou qui blesse et fait mal à d'autres, ou vous souhaitez guérir votre corps malade, etc.

– Vous comprenez que l'extérieur ne peut être tenu pour responsable de ce qui vous arrive, et vous décidez que vous voulez changer en vous ce qui provoque cette situation ou le regard que vous avez sur elle.

– Vous avez trouvé en vous le courage et la motivation de dépasser vos peurs et vos pensées limitantes.

– Ça y est, c'est le moment ! Vous vous sentez prêt à regarder les choses en face et à vous transformer.

2 – Se placer dans l'instant présent

Se placer dans un espace d'observation d'où vous allez prendre du recul sur votre personnage. Plus vous serez détaché, et plus vous serez proche de votre Cœur et de votre Âme, car vous aurez élevé votre fréquence vibratoire.

Très important de faire un focus sur « ici et maintenant » : on s'insère dans l'instant présent. Méditation, tranquillité, relaxation, « sortir de la salle de bal ».

– Placez-vous dans un espace tranquille, où vous vous sentez bien.

– Éteignez votre téléphone et toutes les sources de distraction sonore, visuelle, olfactive.

– Allumez une bougie, faites brûler un peu d'encens ou de sauge blanche.

– Asseyez-vous dans une position confortable, au sol ou sur un siège, le dos droit, de préférence sans croiser les jambes, les bras ou les mains, et les pieds au sol, ou en tailleur.

– Fermez les yeux et détendez-vous. Respirez lentement et tranquillement, sans effort. Calmez vos pensées. Si cela vous aide, vous pouvez mettre un léger fond sonore très doux (type musique de méditation).

– Tâchez de trouver la paix en vous, cette sensation de tranquillité hors du temps et de l'espace, où rien d'agressif ne peut vous toucher.

– Dilatez tranquillement vos corps, faites-les gonfler, sentez-les prendre du volume et occuper tout l'espace autour de vous, sans contrainte, sans forcer, dans la détente.

– Élevez votre fréquence vibratoire, amplifiez vos perceptions et devenez témoin de vos ressentis. Si vous y parvenez, sentez l'amour entrer et sortir de votre poitrine en un flux continu qui fait gonfler votre cœur. Ne vous inquiétez pas si vous ne le sentez pas, restez calme et serein.

3 – S'observer

Diagnostiquer le problème : qu'est-ce qui ne va pas, comment vous sentez-vous, où avez-vous mal, sans avoir peur de là où ce questionnement va vous mener. Soyez spectateur de vous-même, ne cherchez pas d'excuse ni de faute. Imaginez que vous envisagez la situation de quelqu'un d'autre, le voisin par exemple. Posez le problème comme un objet sur une table devant vous, ça ne vous appartient pas, observez-le comme un témoin.

– Restez bien « accroché » à votre position d'observateur, de témoin de la situation. Ne plongez pas dans la situation examinée.

– Essayez d'être factuel et neutre, sans exercer de pression de votre mental : ne pas expliquer, ne pas raisonner, car si nos raisonnements étaient vrais, ça se saurait ! Nous ne serions pas atteints, et nous aurions déjà résolu le problème…

— Restez sans émotivité. On ne peut rien résoudre dans la sensiblerie, on est submergé et on se noie : il faut se hisser sur la berge et regarder le fleuve couler.

— Continuez tout le long de rester le témoin de vous-même, comme si vous considériez le cas d'un autre que vous observez de loin. C'est une position sans souffrance : si vous avez mal, c'est que vous avez perdu votre poste d'observateur. Arrêtez-vous et prenez de nouveau du recul.

— Ne vous laissez pas submerger par la culpabilité. Cela rompt le processus de progression. La culpabilité est inutile et immobilise. Elle n'est pas le chemin de la conscience.

4 – S'ouvrir

Accepter que vous soyez le problème et la solution. Déposer les armes, ne plus vous battre contre vous-même. Poser ses valises et ses récriminations au sol. Continuer à observer, ne pas tomber dans la problématique. Reconnaître qu'on ne sait rien, et qu'on a pu se tromper toute sa vie… et que ce n'est pas grave.

— N'imaginez pas la solution. Ne croyez pas que vous savez ce qu'il convient de faire pour sortir par le haut de cette difficulté.

— Ouvrez votre esprit aux idées qui vous viennent : la solution existe forcément, laissez-la venir à vous. Qui plus est, ce sera une solution d'évolution.

— Notez vos idées, n'en repoussez aucune, même les plus folles ou les plus farfelues. Votre être profond, votre moi profond, votre âme connaît la solution, contrairement à votre mental ou à vos émotions. Laissez-la émerger.

— Comprenez que vos difficultés ont été induites en vous par une série de situations, et que vous n'êtes pas directement responsable de ces situations. Il ne s'agit pas de nier vos responsabilités, mais de comprendre que votre programmation dans cette vie vous a conduit à être qui vous êtes. C'était d'ailleurs le but du « je ». L'objectif est d'identifier ces conditionnements afin d'en sortir.

– Lâchez prise. Acceptez avec humilité que vous ayez pu vous tromper, sortez du système d'avoir raison ou d'avoir tort. Il n'y a pas de faute ni d'erreur.

5 – Accepter

Déceler la réponse, et l'accepter. En examiner toutes les implications, dans un rapport différent à la vie. Sentir en quoi cette approche différente est libératrice, le soulagement intense qu'elle provoque en vous, même si elle se place en opposition radicale avec votre mode actuel de pensée. En faisant cela, vous décidez de changer et de vous faire du bien.

– Accueillez la solution sans lutter : si elle est juste, vous le sentirez immédiatement. Vous ne pouvez pas vous tromper.

– Les solutions peuvent faire mal, elles sont à la mesure du changement à accomplir. Plus elles sont douloureuses, et plus elles sont libératrices et vont vous soulager. Elles sont à la mesure de l'écart qui existe entre votre mode de vie et qui vous êtes vraiment.

– Laissez la solution vous transpercer de sa vérité, telle une lance déchirant la trame opaque qui vous empêchait de voir la réalité de vos actions et de vos interprétations. Vous accédez à un nouveau niveau de conscience.

– Laissez-vous aller au soulagement intense que vous éprouvez, libérez la tension et pleurez si vous en sentez le besoin. Tout va bien. Il n'y a pas de faute. Vous êtes innocent.

6 – Remercier

Vous remplir de reconnaissance et de gratitude envers vous-même face à l'immensité de la vie nouvelle qui s'offre à vous. Prendre le temps de reconfigurer les différentes briques de compréhension. Prendre le temps de jouir de cet instant, amplifier cette sensation.

– Laissez la gratitude vous envahir tout entier, laissez couler en vous ce flot d'amour réparateur et envoyez-le en retour vers votre âme, vers l'univers, remerciez pour cet état de grâce.

– Examinez avec précaution et délicatesse les premières implications que votre changement de vision aura sur vos comportements et vos actions, sans « mentaliser », en restant dans votre ressenti. N'insistez pas trop, vous aurez le temps par la suite d'explorer ces nouveaux horizons. Soyez tendre et bienveillant avec vous-même. Laissez pleinement circuler en vous cette source de bien-être qui vous libère et vous soulage intensément.

– Profitez de cet état exceptionnel pour faire gonfler vos pensées et vos émotions d'ondes positives. Restez centré, ne cherchez pas à résoudre un autre blocage tout de suite, ne vous dépêchez pas de partir faire autre chose. Profitez de l'instant.

– Placez un « marqueur » sur cet instant, pour pouvoir vous en souvenir par la suite en cas de difficulté : cela vous permettra d'y revenir instantanément par la pensée, pour vous gorger à nouveau d'énergie positive lorsque vous en aurez besoin.

7 – Agir

Il n'y a que dans l'action que vous pouvez confirmer vos résolutions, vos prises de conscience et changer, vous transformer. C'est l'action qui ancre le processus.

– Agissez en suivant l'angle de transformation que vous avez découvert en vous, sans peur ni compromis, mais toujours avec amour et bienveillance.

– Soyez tolérant envers ceux qui n'ont pas encore entrepris le chemin que vous venez de parcourir. Comprenez qu'il est un temps pour chacun, et que ce temps peut être plus tard ou dans une autre vie. Cela n'est pas grave. Il n'y a pas de faute, juste des innocents qui ont souffert des conditionnements. Leur âme n'attend pas d'eux qu'ils parviennent systématiquement à surpasser leurs difficultés, elle les observe avec amour et n'intervient que lorsqu'elle est sollicitée.

✳ *LA MÉTHODE DE L'ÂME :*
LA TRANSFORMATION DANS LA FOI

C'est la méthode la plus transcendante et transformatrice, à la fréquence vibratoire la plus élevée. Elle fait appel à la foi profonde et requiert un lâcher-prise total, une confiance absolue et la conviction totale et vécue de l'intimité avec tout ce qui est.

1 – Identification d'une action
ou d'une décision non alignée

– Le fait de ne pas me sentir pleinement joyeux et en paix attire rapidement mon attention sur le fait que je rencontre un problème.

– Je sais que ce problème correspond à un mauvais alignement entre ce que je suis et ce que je vis – entre mon être et mon personnage – ou à un écart que j'ai fait hors de mon meilleur chemin de vie.

– Je décide de corriger cela maintenant, car tout mon être aspire à la paix, à la joie, à l'amour et à l'extase, et je supporte mal de ressentir autre chose.

– Mon écart est évidemment lié au fait que j'aie réagi avec manque d'Amour à quelque chose que j'ai rencontré (personne, action, objet), je vais tenter de préciser ce que c'est pour ne plus devoir le reproduire.

– Je suis heureux d'avoir détecté un nouveau point d'avancement qui va me permettre de retirer une nouvelle couche de suie de mon prisme, ce qui me permettra d'accéder à plus de lumière, d'énergie, de conscience du tout. Cela renforce mon absolue détermination à progresser.

2 – Connexion avec le monde éthérique

– Je me place dans un espace de paix (voir point 2 de la Méthode du Cœur).

– Je m'ancre fermement au sol au niveau énergétique (appel de la Flamme Rubis, de l'Esprit de la Terre, activation de l'énergie de Kundalini…).

– Je procède à une purification ou un nettoyage de mes corps physique et subtils, éthérique, mental, émotionnel, de mes organes, de mes cellules, de mes atomes (Flamme Violette ou Bleue, Esprit de l'Eau…)

– Je me connecte rapidement et facilement aux êtres de lumière qui sont à mes côtés : saints, maîtres d'ascension et guides, anges, archanges et autres entités de lumière. Je les ressens autour de moi et m'ouvre à eux. Ils font partie de moi. Je les salue par leur nom et leur transmets tout mon amour et ma gratitude. Je me laisse envahir par l'amour et la force qu'ils me communiquent.

– Je me connecte et me réaligne fermement à ma conscience supérieure et à ma Divine Présence Je Suis I Am.

– Je retrouve mon espace de paix, de joie et d'amour en dehors du temps et de l'espace. Je ressens une immense gratitude et un sentiment de très grande dilatation, mes corps s'expansent, je suis soulagé et intensément heureux. J'ai conscience de l'univers en moi et autour de moi, ils sont deux faces de la même réalité. Je les unis.

– Je ne perds pas de vue l'objet de cette connexion, je suis ici et maintenant pour dépasser une difficulté que j'ai rencontrée sur mon chemin de vie. Autrement dit, je ne me laisse pas aller à l'extase mais je reste conscient de mon intention.

3 – Demande d'aide et ouverture

– Je demande à mes frères et mes sœurs de la Lumière de me venir en aide afin d'identifier le sens de ce qui a provoqué en moi ce mal-vécu et le dépasser. Rien n'est grave, ce n'est qu'un obstacle sur le chemin, un caillou dans ma chaussure. J'ai parfaitement conscience que c'est une opportunité pour moi de progresser vers une plus grande conscience et plus d'amour.

– Je me place en réception active, j'active mon intuition, ma clairvoyance et ma clairaudience (stimulation des glandes pinéale et pituitaire, équilibrage cerveau droit/cerveau gauche).

– J'éloigne de moi toute pensée parasite, je me place dans la conviction profonde que je ne sais rien, qu'une solution existe, je deviens vierge de tout raisonnement ou de tout savoir. Je redeviens un petit enfant.

– J'ai parfaitement confiance en ceux qui vont m'aider, que je sais intimement vouloir mon plus grand bien. Je leur suis infiniment reconnaissant du soin et de l'Amour qu'ils me portent.

4 – Écoute et réception de la solution

– Je m'ouvre à toutes les idées et toutes les pensées qui parviennent jusqu'à moi.

– Je les note au fur et à mesure, car dans quelques instants, je les aurai peut-être oubliées – comme toutes les idées qui ne proviennent pas de mon mental et ne font que me traverser.

– J'acquiers la compréhension de ce qui a provoqué mon mal-être (influences, peurs, conditionnements…). C'est suffisant pour me permettre de me désidentifier de cet état.

– Je perçois le sens de l'expérience vécue, pourquoi elle est présente sur mon chemin et ce qu'elle est destinée à m'enseigner, ses implications et ses répercussions.

– Si la situation ne dépend pas entièrement de moi, des solutions m'apparaissent.

– Je fais résonner ces solutions en moi, certaines trouvent plus d'écho que d'autres et me conviennent davantage. Ou peut-être n'y a-t-il qu'une solution, ou que cette solution n'est que partielle, peu importe. Tout est parfait.

– Je suis libre de choisir et d'adopter ou pas les solutions proposées. Mon libre arbitre reste total à tout instant.

5 – Acceptation et confiance dans la solution proposée

– Une solution m'apparaît particulièrement harmonieuse et imaginer sa mise en œuvre me soulage intensément – même si elle peut sembler très étrange ou hors contexte à quelqu'un d'autre.

– C'est sans doute une solution à laquelle je n'aurais pas pensé. Ou si j'y ai déjà pensé, ce processus me conforte dans le fait qu'elle est bonne pour moi. Cela lève mes doutes, c'est juste, adapté à moi.

– Si le blocage était puissant, je peux vivre des libérations ardentes évoquées dans la méthode du Cœur. J'adopte alors les mêmes attitudes : laisser couler la nouvelle réalité en moi, afin de chasser tout l'ancien et de me transfigurer, profiter de cette vague intense de libération qui soulage immensément, mémoriser cet instant pour y faire référence plus tard.

6 – Reconnaissance et gratitude

– Après que cette vague de soulagement m'ait envahi et inondé, je la renvoie en un mouvement continu vers mes frères et sœurs de la Lumière, vers mon être supérieur et vers l'univers. Je ressens la pleine circulation de l'énergie, l'unité qui nous unit. Je viens de me rapprocher un peu plus de cette révélation.

– Je suis empli d'Amour et de gratitude infinie envers ceux qui m'ont accueilli et m'ont aidé à progresser. Mon émotion est intense.

– J'éprouve la même gratitude envers ceux qui m'ont permis de vivre ce scénario en jouant ce rôle à mes côtés. Je leur suis infiniment reconnaissant.

– Je les remercie tous individuellement et collectivement.

7 – Transformation dans l'action

– Je vis cette transformation dans mon quotidien. Au début, il est possible que mon attention soit attirée par cette ancienne problématique, mais le problème initial ne m'affectera plus et disparaîtra de lui-même.

— Je suis de plus en plus heureux à chaque moment de progression. Cela me permet d'augmenter ma fréquence vibratoire, j'acquiers de la stabilité dans mon humeur, ma façon d'être, mes comportements. Le bonheur est présent à tous les instants.

✳ COMMENT FAIRE DES MIRACLES

Un dernier élément pour la route avant de nous quitter jusqu'au prochain livre… Une promesse de sublime pour notre être émerveillé.

Faire des miracles peut se faire à tous les niveaux : c'est ce que fait l'enseignant lorsqu'il transmet un apprentissage à ses élèves enthousiastes, c'est ce que fait le cuisinier lorsqu'il assemble des ingrédients pour créer un plat enchanteur, c'est ce que nous faisons tous lorsque nous nous laissons porter par les flots de la création.

Et nous pouvons aussi appliquer cette capacité à nos circonstances de vie.

Faire des miracles, c'est avant tout accéder à la fréquence fondamentale de ce que l'on souhaite manifester. C'est se syntoniser sur le « la » fondamental de ce que l'on veut créer.

Pour cela, il est nécessaire de se placer au niveau de son Âme, de son être vrai, et de ressentir cette fréquence, sans désir ni envie ni autre intention que celle de ressentir cette fréquence.

Réaliser de « grands » miracles requiert un grand niveau de maîtrise sur lequel je ne vais pas m'étendre ici.

Considérons déjà les miracles qui sont davantage à notre portée, comme des événements merveilleux et des synchronicités que nous pouvons faire apparaître dans notre vie, que nous pouvons provoquer et déclencher.

La première condition peut sembler évidente : être convaincu que c'est possible, et ne pas réduire les possibilités par des croyances limitantes.

Croyez-vous que vous pouvez réussir en affaires si vous pensez qu'exploiter les autres est malsain ? Croyez-vous pouvoir gagner à la loterie si vous méprisez les riches ? Croyez-vous pouvoir guérir d'une maladie si vous la voyez comme une punition pour vos actions ? Croyez-vous pouvoir être aimé si vous ne vous aimez pas vous-même ? Croyez-vous pouvoir réaliser une œuvre si vous dépréciez vos capacités ?

La seconde condition a été expliquée tout le long du livre : se désidentifier du personnage et se placer dans un espace de paix, d'amour et de joie.

Depuis ce niveau, par une vue d'ensemble, il est possible de désactiver certains éléments agressifs, de « modifier la réalité », qu'il s'agisse d'éléments qui touchent notre corps (douleurs, maladies), notre esprit (souffrance psychologique, pensées limitantes, freins…), ou notre énergie (événements perturbants ou malheureux, absence de synchronicités).
Il est également possible de provoquer des événements harmonieux, syntonisés sur la fréquence fondamentale de notre être et notre désir de création.

Comment faire ?

Une approche est de ressentir énergétiquement les deux situations en parallèle : la situation vécue, et la réalité de la perfection de la création, sa fréquence fondamentale. Par exemple, ressentir chacune de ces situations dans l'une de nos mains, et l'autre dans l'autre – après s'être mis en position de pouvoir ressentir la situation de façon neutre, c'est-à-dire après avoir élevé son rythme vibratoire et être devenu le témoin de son personnage (étapes 1 et 2 des méthodes du Cœur et de l'Âme).

Puis demander l'aide de ceux avec lesquels nous avons l'habitude de communiquer, pour élever vibratoirement avec eux le niveau de la situation vécue jusqu'à la situation parfaite (étape 3). Il est nécessaire pour cela de ne pas bloquer ni freiner ce qui est vécu, en acceptant et en s'en remettant à plus grand que soi, sans retenir ni chercher à justifier, à avoir raison, en abandonnant toute peur (étape 4). Ceci jusqu'à syntoniser les énergies dans nos deux mains qui doivent, à partir de ce moment-là, vibrer à l'unisson.

Il ne s'agit pas d'un « geste technique », mais d'un ressenti qui fait circuler en nous une immense joie et une profonde gratitude, un flot d'amour.

Les prises de conscience doivent toutefois avoir été réalisées en amont pour que cette syntonie perdure, car autrement, cette harmonisation ne durera que quelques instants, quelques heures ou quelques jours tout au plus.

Entraînez-vous vers le meilleur de vous-même…
Étonnez-vous, émerveillez-vous ! Vous êtes un être magnifique.

EN GUISE DE CONCLUSION

Le message tout entier de ce livre est de nous permettre de ressentir et d'accepter que la solution à nos difficultés ne réside pas à l'extérieur de nous, mais véritablement à l'intérieur. Nous ne pouvons modifier une situation et trouver des issues qu'en nous modifiant nous-même, en changeant notre vision du monde pour pouvoir accepter et aimer l'expérience.

Personne ne peut évoluer pour nous, personne ne peut décider à notre place de ce qui est juste et bon pour nous. Nous sommes à la fois notre propre Maître et le disciple dans notre progression vers la conscience et l'amour. Nous sommes à la fois créature et créateur.

Se désidentifier du personnage est la clé.

L'expérience est l'apprentissage choisi par notre âme pour nous élever et évoluer.

Ne plus croire en nos peurs et nos difficultés, en nos pensées limitantes, en nos comportements réducteurs.

S'ouvrir à l'inconnu merveilleux qui réside au fond de nous, avec confiance et engagement.

La vérité, la révélation ne peut être comprise intellectuellement, mais doit être vécue par chacun de nous dans l'expérience.

Tout au plus puis-je ici vous transmettre une base de « connaissance » par fraternité et par solidarité avec vous tous. Mais ce que j'ai écrit ici doit être vécu par chacun pour « allumer » les connecteurs de lumière en soi et provoquer sa propre illumination. Le savoir est inutile, c'est le vivre qui compte.

C'est ce qui permet d'accéder au bonheur indicible d'être soi.

Nous vivons une époque extraordinaire de transformation et de révélation de soi, que les anciens ont appelé l'Apocalypse. Bien sûr, la transformation peut être momentanément chaotique et pleine de soubresauts. N'ayons aucune peur de cela, laissons les miasmes glisser sur nous sans nous emporter. Considérons les événements depuis le balcon et comprenons vers quoi nous conduit cette évolution. Personne ne peut nous retirer notre capacité d'aimer, de nous émerveiller, de créer, de transmettre, d'apprendre, de nous unir dans l'amour et la conscience. Par nos pensées, par nos intentions, par nos paroles et par nos actes, construisons ensemble, mes frères et mes sœurs, le monde rêvé auquel nous aspirons. Nous sommes les créateurs de notre réalité. Nous sommes pur Amour. Tous ensemble, nous sommes Un.

HOMO PROXIMUS

Le bonheur, c'est maintenant !

Se transformer de l'intérieur

TOME I

L'être et le personnage

TOME II

*Nos créations à notre image : nos projets, nos œuvres,
nos entreprises, nos associations*

TOME III

Vers notre société rêvée : le nouveau monde, maintenant !

Dans la collection Nouvelles Pages

Brillante : une jument pour deux destins – Arnaud Dangoisse

Marcher à contre essence – Oriane de Virseen

La couleur des âmes blanches – Philippe Buffarot

Méta-morphose – Isabelle Djian

Ton cœur connaît le chemin – Amélie Galiay

Vers la Société du Sens – Pénélope Morin et Alexandre Rojey

Découvrez les autres collections de JDH Éditions

Magnitudes

Drôles de pages

Uppercut

Versus

Les Collectifs de JDH Éditions

Case Blanche

Hippocrate & Co

My Feel Good

Romance Addict

F-Files

Black Files

Les Atemporels

Quadrato

Baraka

Les Pros de l'Éco

Sporting Club

Tierra Latina

Les Pros de l'Immo

L'Édredon

La revue littéraire de JDH Éditions

Venez découvrir les textes de la revue

**Textes et articles dans un rubriquage varié
(chroniques, billets d'humeur, cinéma, poésie…)**

Suivez **JDH Éditions** sur les réseaux sociaux
pour en savoir plus sur les auteurs,
les nouveautés, les projets…

Inscrivez-vous à notre Newsletter sur
www.jdheditions.fr
Pour recevoir l'actualité de nos nouvelles
parutions